UCRANIANO
VOCABULÁRIO

PALAVRAS MAIS ÚTEIS

PORTUGUÊS UCRANIANO

Para alargar o seu léxico e apurar as suas competências linguísticas

9000 palavras

Vocabulário Português-Ucraniano - 9000 palavras
Por Andrey Taranov

Os vocabulários da T&P Books destinam-se a ajudar a aprender, a memorizar, e a rever palavras estrangeiras. O dicionário é dividido em temas, cobrindo todas as principais esferas de atividades quotidianas, negócios, ciência, cultura, etc.

O processo de aprendizagem, utilizando os dicionários baseados em temáticas da T&P Books dá-lhe as seguintes vantagens:

- Informação de origem corretamente agrupada predetermina o sucesso em fases subsequentes da memorização de palavras
- Disponibilização de palavras derivadas da mesma raiz, o que permite a memorização de unidades de texto (em vez de palavras separadas)
- Pequenas unidades de palavras facilitam o processo de estabelecimento de vínculos associativos necessários para a consolidação do vocabulário
- O nível de conhecimento da língua pode ser estimado pelo número de palavras aprendidas

Copyright © 2024 T&P Books Publishing

Todos os direitos reservados. Nenhuma parte desta publicação pode ser reproduzida, total ou parcialmente, por quaisquer métodos ou processos, sejam eles eletrónicos, mecânicos, de fotocópia ou outros, sem a autorização escrita do editor. Esta publicação não pode ser divulgada, copiada ou distribuída em nenhum formato.

T&P Books Publishing
www.tpbooks.com

Este livro também está disponível em formato E-book.
Por favor visite www.tpbooks.com ou as principais livrarias on-line.

VOCABULÁRIO UCRANIANO
palavras mais úteis

Os vocabulários da T&P Books destinam-se a ajudar a aprender, a memorizar, e a rever palavras estrangeiras. O vocabulário contém mais de 9000 palavras de uso comum organizadas tematicamente.

O vocabulário contém as palavras mais comummente usadas
Recomendado como adicional para qualquer curso de línguas
Satisfaz as necessidades dos iniciados e dos alunos avançados de línguas estrangeiras
Conveniente para o uso diário, sessões de revisão e atividades de auto-teste
Permite avaliar o seu vocabulário

Características especias do vocabulário

- As palavras estão organizadas de acordo com o seu significado, e não por ordem alfabética
- As palavras são apresentadas em três colunas para facilitar os processos de revisão e auto-teste
- As palavras compostas são divididas em pequenos blocos para facilitar o processo de aprendizagem
- O vocabulário oferece uma transcrição simples e adequada de cada palavra estrangeira

O vocabulário contém 256 tópicos incluindo:

Conceitos básicos, Números, Cores, Meses, Estações do ano, Unidades de medida, Roupas & Acessórios, Alimentos & Nutrição, Restaurante, Membros da Família, Parentes, Caráter, Sentimentos, Emoções, Doenças, Cidade, Passeios, Compras, Dinheiro, Casa, Lar, Escritório, Trabalho no Escritório, Importação & Exportação, Marketing, Pesquisa de Emprego, Desportos, Educação, Computador, Internet, Ferramentas, Natureza, Países, Nacionalidades e muito mais ...

TABELA DE CONTEÚDOS

GUIA DE PRONUNCIAçãO   11
ABREVIATURAS   12

CONCEITOS BÁSICOS   13
Conceitos básicos. Parte 1   13

1. Pronomes   13
2. Cumprimentos. Saudações. Despedidas   13
3. Como se dirigir a alguém   14
4. Números cardinais. Parte 1   14
5. Números cardinais. Parte 2   15
6. Números ordinais   16
7. Números. Frações   16
8. Números. Operações básicas   16
9. Números. Diversos   16
10. Os verbos mais importantes. Parte 1   17
11. Os verbos mais importantes. Parte 2   18
12. Os verbos mais importantes. Parte 3   19
13. Os verbos mais importantes. Parte 4   20
14. Cores   20
15. Questões   21
16. Preposições   22
17. Palavras funcionais. Advérbios. Parte 1   22
18. Palavras funcionais. Advérbios. Parte 2   24

Conceitos básicos. Parte 2   26

19. Opostos   26
20. Dias da semana   28
21. Horas. Dia e noite   28
22. Meses. Estações   29
23. Tempo. Diversos   30
24. Linhas e formas   31
25. Unidades de medida   32
26. Recipientes   33
27. Materiais   34
28. Metais   35

O SER HUMANO   36
O ser humano. O corpo   36

29. Humanos. Conceitos básicos   36
30. Anatomia humana   36

31. Cabeça	37
32. Corpo humano	38

Vestuário & Acessórios 39

33. Roupa exterior. Casacos	39
34. Vestuário de homem & mulher	39
35. Vestuário. Roupa interior	40
36. Adereços de cabeça	40
37. Calçado	40
38. Têxtil. Tecidos	41
39. Acessórios pessoais	41
40. Vestuário. Diversos	42
41. Cuidados pessoais. Cosméticos	42
42. Joalheria	43
43. Relógios de pulso. Relógios	44

Alimentação. Nutrição 45

44. Comida	45
45. Bebidas	46
46. Vegetais	47
47. Frutos. Nozes	48
48. Pão. Bolaria	49
49. Pratos cozinhados	49
50. Especiarias	50
51. Refeições	51
52. Por a mesa	52
53. Restaurante	52

Família, parentes e amigos 53

54. Informação pessoal. Formulários	53
55. Membros da família. Parentes	53
56. Amigos. Colegas de trabalho	54
57. Homem. Mulher	55
58. Idade	55
59. Crianças	56
60. Casais. Vida de família	57

Caráter. Sentimentos. Emoções 58

61. Sentimentos. Emoções	58
62. Caráter. Personalidade	59
63. O sono. Sonhos	60
64. Humor. Riso. Alegria	61
65. Discussão, conversação. Parte 1	61
66. Discussão, conversação. Parte 2	62
67. Discussão, conversação. Parte 3	64
68. Acordo. Recusa	64
69. Sucesso. Boa sorte. Insucesso	65
70. Conflitos. Emoções negativas	66

Medicina 68

71. Doenças 68
72. Sintomas. Tratamentos. Parte 1 69
73. Sintomas. Tratamentos. Parte 2 70
74. Sintomas. Tratamentos. Parte 3 71
75. Médicos 72
76. Medicina. Drogas. Acessórios 72
77. Fumar. Produtos tabágicos 73

HABITAT HUMANO 74
Cidade 74

78. Cidade. Vida na cidade 74
79. Instituições urbanas 75
80. Sinais 76
81. Transportes urbanos 77
82. Turismo 78
83. Compras 79
84. Dinheiro 80
85. Correios. Serviço postal 81

Moradia. Casa. Lar 82

86. Casa. Habitação 82
87. Casa. Entrada. Elevador 83
88. Casa. Eletricidade 83
89. Casa. Portas. Fechaduras 83
90. Casa de campo 84
91. Moradia. Mansão 84
92. Castelo. Palácio 85
93. Apartamento 85
94. Apartamento. Limpeza 86
95. Mobiliário. Interior 86
96. Quarto de dormir 87
97. Cozinha 87
98. Casa de banho 88
99. Eletrodomésticos 89
100. Reparações. Renovação 89
101. Canalizações 90
102. Fogo. Deflagração 90

ATIVIDADES HUMANAS 92
Emprego. Negócios. Parte 1 92

103. Escritório. O trabalho no escritório 92
104. Processos negociais. Parte 1 93
105. Processos negociais. Parte 2 94
106. Produção. Trabalhos 95
107. Contrato. Acordo 96
108. Importação & Exportação 97

109. Finanças	97
110. Marketing	98
111. Publicidade	99
112. Banca	99
113. Telefone. Conversação telefónica	100
114. Telefone móvel	101
115. Estacionário	101
116. Vários tipos de documentos	102
117. Tipos de negócios	103

Emprego. Negócios. Parte 2 — 105

118. Espetáculo. Feira	105
119. Media	106
120. Agricultura	107
121. Construção. Processo de construção	108
122. Ciência. Investigação. Cientistas	109

Profissões e ocupações — 110

123. Procura de emprego. Demissão	110
124. Gente de negócios	110
125. Profissões de serviços	111
126. Profissões militares e postos	112
127. Oficiais. Padres	113
128. Profissões agrícolas	113
129. Profissões artísticas	114
130. Várias profissões	114
131. Ocupações. Estatuto social	116

Desportos — 117

132. Tipos de desportos. Desportistas	117
133. Tipos de desportos. Diversos	118
134. Ginásio	118
135. Hóquei	119
136. Futebol	119
137. Esqui alpino	121
138. Ténis. Golfe	121
139. Xadrez	122
140. Boxe	122
141. Desportos. Diversos	123

Educação — 125

142. Escola	125
143. Colégio. Universidade	126
144. Ciências. Disciplinas	127
145. Sistema de escrita. Ortografia	127
146. Línguas estrangeiras	128

147. Personagens de contos de fadas 129
148. Signos do Zodíaco 130

Artes 131

149. Teatro 131
150. Cinema 132
151. Pintura 133
152. Literatura & Poesia 134
153. Circo 134
154. Música. Música popular 135

Descanso. Entretenimento. Viagens 137

155. Viagens 137
156. Hotel 137
157. Livros. Leitura 138
158. Caça. Pesca 140
159. Jogos. Bilhar 141
160. Jogos. Jogar cartas 141
161. Casino. Roleta 141
162. Descanso. Jogos. Diversos 142
163. Fotografia 142
164. Praia. Natação 143

EQUIPAMENTO TÉCNICO. TRANSPORTES 145
Equipamento técnico 145

165. Computador 145
166. Internet. E-mail 146
167. Eletricidade 147
168. Ferramentas 147

Transportes 150

169. Avião 150
170. Comboio 151
171. Barco 152
172. Aeroporto 153
173. Bicicleta. Motocicleta 154

Carros 155

174. Tipos de carros 155
175. Carros. Carroçaria 155
176. Carros. Habitáculo 156
177. Carros. Motor 157
178. Carros. Batidas. Reparação 158
179. Carros. Estrada 159
180. Sinais de trânsito 160

PESSOAS. EVENTOS 161

181. Férias. Evento 161
182. Funerais. Enterro 162
183. Guerra. Soldados 162
184. Guerra. Ações militares. Parte 1 163
185. Guerra. Ações militares. Parte 2 165
186. Armas 166
187. Povos da antiguidade 168
188. Idade média 168
189. Líder. Chefe. Autoridades 170
190. Estrada. Caminho. Direções 171
191. Viloação da lei. Criminosos. Parte 1 172
192. Viloação da lei. Criminosos. Parte 2 173
193. Polícia. Lei. Parte 1 174
194. Polícia. Lei. Parte 2 175

NATUREZA 177
A Terra. Parte 1 177

195. Espaço sideral 177
196. A Terra 178
197. Pontos cardeais 179
198. Mar. Oceano 179
199. Nomes de Mares e Oceanos 180
200. Montanhas 181
201. Nomes de montanhas 182
202. Rios 182
203. Nomes de rios 183
204. Floresta 183
205. Recursos naturais 184

A Terra. Parte 2 186

206. Tempo 186
207. Tempo extremo. Catástrofes naturais 187
208. Ruídos. Sons 187
209. Inverno 188

Fauna 190

210. Mamíferos. Predadores 190
211. Animais selvagens 190
212. Animais domésticos 191
213. Cães. Raças de cães 192
214. Sons produzidos pelos animais 193
215. Animais jovens 193
216. Pássaros 194
217. Pássaros. Canto e sons 195
218. Peixes. Animais marinhos 195
219. Amfíbios. Répteis 196
220. Insetos 197

221. Animais. Partes do corpo — 197
222. Ações dos animais — 198
223. Animais. Habitats — 199
224. Cuidados com os animais — 199
225. Animais. Diversos — 200
226. Cavalos — 200

Flora — 202

227. Árvores — 202
228. Arbustos — 202
229. Cogumelos — 203
230. Frutos. Bagas — 203
231. Flores. Plantas — 204
232. Cereais, grãos — 205
233. Vegetais. Verduras — 206

GEOGRAFIA REGIONAL — 207

234. Europa Ocidental — 207
235. Europa Central e de Leste — 209
236. Países da ex-URSS — 210
237. Asia — 211
238. América do Norte — 213
239. América Central do Sul — 213
240. Africa — 214
241. Austrália. Oceania — 215
242. Cidades — 215
243. Política. Governo. Parte 1 — 217
244. Política. Governo. Parte 2 — 218
245. Países. Diversos — 219
246. Grupos religiosos mais importantes. Confissões — 220
247. Religiões. Padres — 221
248. Fé. Cristianismo. Islão — 221

TEMAS DIVERSOS — 224

249. Várias palavras úteis — 224
250. Modificadores. Adjetivos. Parte 1 — 225
251. Modificadores. Adjetivos. Parte 2 — 227

500 VERBOS PRINCIPAIS — 230

252. Verbos A-B — 230
253. Verbos C-D — 231
254. Verbos E-J — 234
255. Verbos L-P — 236
256. Verbos Q-Z — 238

GUIA DE PRONUNCIAÇÃO

Letra	Exemplo Ucraniano	Alfabeto fonético T&P	Exemplo Português

Vogais

А а	акт	[a]	chamar
Е е	берет	[e], [ɛ]	mover
Є є	модельєр	[ɛ]	mesquita
И и	ритм	[k]	kiwi
І і	компанія	[i]	sinónimo
Ї ї	поїзд	[ji]	gaseificada
О о	око	[ɔ]	emboço
У у	буря	[u]	bonita
Ю ю	костюм	[ʲu]	nacional
Я я	маяк	[ja], [ʲa]	Himalaias

Consoantes

Б б	бездна	[b]	barril
В в	вікно	[w]	página web
Г г	готель	[ɦ]	agora
Ґ ґ	ґудзик	[g]	gosto
Д д	дефіс	[d]	dentista
Ж ж	жанр	[ʒ]	talvez
З з	зброя	[z]	sésamo
Й й	йти	[j]	géiser
К к	крок	[k]	kiwi
Л л	лев	[l]	libra
М м	мати	[m]	magnólia
Н н	назва	[n]	natureza
П п	приз	[p]	presente
Р р	радість	[r]	riscar
С с	сон	[s]	sanita
Т т	тир	[t]	tulipa
Ф ф	фарба	[f]	safári
Х х	холод	[h]	[h] aspirada
Ц ц	церква	[ts]	tsé-tsé
Ч ч	час	[tʃ]	Tchau!
Ш ш	шуба	[ʃ]	mês
Щ щ	щука	[ɕ]	shiatsu
ь	камінь	[ʲ]	sinal suave
ъ	ім'я	[ˀ]	sinal forte

ABREVIATURAS
usadas no vocabulário

Abreviaturas do Português

adj	-	adjetivo
adv	-	advérbio
anim.	-	animado
conj.	-	conjunção
desp.	-	desporto
etc.	-	etecetra
ex.	-	por exemplo
f	-	nome feminino
f pl	-	feminino plural
fem.	-	feminino
inanim.	-	inanimado
m	-	nome masculino
m pl	-	masculino plural
m, f	-	masculino, feminino
masc.	-	masculino
mat.	-	matemática
mil.	-	militar
pl	-	plural
prep.	-	preposição
pron.	-	pronome
sb.	-	sobre
sing.	-	singular
v aux	-	verbo auxiliar
vi	-	verbo intransitivo
vi, vt	-	verbo intransitivo, transitivo
vr	-	verbo reflexivo
vt	-	verbo transitivo

Abreviaturas do Ucraniano

ж	-	nome feminino
мн	-	plural
с	-	neutro
ч	-	nome masculino

CONCEITOS BÁSICOS

Conceitos básicos. Parte 1

1. Pronomes

eu	**я**	[ja]
tu	**ти**	[tɨ]
ele	**він**	[win]
ela	**вона**	[wo'na]
ele, ela (neutro)	**воно**	[wo'nɔ]
nós	**ми**	[mɨ]
vocês	**ви**	[wɨ]
eles, elas	**вони**	[wo'nɨ]

2. Cumprimentos. Saudações. Despedidas

Olá!	**Здрастуй!**	['zdrastuj]
Bom dia! (formal)	**Здрастуйте!**	['zdrastujtɛ]
Bom dia! (de manhã)	**Доброго ранку!**	['dɔbroɦo 'ranku]
Boa tarde!	**Добрий день!**	['dɔbrɨj dɛnʲ]
Boa noite!	**Добрий вечір!**	['dɔbrɨj 'wɛʧir]
cumprimentar (vt)	**вітатися**	[wi'tatɨsʲa]
Olá!	**Привіт!**	[prɨ'wit]
saudação (f)	**привітання** (c)	[prɨwi'tanʲa]
saudar (vt)	**вітати**	[wi'tatɨ]
Como vai?	**Як справи?**	[jak 'sprawɨ]
Como vai?	**Як у вас справи?**	[jak u was 'sprawɨ]
O que há de novo?	**Що нового?**	[ɕo no'wɔɦo]
Até à vista!	**До побачення!**	[do po'baʧɛnʲa]
Até breve!	**До скорої зустрічі!**	[do 'skɔrojɨ 'zustriʧi!]
Adeus! (sing.)	**Прощавай!**	[proɕa'waj]
Adeus! (pl)	**Прощавайте!**	[proɕa'wajtɛ]
despedir-se (vr)	**прощатися**	[pro'ɕatɨsʲa]
Até logo!	**Бувай!**	[bu'waj]
Obrigado! -a!	**Дякую!**	['dʲakuʲu]
Muito obrigado! -a!	**Щиро дякую!**	['ɕɨro 'dʲakuʲu]
De nada	**Будь ласка**	[budʲ 'laska]
Não tem de quê	**Не варто подяки**	[nɛ 'warto po'dʲakɨ]
De nada	**Нема за що**	[nɛ'ma za ɕo]
Desculpa!	**Вибач!**	['wɨbaʧ]
Desculpe!	**Вибачте!**	['wɨbaʧtɛ]

desculpar (vt)	**вибачати**	[wɨba'ʧatɨ]
desculpar-se (vr)	**вибачатися**	[wɨba'ʧatɨsʲa]
As minhas desculpas	**Мої вибачення**	[moɨ 'wɨbaʧɛnʲa]
Desculpe!	**Вибачте!**	['wɨbaʧtɛ]
perdoar (vt)	**вибачати**	[wɨba'ʧatɨ]
por favor	**будь ласка**	[budʲ 'laska]
Não se esqueça!	**Не забудьте!**	[nɛ za'budʲtɛ]
Certamente! Claro!	**Звичайно!**	[zwɨ'ʧajno]
Claro que não!	**Звичайно ні!**	[zwɨ'ʧajno ni]
Está bem! De acordo!	**Згоден!**	['zɦɔdɛn]
Basta!	**Досить!**	['dɔsɨtʲ]

3. Como se dirigir a alguém

senhor	**Пан**	[pan]
senhora	**Пані**	['pani]
rapariga	**Дівчино**	['diwʧɨno]
rapaz	**Хлопче**	['hlɔpʧɛ]
menino	**Хлопчику**	['hlɔpʧɨku]
menina	**Дівчинко**	['diwʧɨnko]

4. Números cardinais. Parte 1

zero	**нуль**	[nulʲ]
um	**один**	[o'dɨn]
dois	**два**	[dwa]
três	**три**	[trɨ]
quatro	**чотири**	[ʧo'tɨrɨ]
cinco	**п'ять**	[pʔʲatʲ]
seis	**шість**	[ʃistʲ]
sete	**сім**	[sim]
oito	**вісім**	['wisim]
nove	**дев'ять**	['dɛwʔʲatʲ]
dez	**десять**	['dɛsʲatʲ]
onze	**одинадцять**	[odɨ'nadʦʲatʲ]
doze	**дванадцять**	[dwa'nadʦʲatʲ]
treze	**тринадцять**	[trɨ'nadʦʲatʲ]
catorze	**чотирнадцять**	[ʧotɨr'nadʦʲatʲ]
quinze	**п'ятнадцять**	[pʔʲat'nadʦʲatʲ]
dezasseis	**шістнадцять**	[ʃist'nadʦʲatʲ]
dezassete	**сімнадцять**	[sim'nadʦʲatʲ]
dezoito	**вісімнадцять**	[wisim'nadʦʲatʲ]
dezanove	**дев'ятнадцять**	[dɛwʔʲat'nadʦʲatʲ]
vinte	**двадцять**	['dwadʦʲatʲ]
vinte e um	**двадцять один**	['dwadʦʲatʲ o'dɨn]
vinte e dois	**двадцять два**	['dwadʦʲatʲ dwa]
vinte e três	**двадцять три**	['dwadʦʲatʲ trɨ]

trinta	**тридцять**	['trɨdʦʲatʲ]
trinta e um	**тридцять один**	['trɨdʦʲatʲ o'dɨn]
trinta e dois	**тридцять два**	['trɨdʦʲatʲ dwa]
trinta e três	**тридцять три**	['trɨdʦʲatʲ trɨ]
quarenta	**сорок**	['sɔrok]
quarenta e um	**сорок один**	['sɔrok o'dɨn]
quarenta e dois	**сорок два**	['sɔrok dwa]
quarenta e três	**сорок три**	['sɔrok trɨ]
cinquenta	**п'ятдесят**	[pˀʲatdɛ'sʲat]
cinquenta e um	**п'ятдесят один**	[pˀʲatdɛ'sʲat o'dɨn]
cinquenta e dois	**п'ятдесят два**	[pˀʲatdɛ'sʲat dwa]
cinquenta e três	**п'ятдесят три**	[pˀʲatdɛ'sʲat trɨ]
sessenta	**шістдесят**	[ʃizdɛ'sʲat]
sessenta e um	**шістдесят один**	[ʃizdɛ'sʲat o'dɨn]
sessenta e dois	**шістдесят два**	[ʃizdɛ'sʲat dwa]
sessenta e três	**шістдесят три**	[ʃizdɛ'sʲat trɨ]
setenta	**сімдесят**	[simdɛ'sʲat]
setenta e um	**сімдесят один**	[simdɛ'sʲat odɨn]
setenta e dois	**сімдесят два**	[simdɛ'sʲat dwa]
setenta e três	**сімдесят три**	[simdɛ'sʲat trɨ]
oitenta	**вісімдесят**	[wisimdɛ'sʲat]
oitenta e um	**вісімдесят один**	[wisimdɛ'sʲat o'dɨn]
oitenta e dois	**вісімдесят два**	[wisimdɛ'sʲat dwa]
oitenta e três	**вісімдесят три**	[wisimdɛ'sʲat trɨ]
noventa	**дев'яносто**	[dɛwˀʲa'nɔsto]
noventa e um	**дев'яносто один**	[dɛwˀʲa'nɔsto o'dɨn]
noventa e dois	**дев'яносто два**	[dɛwˀʲa'nɔsto dwa]
noventa e três	**дев'яносто три**	[dɛwˀʲa'nɔsto trɨ]

5. Números cardinais. Parte 2

cem	**сто**	[sto]
duzentos	**двісті**	['dwisti]
trezentos	**триста**	['trɨsta]
quatrocentos	**чотириста**	[ʧo'tɨrɨsta]
quinhentos	**п'ятсот**	[pˀʲa'ʦɔt]
seiscentos	**шістсот**	[ʃist'sɔt]
setecentos	**сімсот**	[sim'sɔt]
oitocentos	**вісімсот**	[wisim'sɔt]
novecentos	**дев'ятсот**	[dɛwˀʲa'ʦɔt]
mil	**тисяча**	['tɨsʲaʧa]
dois mil	**дві тисячі**	[dwi 'tɨsʲaʧi]
três mil	**три тисячі**	[trɨ 'tɨsʲaʧi]
dez mil	**десять тисяч**	['dɛsʲatʲ 'tɨsʲaʧ]
cem mil	**сто тисяч**	[sto 'tɨsʲaʧ]
um milhão	**мільйон** (ч)	[milʲ'jɔn]
mil milhões	**мільярд** (ч)	[mi'ljard]

6. Números ordinais

primeiro	**перший**	['pɛrʃij]
segundo	**другий**	['druɦij]
terceiro	**третій**	['trɛtij]
quarto	**четвертий**	[ʧɛt'wɛrtij]
quinto	**п'ятий**	['pʔjatij]
sexto	**шостий**	['ʃɔstij]
sétimo	**сьомий**	['sʲɔmij]
oitavo	**восьмий**	['wɔsʲmij]
nono	**дев'ятий**	[dɛ'wʔjatij]
décimo	**десятий**	[dɛ'sʲatij]

7. Números. Frações

fração (f)	**дріб** (ч)	[drib]
um meio	**одна друга**	[od'na 'druɦa]
um terço	**одна третя**	[od'na 'trɛtʲa]
um quarto	**одна четверта**	[od'na ʧɛt'wɛrta]
um oitavo	**одна восьма**	[od'na 'wɔsʲma]
um décimo	**одна десята**	[od'na dɛ'sʲata]
dois terços	**дві третіх**	[dwi 'trɛtih]
três quartos	**три четвертих**	[tri ʧɛt'wɛrtih]

8. Números. Operações básicas

subtração (f)	**віднімання** (с)	[widni'manʲa]
subtrair (vi, vt)	**віднімати**	[widni'mati]
divisão (f)	**ділення** (с)	['dilɛnʲa]
dividir (vt)	**ділити**	[di'liti]
adição (f)	**додавання** (с)	[doda'wanʲa]
somar (vt)	**додати**	[do'dati]
adicionar (vt)	**прибавляти**	[pribaw'lʲati]
multiplicação (f)	**множення** (с)	['mnɔʒɛnʲa]
multiplicar (vt)	**множити**	['mnɔʒiti]

9. Números. Diversos

algarismo, dígito (m)	**цифра** (ж)	['tsifra]
número (m)	**число** (с)	[ʧis'lɔ]
numeral (m)	**числівник** (ч)	[ʧis'liwnik]
menos (m)	**мінус** (ч)	['minus]
mais (m)	**плюс** (ч)	[plʲus]
fórmula (f)	**формула** (ж)	['fɔrmula]
cálculo (m)	**обчислення** (с)	[ob'ʧislɛnʲa]
contar (vt)	**рахувати**	[rahu'wati]

calcular (vt)	**підраховувати**	[pidra'hɔwuwatɨ]
comparar (vt)	**порівнювати**	[po'riwnʲuwatɨ]
Quanto, -os, -as?	**Скільки?**	['skilʲkɨ]
soma (f)	**сума** (ж)	['suma]
resultado (m)	**результат** (ч)	[rɛzulʲ'tat]
resto (m)	**залишок** (ч)	['zalɨʃok]
alguns, algumas ...	**декілька**	['dɛkilʲka]
um pouco de ...	**небагато...**	[nɛba'ɦato]
resto (m)	**решта** (ж)	['rɛʃta]
um e meio	**півтора**	[piwto'ra]
dúzia (f)	**дюжина** (ж)	['dʲuʒɨna]
ao meio	**навпіл**	['nawpil]
em partes iguais	**порівну**	['pɔriwnu]
metade (f)	**половина** (ж)	[polo'wɨna]
vez (f)	**раз** (ч)	[raz]

10. Os verbos mais importantes. Parte 1

abrir (vt)	**відчинити**	[widʧɨ'nɨtɨ]
acabar, terminar (vt)	**закінчувати**	[za'kinʧuwatɨ]
aconselhar (vt)	**радити**	['radɨtɨ]
adivinhar (vt)	**вгадати**	[wɦa'datɨ]
advertir (vt)	**попереджувати**	[popɛ'rɛʤuwatɨ]
ajudar (vt)	**допомагати**	[dopoma'ɦatɨ]
almoçar (vi)	**обідати**	[o'bidatɨ]
alugar (~ um apartamento)	**зняти**	['znʲatɨ]
amar (vt)	**кохати**	[ko'hatɨ]
ameaçar (vt)	**погрожувати**	[poɦ'rɔʒuwatɨ]
anotar (escrever)	**записувати**	[za'pɨsuwatɨ]
apanhar (vt)	**ловити**	[lo'wɨtɨ]
apressar-se (vr)	**поспішати**	[pospi'ʃatɨ]
arrepender-se (vr)	**жалкувати**	[ʒalku'watɨ]
assinar (vt)	**підписувати**	[pid'pɨsuwatɨ]
atirar, disparar (vi)	**стріляти**	[stri'lʲatɨ]
brincar (vi)	**жартувати**	[ʒartu'watɨ]
brincar, jogar (crianças)	**грати**	['ɦratɨ]
buscar (vt)	**шукати**	[ʃu'katɨ]
caçar (vi)	**полювати**	[polʲu'watɨ]
cair (vi)	**падати**	['padatɨ]
cavar (vt)	**рити**	['rɨtɨ]
cessar (vt)	**припиняти**	[prɨpɨ'nʲatɨ]
chamar (~ por socorro)	**кликати**	['klɨkatɨ]
chegar (vi)	**приїжджати**	[prɨjiʑ'ʑatɨ]
chorar (vi)	**плакати**	['plakatɨ]
começar (vt)	**починати**	[poʧɨ'natɨ]
comparar (vt)	**порівнювати**	[po'riwnʲuwatɨ]

compreender (vt)	**розуміти**	[rozu'mitɨ]
concordar (vi)	**погоджуватися**	[po'ɦɔʤuwatɨsʲa]
confiar (vt)	**довіряти**	[dowi'rʲatɨ]
confundir (equivocar-se)	**плутати**	['plutatɨ]
conhecer (vt)	**знати**	['znatɨ]
contar (fazer contas)	**лічити**	[li'ʧitɨ]
contar com (esperar)	**розраховувати на...**	[rozra'hɔwuwatɨ na]
continuar (vt)	**продовжувати**	[pro'dɔwʒuwatɨ]
controlar (vt)	**контролювати**	[kontrolʲu'watɨ]
convidar (vt)	**запрошувати**	[za'prɔʃuwatɨ]
correr (vi)	**бігти**	['biɦtɨ]
criar (vt)	**створити**	[stwo'rɨtɨ]
custar (vt)	**коштувати**	['kɔʃtuwatɨ]

11. Os verbos mais importantes. Parte 2

dar (vt)	**давати**	[da'watɨ]
dar uma dica	**підказати**	[pidka'zatɨ]
decorar (enfeitar)	**прикрашати**	[prɨkra'ʃatɨ]
defender (vt)	**захищати**	[zahɨ'ɕatɨ]
deixar cair (vt)	**упускати**	[upus'katɨ]
descer (para baixo)	**спускатися**	[spus'katɨsʲa]
desculpar (vt)	**вибачати**	[wɨba'ʧatɨ]
desculpar-se (vr)	**вибачатися**	[wɨba'ʧatɨsʲa]
dirigir (~ uma empresa)	**керувати**	[kɛru'watɨ]
discutir (notícias, etc.)	**обговорювати**	[obɦo'wɔrʲuwatɨ]
dizer (vt)	**сказати**	[ska'zatɨ]
duvidar (vt)	**сумніватися**	[sumni'watɨsʲa]
encontrar (achar)	**знаходити**	[zna'hɔdɨtɨ]
enganar (vt)	**обманювати**	[ob'manʲuwatɨ]
entrar (na sala, etc.)	**входити**	['whɔdɨtɨ]
enviar (uma carta)	**відправляти**	[widpraw'lʲatɨ]
errar (equivocar-se)	**помилятися**	[pomɨ'lʲatɨsʲa]
escolher (vt)	**вибирати**	[wɨbɨ'ratɨ]
esconder (vt)	**ховати**	[ho'watɨ]
escrever (vt)	**писати**	[pɨ'satɨ]
esperar (o autocarro, etc.)	**чекати**	[ʧɛ'katɨ]
esperar (ter esperança)	**сподіватися**	[spodi'watɨsʲa]
esquecer (vt)	**забувати**	[zabu'watɨ]
estudar (vt)	**вивчати**	[wɨw'ʧatɨ]
exigir (vt)	**вимагати**	[wɨma'ɦatɨ]
existir (vi)	**існувати**	[isnu'watɨ]
explicar (vt)	**пояснювати**	[po'ʲasnʲuwatɨ]
falar (vi)	**говорити**	[ɦowo'rɨtɨ]
faltar (clases, etc.)	**пропускати**	[propus'katɨ]
fazer (vt)	**робити**	[ro'bɨtɨ]
gabar-se, jactar-se (vr)	**хвалитися**	[hwa'lɨtɨsʲa]

gostar (apreciar)	**подобатися**	[po'dɔbatisʲa]
gritar (vi)	**кричати**	[kri'ʧati]
guardar (cartas, etc.)	**зберігати**	[zbɛri'ɦati]
informar (vt)	**інформувати**	[informu'wati]
insistir (vi)	**наполягати**	[napolʲa'ɦati]
insultar (vt)	**ображати**	[obra'ʒati]
interessar-se (vr)	**цікавитися**	[ʦi'kawitisʲa]
ir (a pé)	**йти**	[jti]
ir nadar	**купатися**	[ku'patisʲa]
jantar (vi)	**вечеряти**	[wɛ'ʧɛrʲati]

12. Os verbos mais importantes. Parte 3

ler (vt)	**читати**	[ʧi'tati]
libertar (cidade, etc.)	**звільняти**	[zwilʲ'nʲati]
matar (vt)	**убивати**	[ubi'wati]
mencionar (vt)	**згадувати**	['zɦaduwati]
mostrar (vt)	**показувати**	[po'kazuwati]
mudar (modificar)	**змінювати**	['zminʲuwati]
nadar (vi)	**плавати**	['plawati]
negar-se a ...	**відмовлятися**	[widmow'lʲatisʲa]
objetar (vt)	**заперечувати**	[zapɛ'rɛʧuwati]
observar (vt)	**спостерігати**	[spostɛri'ɦati]
ordenar (mil.)	**наказувати**	[na'kazuwati]
ouvir (vt)	**чути**	['ʧuti]
pagar (vt)	**платити**	[pla'titi]
parar (vi)	**зупинятися**	[zupi'nʲatisʲa]
participar (vi)	**брати участь**	['brati 'uʧastʲ]
pedir (comida)	**замовляти**	[zamow'lʲati]
pedir (um favor, etc.)	**просити**	[pro'siti]
pegar (tomar)	**брати**	['brati]
pensar (vt)	**думати**	['dumati]
perceber (ver)	**помічати**	[pomi'ʧati]
perdoar (vt)	**прощати**	[pro'ɕati]
perguntar (vt)	**запитувати**	[za'pituwati]
permitir (vt)	**дозволяти**	[dozwo'lʲati]
pertencer a ...	**належати**	[na'lɛʒati]
planear (vt)	**планувати**	[planu'wati]
possuir (vt)	**володіти**	[wolo'diti]
preferir (vt)	**воліти**	[wo'liti]
preparar (vt)	**готувати**	[ɦotu'wati]
prever (vt)	**передбачити**	[pɛrɛd'baʧiti]
prometer (vt)	**обіцяти**	[obi'ʦʲati]
pronunciar (vt)	**вимовляти**	[wimow'lʲati]
propor (vt)	**пропонувати**	[proponu'wati]
punir (castigar)	**покарати**	[poka'rati]

13. Os verbos mais importantes. Parte 4

quebrar (vt)	**ламати**	[la'matɨ]
queixar-se (vr)	**скаржитися**	['skarʒɨtɨsʲa]
querer (desejar)	**хотіти**	[ho'titɨ]
recomendar (vt)	**рекомендувати**	[rɛkomɛndu'watɨ]
repetir (dizer outra vez)	**повторювати**	[pow'tɔrʲuwatɨ]
repreender (vt)	**лаяти**	['laʲatɨ]
reservar (~ um quarto)	**резервувати**	[rɛzɛrwu'watɨ]
responder (vt)	**відповідати**	[widpowi'datɨ]
rezar, orar (vi)	**молитися**	[mo'lɨtɨsʲa]
rir (vi)	**сміятися**	[smi'ʲatɨsʲa]
roubar (vt)	**красти**	['krastɨ]
saber (vt)	**знати**	['znatɨ]
sair (~ de casa)	**виходити**	[wɨ'hɔdɨtɨ]
salvar (vt)	**рятувати**	[rʲatu'watɨ]
seguir ...	**іти слідом**	[i'tɨ 'slidom]
sentar-se (vr)	**сідати**	[si'datɨ]
ser necessário	**бути потрібним**	['butɨ po'tribnɨm]
ser, estar	**бути**	['butɨ]
significar (vt)	**означати**	[ozna'ʧatɨ]
sorrir (vi)	**посміхатися**	[posmi'hatɨsʲa]
subestimar (vt)	**недооцінювати**	[nɛdoo'ʦinʲuwatɨ]
surpreender-se (vr)	**дивуватись**	[dɨwu'watɨsʲ]
tentar (vt)	**пробувати**	['prɔbuwatɨ]
ter (vt)	**мати**	['matɨ]
ter fome	**хотіти їсти**	[ho'titɨ 'jɨstɨ]
ter medo	**боятися**	[bo'ʲatɨsʲa]
ter sede	**хотіти пити**	[ho'titɨ 'pɨtɨ]
tocar (com as mãos)	**торкати**	[tor'katɨ]
tomar o pequeno-almoço	**снідати**	['snidatɨ]
trabalhar (vi)	**працювати**	[praʦʲu'watɨ]
traduzir (vt)	**перекладати**	[pɛrɛkla'datɨ]
unir (vt)	**об'єднувати**	[o'bˀɛdnuwatɨ]
vender (vt)	**продавати**	[proda'watɨ]
ver (vt)	**бачити**	['baʧɨtɨ]
virar (ex. ~ à direita)	**повертати**	[powɛr'tatɨ]
voar (vi)	**летіти**	[lɛ'titɨ]

14. Cores

cor (f)	**колір** (ч)	['kɔlir]
matiz (m)	**відтінок** (ч)	[wid'tinok]
tom (m)	**тон** (ч)	[ton]
arco-íris (m)	**веселка** (ж)	[wɛ'sɛlka]
branco	**білий**	['bilɨj]

preto	**чорний**	['ʧɔrnɨj]
cinzento	**сірий**	['sirɨj]
verde	**зелений**	[zɛ'lɛnɨj]
amarelo	**жовтий**	['ʒɔwtɨj]
vermelho	**червоний**	[ʧɛr'wɔnɨj]
azul	**синій**	['sɨnij]
azul claro	**блакитний**	[bla'kɨtnɨj]
rosa	**рожевий**	[ro'ʒɛwɨj]
laranja	**помаранчевий**	[poma'ranʧɛwɨj]
violeta	**фіолетовий**	[fio'lɛtowɨj]
castanho	**коричневий**	[ko'rɨʧnɛwɨj]
dourado	**золотий**	[zolo'tɨj]
prateado	**сріблястий**	[srib'lʲastɨj]
bege	**бежевий**	['bɛʒɛwɨj]
creme	**кремовий**	['krɛmowɨj]
turquesa	**бірюзовий**	[birʲu'zɔwɨj]
vermelho cereja	**вишневий**	[wɨʃ'nɛwɨj]
lilás	**бузковий**	[buz'kɔwɨj]
carmesim	**малиновий**	[ma'lɨnowɨj]
claro	**світлий**	['switlɨj]
escuro	**темний**	['tɛmnɨj]
vivo	**яскравий**	[jas'krawɨj]
de cor	**кольоровий**	[kolʲo'rɔwɨj]
a cores	**кольоровий**	[kolʲo'rɔwɨj]
preto e branco	**чорно-білий**	['ʧɔrno 'bilɨj]
unicolor	**однобарвний**	[odno'barwnɨj]
multicor	**різнобарвний**	[rizno'barwnɨj]

15. Questões

Quem?	**Хто?**	[hto]
Que?	**Що?**	[ɕo]
Onde?	**Де?**	[dɛ]
Para onde?	**Куди?**	[ku'dɨ]
De onde?	**Звідки?**	['zwidkɨ]
Quando?	**Коли?**	[ko'lɨ]
Para quê?	**Навіщо?**	[na'wiɕo]
Porquê?	**Чому?**	[ʧo'mu]
Para quê?	**Для чого?**	[dlʲa 'ʧɔɦo]
Como?	**Як?**	[jak]
Qual?	**Який?**	[ja'kɨj]
Qual? (entre dois ou mais)	**Котрий?**	[kot'rɨj]
A quem?	**Кому?**	[ko'mu]
Sobre quem?	**Про кого?**	[pro 'kɔɦo]
Do quê?	**Про що?**	[pro ɕo]
Com quem?	**З ким?**	[z kɨm]

Quanto, -os, -as?	Скільки?	['skilʲki]
De quem? (masc.)	Чий?	[tʃij]
De quem é? (fem.)	Чия?	[tʃiʲa]
De quem são? (pl)	Чиї?	['tʃiji]

16. Preposições

com (prep.)	з	[z]
sem (prep.)	без	[bɛz]
a, para (exprime lugar)	в	[w]
sobre (ex. falar ~)	про	[pro]
antes de ...	перед	['pɛrɛd]
diante de ...	перед	['pɛrɛd]
sob (debaixo de)	під	[pid]
sobre (em cima de)	над	[nad]
sobre (~ a mesa)	на	[na]
de (vir ~ Lisboa)	з	[z]
de (feito ~ pedra)	з	[z]
dentro de (~ dez minutos)	за	[za]
por cima de ...	через	['tʃɛrɛz]

17. Palavras funcionais. Advérbios. Parte 1

Onde?	Де?	[dɛ]
aqui	тут	[tut]
lá, ali	там	[tam]
em algum lugar	десь	[dɛsʲ]
em lugar nenhum	ніде	[ni'dɛ]
ao pé de ...	біля	['bilʲa]
ao pé da janela	біля вікна	['bilʲa wik'na]
Para onde?	Куди?	[ku'di]
para cá	сюди	[sʲu'di]
para lá	туди	[tu'di]
daqui	звідси	['zwidsɨ]
de lá, dali	звідти	['zwidti]
perto	близько	['blizʲko]
longe	далеко	[da'lɛko]
perto de ...	біля	['bilʲa]
ao lado de	поряд	['porʲad]
perto, não fica longe	недалеко	[nɛda'lɛko]
esquerdo	лівий	['liwɨj]
à esquerda	зліва	['zliwa]
para esquerda	ліворуч	[li'wɔrutʃ]
direito	правий	['prawɨj]

à direita	**справа**	['sprawa]
para direita	**праворуч**	[pra'wɔrutʃ]
à frente	**спереду**	['spɛrɛdu]
da frente	**передній**	[pɛ'rɛdnij]
em frente (para a frente)	**уперед**	[upɛ'rɛd]
atrás de ...	**позаду**	[po'zadu]
por detrás (vir ~)	**ззаду**	['zzadu]
para trás	**назад**	[na'zad]
meio (m), metade (f)	**середина** (ж)	[sɛ'rɛdɨna]
no meio	**посередині**	[posɛ'rɛdɨni]
de lado	**збоку**	['zbɔku]
em todo lugar	**скрізь**	[skrizʲ]
ao redor (olhar ~)	**навколо**	[naw'kɔlo]
de dentro	**зсередини**	[zsɛ'rɛdɨnɨ]
para algum lugar	**кудись**	[ku'dɨsʲ]
diretamente	**прямо**	['prʲamo]
de volta	**назад**	[na'zad]
de algum lugar	**звідки-небудь**	['zwidkɨ 'nɛbudʲ]
de um lugar	**звідкись**	['zwidkɨsʲ]
em primeiro lugar	**по-перше**	[po 'pɛrʃɛ]
em segundo lugar	**по-друге**	[po 'druɦɛ]
em terceiro lugar	**по-третє**	[po 'trɛtɛ]
de repente	**раптом**	['raptom]
no início	**спочатку**	[spo'tʃatku]
pela primeira vez	**уперше**	[u'pɛrʃɛ]
muito antes de ...	**задовго до...**	[za'dɔwɦo do]
de novo, novamente	**заново**	['zanowo]
para sempre	**назовсім**	[na'zɔwsim]
nunca	**ніколи**	[ni'kɔlɨ]
de novo	**знову**	['znɔwu]
agora	**тепер**	[tɛ'pɛr]
frequentemente	**часто**	['tʃasto]
então	**тоді**	[to'di]
urgentemente	**терміново**	[tɛrmi'nɔwo]
usualmente	**звичайно**	[zwɨ'tʃajno]
a propósito, ...	**до речі,...**	[do 'rɛtʃi]
é possível	**можливо**	[moʒ'lɨwo]
provavelmente	**мабуть**	[ma'butʲ]
talvez	**може бути**	['mɔʒɛ 'butɨ]
além disso, ...	**крім того,...**	[krim 'tɔɦo]
por isso ...	**тому**	['tomu]
apesar de ...	**незважаючи на...**	[nɛzwa'ʒaʲutʃɨ na]
graças a ...	**завдяки...**	[zawdʲa'kɨ]
que (pron.)	**що**	[ɕo]
que (conj.)	**що**	[ɕo]

algo	**щось**	[ɕosʲ]
alguma coisa	**що-небудь**	[ɕo 'nɛbudʲ]
nada	**нічого**	[ni'ʧɔɦo]
quem	**хто**	[hto]
alguém (~ teve uma ideia ...)	**хтось**	[htosʲ]
alguém	**хто-небудь**	[hto 'nɛbudʲ]
ninguém	**ніхто**	[nih'tɔ]
para lugar nenhum	**нікуди**	['nikudɨ]
de ninguém	**нічий**	[ni'ʧɨj]
de alguém	**чий-небудь**	[ʧɨj 'nɛbudʲ]
tão	**так**	[tak]
também (gostaria ~ de ...)	**також**	[ta'kɔʒ]
também (~ eu)	**теж**	[tɛʒ]

18. Palavras funcionais. Advérbios. Parte 2

Porquê?	**Чому?**	[ʧo'mu]
por alguma razão	**чомусь**	[ʧo'musʲ]
porque ...	**тому, що...**	['tomu, ɕo ...]
por qualquer razão	**навіщось**	[na'wiɕosʲ]
e (tu ~ eu)	**і**	[i]
ou (ser ~ não ser)	**або**	[a'bɔ]
mas (porém)	**але**	[a'lɛ]
para (~ a minha mãe)	**для**	[dlʲa]
demasiado, muito	**занадто**	[za'nadto]
só, somente	**тільки**	['tilʲkɨ]
exatamente	**точно**	['tɔʧno]
cerca de (~ 10 kg)	**близько**	['blɨzʲko]
aproximadamente	**приблизно**	[prɨb'lɨzno]
aproximado	**приблизний**	[prɨb'lɨznɨj]
quase	**майже**	['majʒɛ]
resto (m)	**решта** (ж)	['rɛʃta]
o outro (segundo)	**інший**	['inʃɨj]
outro	**інший**	['inʃɨj]
cada	**кожен**	['kɔʒɛn]
qualquer	**будь-який**	[budʲ ja'kɨj]
muitos, muitas	**багато**	[ba'ɦato]
muito	**багато**	[ba'ɦato]
muito	**багато**	[ba'ɦato]
muitas pessoas	**багато хто**	[ba'ɦato hto]
todos	**всі**	[wsi]
em troca de ...	**в обмін на...**	[w 'ɔbmin na]
em troca	**натомість**	[na'tɔmistʲ]
à mão	**вручну**	[wruʧ'nu]
pouco provável	**навряд чи**	[naw'rʲad ʧɨ]
provavelmente	**мабуть**	[ma'butʲ]

de propósito	**навмисно**	[naw'mɨsno]
por acidente	**випадково**	[wɨpad'kɔwo]
muito	**дуже**	['duʒɛ]
por exemplo	**наприклад**	[na'prɨklad]
entre	**між**	[miʒ]
entre (no meio de)	**серед**	['sɛrɛd]
tanto	**стільки**	['stilʲkɨ]
especialmente	**особливо**	[osob'lɨwo]

Conceitos básicos. Parte 2

19. Opostos

rico	багатий	[baˈɦatij]
pobre	бідний	[ˈbidnij]
doente	хворий	[ˈhwɔrij]
são	здоровий	[zdoˈrɔwij]
grande	великий	[wɛˈlikij]
pequeno	маленький	[maˈlɛnʲkij]
rapidamente	швидко	[ˈʃwidko]
lentamente	повільно	[poˈwilʲno]
rápido	швидкий	[ʃwidˈkij]
lento	повільний	[poˈwilʲnij]
alegre	веселий	[wɛˈsɛlij]
triste	сумний	[sumˈnij]
juntos	разом	[ˈrazom]
separadamente	окремо	[okˈrɛmo]
em voz alta (ler ~)	вголос	[ˈwɦɔlos]
para si (em silêncio)	про себе	[pro ˈsɛbɛ]
alto	високий	[wiˈsɔkij]
baixo	низький	[nizʲˈkij]
profundo	глибокий	[ɦliˈbɔkij]
pouco fundo	мілкий	[milˈkij]
sim	так	[tak]
não	ні	[ni]
distante (no espaço)	далекий	[daˈlɛkij]
próximo	близький	[blizʲˈkij]
longe	далеко	[daˈlɛko]
perto	поруч	[ˈpɔrutʃ]
longo	довгий	[ˈdɔwɦij]
curto	короткий	[koˈrɔtkij]
bom, bondoso	добрий	[ˈdɔbrij]
mau	злий	[ˈzlij]

casado	**одружений**	[od'ruʒɛnɨj]
solteiro	**холостий**	[holos'tɨj]
proibir (vt)	**заборонити**	[zaboro'nɨtɨ]
permitir (vt)	**дозволити**	[doz'wɔlɨtɨ]
fim (m)	**кінець** (ч)	[ki'nɛʦ]
começo (m)	**початок** (ч)	[po'ʧatok]
esquerdo	**лівий**	['liwɨj]
direito	**правий**	['prawɨj]
primeiro	**перший**	['pɛrʃɨj]
último	**останній**	[os'tanij]
crime (m)	**злочин** (ч)	['zlɔʧɨn]
castigo (m)	**кара** (ж)	['kara]
ordenar (vt)	**наказати**	[naka'zatɨ]
obedecer (vt)	**підкоритися**	[pidko'rɨtɨsʲa]
reto	**прямий**	[prʲa'mɨj]
curvo	**кривий**	[krɨ'wɨj]
paraíso (m)	**рай** (ч)	[raj]
inferno (m)	**пекло** (с)	['pɛklo]
nascer (vi)	**народитися**	[naro'dɨtɨsʲa]
morrer (vi)	**померти**	[po'mɛrtɨ]
forte	**сильний**	['sɨlʲnɨj]
fraco, débil	**слабкий**	[slab'kɨj]
idoso	**старий**	[sta'rɨj]
jovem	**молодий**	[molo'dɨj]
velho	**старий**	[sta'rɨj]
novo	**новий**	[no'wɨj]
duro	**твердий**	[twɛr'dɨj]
mole	**м'який**	[mʔʲa'kɨj]
tépido	**теплий**	['tɛplɨj]
frio	**холодний**	[ho'lɔdnɨj]
gordo	**товстий**	[tows'tɨj]
magro	**худий**	[hu'dɨj]
estreito	**вузький**	[wuzʲ'kɨj]
largo	**широкий**	[ʃɨ'rɔkɨj]
bom	**добрий**	['dɔbrɨj]
mau	**поганий**	[po'ɦanɨj]
valente	**хоробрий**	[ho'rɔbrɨj]
cobarde	**боягузливий**	[boja'ɦuzlɨwɨj]

20. Dias da semana

segunda-feira (f)	**понеділок** (ч)	[ponɛ'dilok]
terça-feira (f)	**вівторок** (ч)	[wiw'tɔrok]
quarta-feira (f)	**середа** (ж)	[sɛrɛ'da]
quinta-feira (f)	**четвер** (ч)	[ʧɛt'wɛr]
sexta-feira (f)	**п'ятниця** (ж)	['pʔʲatnitsʲa]
sábado (m)	**субота** (ж)	[su'bɔta]
domingo (m)	**неділя** (ж)	[nɛ'dilʲa]
hoje	**сьогодні**	[sʲo'ɦɔdni]
amanhã	**завтра**	['zawtra]
depois de amanhã	**післязавтра**	[pislʲa'zawtra]
ontem	**вчора**	['wʧɔra]
anteontem	**позавчора**	[pozaw'ʧɔra]
dia (m)	**день** (ч)	[dɛnʲ]
dia (m) de trabalho	**робочий день** (ч)	[ro'bɔʧij dɛnʲ]
feriado (m)	**святковий день** (ч)	[swʲat'kɔwij dɛnʲ]
dia (m) de folga	**вихідний день** (ч)	[wɨhid'nɨj dɛnʲ]
fim (m) de semana	**вихідні** (мн)	[wɨhid'ni]
o dia todo	**весь день**	[wɛsʲ dɛnʲ]
no dia seguinte	**на наступний день**	[na na'stupnɨj dɛnʲ]
há dois dias	**2 дні тому**	[dwa dni 'tɔmu]
na véspera	**напередодні**	[napɛrɛ'dɔdni]
diário	**щоденний**	[ɕo'dɛnɨj]
todos os dias	**щодня**	[ɕod'nʲa]
semana (f)	**тиждень** (ч)	['tɨʒdɛnʲ]
na semana passada	**на минулому тижні**	[na mɨ'nulomu 'tɨʒni]
na próxima semana	**на наступному тижні**	[na na'stupnomu 'tɨʒni]
semanal	**щотижневий**	[ɕotɨʒ'nɛwɨj]
cada semana	**щотижня**	[ɕo'tɨʒnʲa]
duas vezes por semana	**два рази на тиждень**	[dwa 'razɨ na 'tɨʒdɛnʲ]
cada terça-feira	**кожен вівторок**	['kɔʒɛn wiw'tɔrok]

21. Horas. Dia e noite

manhã (f)	**ранок** (ч)	['ranok]
de manhã	**вранці**	['wrantsi]
meio-dia (m)	**полудень** (ч)	['pɔludɛnʲ]
à tarde	**після обіду**	['pislʲa o'bidu]
noite (f)	**вечір** (ч)	['wɛʧir]
à noite (noitinha)	**увечері**	[u'wɛʧɛri]
noite (f)	**ніч** (ж)	[niʧ]
à noite	**уночі**	[uno'ʧi]
meia-noite (f)	**північ** (ж)	['piwniʧ]
segundo (m)	**секунда** (ж)	[sɛ'kunda]
minuto (m)	**хвилина** (ж)	[hwɨ'lɨna]
hora (f)	**година** (ж)	[ɦo'dɨna]

meia hora (f)	півгодини (мн)	[piwɦo'dɪnɪ]
quarto (m) de hora	чверть (ж) години	[ʧwɛrtʲ ɦo'dɪnɪ]
quinze minutos	15 хвилин	[pʲat'nadtsʲatʲ hwɪ'lɪn]
vinte e quatro horas	доба (ж)	[do'ba]
nascer (m) do sol	схід (ч) сонця	[shid 'sɔntsʲa]
amanhecer (m)	світанок (ч)	[swi'tanok]
madrugada (f)	ранній ранок (ч)	['ranij 'ranok]
pôr do sol (m)	захід (ч)	['zahid]
de madrugada	рано вранці	['rano 'wrantsi]
hoje de manhã	сьогодні вранці	[sʲo'ɦɔdni 'wrantsi]
amanhã de manhã	завтра вранці	['zawtra 'wrantsi]
hoje à tarde	сьогодні вдень	[sʲo'ɦɔdni wdɛnʲ]
à tarde	після обіду	['pislʲa o'bidu]
amanhã à tarde	завтра після обіду	['zawtra 'pislʲa o'bidu]
hoje à noite	сьогодні увечері	[sʲo'ɦɔdni u'wɛʧɛri]
amanhã à noite	завтра увечері	['zawtra u'wɛʧɛri]
às três horas em ponto	рівно о третій годині	['riwno o t'rɛtij ɦo'dɪnɪ]
por volta das quatro	біля четвертої години	['bilʲa ʧɛt'wɛrtoji ɦo'dɪnɪ]
às doze	до дванадцятої години	[do dwa'nadtsʲatoji ɦo'dɪnɪ]
dentro de vinte minutos	за двадцять хвилин	[za 'dwadtsʲatʲ hwɪ'lɪn]
dentro duma hora	за годину	[za ɦo'dɪnu]
a tempo	вчасно	['wʧasno]
menos um quarto	без чверті	[bɛz 'ʧwɛrti]
durante uma hora	протягом години	['prɔtʲaɦom ɦo'dɪnɪ]
a cada quinze minutos	кожні п'ятнадцять хвилин	['kɔʒni pʲat'nadtsʲatʲ hwɪ'lɪn]
as vinte e quatro horas	цілодобово	[tsilodo'bɔwo]

22. Meses. Estações

janeiro (m)	січень (ч)	['siʧɛnʲ]
fevereiro (m)	лютий (ч)	['lʲutij]
março (m)	березень (ч)	['bɛrɛzɛnʲ]
abril (m)	квітень (ч)	['kwitɛnʲ]
maio (m)	травень (ч)	['trawɛnʲ]
junho (m)	червень (ч)	['ʧɛrwɛnʲ]
julho (m)	липень (ч)	['lɪpɛnʲ]
agosto (m)	серпень (ч)	['sɛrpɛnʲ]
setembro (m)	вересень (ч)	['wɛrɛsɛnʲ]
outubro (m)	жовтень (ч)	['ʒɔwtɛnʲ]
novembro (m)	листопад (ч)	[listo'pad]
dezembro (m)	грудень (ч)	['ɦrudɛnʲ]
primavera (f)	весна (ж)	[wɛs'na]
na primavera	навесні	[nawɛs'ni]
primaveril	весняний	[wɛs'nʲanij]
verão (m)	літо (с)	['lito]

no verão	влітку	['wlitku]
de verão	літній	['litnij]
outono (m)	осінь (ж)	['ɔsinʲ]
no outono	восени	[wosɛ'nʲi]
outonal	осінній	[o'sinij]
inverno (m)	зима (ж)	[zi'ma]
no inverno	взимку	['wzimku]
de inverno	зимовий	[zi'mɔwij]
mês (m)	місяць (ч)	['misʲats]
este mês	в цьому місяці	[w tsʲomu 'misʲatsi]
no próximo mês	в наступному місяці	[w na'stupnomu 'misʲatsi]
no mês passado	в минулому місяці	[w mi'nulomu 'misʲatsi]
há um mês	місяць тому	['misʲats 'tomu]
dentro de um mês	через місяць	['tʃɛrɛz 'misʲats]
dentro de dois meses	через 2 місяці	['tʃɛrɛz dwa 'misʲatsi]
todo o mês	весь місяць	[wɛsʲ 'misʲats]
um mês inteiro	цілий місяць	['tsilij 'misʲats]
mensal	щомісячний	[ɕo'misʲatʃnij]
mensalmente	щомісяця	[ɕo'misʲatsʲa]
cada mês	кожний місяць	['kɔʒnij 'misʲats]
duas vezes por mês	два рази на місяць	[dwa 'razi na 'misʲats]
ano (m)	рік (ч)	[rik]
este ano	в цьому році	[w tsʲomu 'rɔtsi]
no próximo ano	в наступному році	[w na'stupnomu 'rɔtsi]
no ano passado	в минулому році	[w mi'nulomu 'rɔtsi]
há um ano	рік тому	[rik 'tomu]
dentro dum ano	через рік	['tʃɛrɛz rik]
dentro de 2 anos	через два роки	['tʃɛrɛz dwa 'rɔki]
todo o ano	увесь рік	[u'wɛsʲ rik]
um ano inteiro	цілий рік	['tsilij rik]
cada ano	кожен рік	['kɔʒɛn 'rik]
anual	щорічний	[ɕo'ritʃnij]
anualmente	щороку	[ɕo'rɔku]
quatro vezes por ano	чотири рази на рік	[tʃo'tiri 'razi na rik]
data (~ de hoje)	число (с)	[tʃis'lɔ]
data (ex. ~ de nascimento)	дата (ж)	['data]
calendário (m)	календар (ч)	[kalɛn'dar]
meio ano	півроку	[piw'rɔku]
seis meses	піврічча (с)	[piw'ritʃʲa]
estação (f)	сезон (ч)	[sɛ'zɔn]
século (m)	вік (ч)	[wik]

23. Tempo. Diversos

tempo (m)	час (с)	[tʃas]
momento (m)	мить (ж)	[mitʲ]

instante (m)	мить (ж)	[mitʲ]
instantâneo	миттєвий	[mitʲtɛwij]
lapso (m) de tempo	відрізок (ч)	[wid'rizok]
vida (f)	життя (с)	[ʒitʲtʲa]
eternidade (f)	вічність (ж)	['witʃnistʲ]
época (f)	епоха (ж)	[ɛ'pɔha]
era (f)	ера (ж)	['ɛra]
ciclo (m)	цикл (ч)	['tsikl]
período (m)	період (ч)	[pɛ'riod]
prazo (m)	термін (ч)	['tɛrmin]
futuro (m)	майбутнє (с)	[maj'butnɛ]
futuro	майбутній	[maj'butnij]
da próxima vez	наступного разу	[na'stupnoɦo 'razu]
passado (m)	минуле (с)	[mi'nulɛ]
passado	минулий	[mi'nulij]
na vez passada	минулого разу	[mi'nuloɦo 'razu]
mais tarde	пізніше	[piz'niʃɛ]
depois	після	['pisʲla]
atualmente	сьогодення	[sʲoɦo'dɛnʲa]
agora	зараз	['zaraz]
imediatamente	негайно	[nɛ'ɦajno]
em breve, brevemente	незабаром	[nɛza'barom]
de antemão	завчасно	[zaw'tʃasno]
há muito tempo	давно	[daw'nɔ]
há pouco tempo	нещодавно	[nɛɕo'dawno]
destino (m)	доля (ж)	['dɔlʲa]
recordações (f pl)	пам'ять (ж)	['pamʲatʲ]
arquivo (m)	архів (ч)	[ar'hiw]
durante ...	під час	[pid 'tʃas]
durante muito tempo	довго	['dɔwɦo]
pouco tempo	недовго	[nɛ'dɔwɦo]
cedo (levantar-se ~)	рано	['rano]
tarde (deitar-se ~)	пізно	['pizno]
para sempre	назавжди	[na'zawʒdi]
começar (vt)	починати	[potʃi'nati]
adiar (vt)	перенести	[pɛrɛ'nɛsti]
simultaneamente	одночасно	[odno'tʃasno]
permanentemente	постійно	[pos'tijno]
constante (ruído, etc.)	постійний	[pos'tijnij]
temporário	тимчасовий	[timtʃa'sɔwij]
às vezes	інколи	['inkoli]
raramente	рідко	['ridko]
frequentemente	часто	['tʃasto]

24. Linhas e formas

quadrado (m)	квадрат (ч)	[kwad'rat]
quadrado	квадратний	[kwad'ratnij]

círculo (m)	**коло** (с)	['kɔlo]
redondo	**круглий**	['kruɦlɨj]
triângulo (m)	**трикутник** (ч)	[trɨ'kutnɨk]
triangular	**трикутний**	[trɨ'kutnɨj]
oval (f)	**овал** (ч)	[o'wal]
oval	**овальний**	[o'walʲnɨj]
retângulo (m)	**прямокутник** (ч)	[prʲamo'kutnɨk]
retangular	**прямокутний**	[prʲamo'kutnɨj]
pirâmide (f)	**піраміда** (ж)	[pira'mida]
rombo, losango (m)	**ромб** (ч)	[romb]
trapézio (m)	**трапеція** (ж)	[tra'pɛʦiʲa]
cubo (m)	**куб** (ч)	[kub]
prisma (m)	**призма** (ж)	['prɨzma]
circunferência (f)	**коло** (с)	['kɔlo]
esfera (f)	**сфера** (ж)	['sfɛra]
globo (m)	**куля** (ж)	['kulʲa]
diâmetro (m)	**діаметр** (ч)	[di'amɛtr]
raio (m)	**радіус** (ч)	['radius]
perímetro (m)	**периметр** (ч)	[pɛ'rɨmɛtr]
centro (m)	**центр** (ч)	[ʦɛntr]
horizontal	**горизонтальний**	[ɦorɨzon'talʲnɨj]
vertical	**вертикальний**	[wɛrtɨ'kalʲnɨj]
paralela (f)	**паралель** (ж)	[para'lɛlʲ]
paralelo	**паралельний**	[para'lɛlʲnɨj]
linha (f)	**лінія** (ж)	['liniʲa]
traço (m)	**риса** (ж)	['rɨsa]
reta (f)	**пряма лінія** (ж)	[prʲa'ma 'liniʲa]
curva (f)	**крива лінія** (ж)	[krɨ'wa 'liniʲa]
fino (linha ~a)	**тонкий**	[ton'kɨj]
contorno (m)	**контур** (ч)	['kɔntur]
interseção (f)	**перетин** (ч)	[pɛ'rɛtɨn]
ângulo (m) reto	**прямий кут** (ч)	[prʲa'mɨj kut]
segmento (m)	**сегмент** (ч)	[sɛɦ'mɛnt]
setor (m)	**сектор** (ч)	['sɛktor]
lado (de um triângulo, etc.)	**бік** (ч)	[bik]
ângulo (m)	**кут** (ч)	[kut]

25. Unidades de medida

peso (m)	**вага** (ж)	[wa'ɦa]
comprimento (m)	**довжина** (ж)	[dowʒɨ'na]
largura (f)	**ширина** (ж)	[ʃɨrɨ'na]
altura (f)	**висота** (ж)	[wɨso'ta]
profundidade (f)	**глибина** (ж)	[ɦlɨbɨ'na]
volume (m)	**об'єм** (ч)	[o'bʔɛm]
área (f)	**площа** (ж)	['plɔɕa]
grama (m)	**грам** (ч)	[ɦram]
miligrama (m)	**міліграм** (ч)	[mili'ɦram]

quilograma (m)	кілограм (ч)	[kilo'ɦram]
tonelada (f)	тонна (ж)	['tɔna]
libra (453,6 gramas)	фунт (ч)	['funt]
onça (f)	унція (ж)	['untsʲi̯a]
metro (m)	метр (ч)	[mɛtr]
milímetro (m)	міліметр (ч)	[mili'mɛtr]
centímetro (m)	сантиметр (ч)	[santi'mɛtr]
quilómetro (m)	кілометр (ч)	[kilo'mɛtr]
milha (f)	миля (ж)	['miʎa]
polegada (f)	дюйм (ч)	[dʲujm]
pé (304,74 mm)	фут (ч)	[fut]
jarda (914,383 mm)	ярд (ч)	[jard]
metro (m) quadrado	квадратний метр (ч)	[kwad'ratnij mɛtr]
hectare (m)	гектар (ч)	[ɦɛk'tar]
litro (m)	літр (ч)	[litr]
grau (m)	градус (ч)	['ɦradus]
volt (m)	вольт (ч)	[wolʲt]
ampere (m)	ампер (ч)	[am'pɛr]
cavalo-vapor (m)	кінська сила (ж)	['kinsʲka 'sɨla]
quantidade (f)	кількість (ж)	['kilʲkistʲ]
um pouco de ...	небагато...	[nɛba'ɦato]
metade (f)	половина (ж)	[polo'wɨna]
dúzia (f)	дюжина (ж)	['dʲuʒɨna]
peça (f)	штука (ж)	['ʃtuka]
dimensão (f)	розмір (ч)	['rɔzmir]
escala (f)	масштаб (ч)	[masʃ'tab]
mínimo	мінімальний	[mini'malʲnij]
menor, mais pequeno	найменший	[naj'mɛnʃij]
médio	середній	[sɛ'rɛdnij]
máximo	максимальний	[maksi'malʲnij]
maior, mais grande	найбільший	[naj'bilʲʃij]

26. Recipientes

boião (m) de vidro	банка (ж)	['banka]
lata (~ de cerveja)	банка (ж)	['banka]
balde (m)	відро (с)	[wid'rɔ]
barril (m)	бочка (ж)	['bɔtʃka]
bacia (~ de plástico)	таз (ч)	[taz]
tanque (m)	бак (ч)	[bak]
cantil (m) de bolso	фляжка (ж)	['flʲaʒka]
bidão (m) de gasolina	каністра (ж)	[ka'nistra]
cisterna (f)	цистерна (ж)	[tsɨs'tɛrna]
caneca (f)	кухоль (ч)	['kuholʲ]
chávena (f)	чашка (ж)	['tʃaʃka]

pires (m)	блюдце (с)	['blʲudtsɛ]
copo (m)	склянка (ж)	['sklʲanka]
taça (f) de vinho	келих (ч)	['kɛlih]
panela, caçarola (f)	каструля (ж)	[kas'trulʲa]
garrafa (f)	пляшка (ж)	['plʲaʃka]
gargalo (m)	горлечко	['hɔrlɛtʃko]
jarro, garrafa (f)	карафа (ж)	[ka'rafa]
jarro (m) de barro	глечик (ч)	['hlɛtʃik]
recipiente (m)	посудина (ж)	[po'sudina]
pote (m)	горщик (ч)	['hɔrɕik]
vaso (m)	ваза (ж)	['waza]
frasco (~ de perfume)	флакон (ч)	[fla'kɔn]
frasquinho (ex. ~ de iodo)	пляшечка (ж)	['plʲaʃɛtʃka]
tubo (~ de pasta dentífrica)	тюбик (ч)	['tʲubik]
saca (ex. ~ de açúcar)	мішок (ч)	[mi'ʃok]
saco (~ de plástico)	пакет (ч)	[pa'kɛt]
maço (m)	пачка (ж)	['patʃka]
caixa (~ de sapatos, etc.)	коробка (ж)	[ko'rɔbka]
caixa (~ de madeira)	ящик (ч)	['ʲaɕik]
cesta (f)	кошик (ч)	['kɔʃik]

27. Materiais

material (m)	матеріал (ч)	[matɛri'al]
madeira (f)	дерево (с)	['dɛrɛwo]
de madeira	дерев'яний	[dɛrɛ'wʲʲanij]
vidro (m)	скло (с)	['sklo]
de vidro	скляний	[sklʲa'nij]
pedra (f)	камінь (ч)	['kaminʲ]
de pedra	кам'яний	[kam'ʲa'nij]
plástico (m)	пластмаса (ж)	[plast'masa]
de plástico	пластмасовий	[plast'masowij]
borracha (f)	гума (ж)	['huma]
de borracha	гумовий	['humowij]
tecido, pano (m)	тканина (ж)	[tka'nina]
de tecido	з тканини	[z tka'nini]
papel (m)	папір (ч)	[pa'pir]
de papel	паперовий	[papɛ'rɔwij]
cartão (m)	картон (ч)	[kar'tɔn]
de cartão	картонний	[kar'tɔnij]
polietileno (m)	поліетилен (ч)	[poliɛti'lɛn]
celofane (m)	целофан (ч)	[tsɛlo'fan]

linóleo (m)	**лінолеум** (ч)	[li'nɔlɛum]
contraplacado (m)	**фанера** (ж)	[fa'nɛra]
porcelana (f)	**фарфор** (ч)	['farfor]
de porcelana	**порцеляновий**	[porʦɛ'lʲanowɨj]
barro (f)	**глина** (ж)	['ɦlɨna]
de barro	**глиняний**	['ɦlɨnʲanɨj]
cerâmica (f)	**кераміка** (ж)	[kɛ'ramika]
de cerâmica	**керамічний**	[kɛra'miʧnɨj]

28. Metais

metal (m)	**метал** (ч)	[mɛ'tal]
metálico	**металевий**	[mɛta'lɛwɨj]
liga (f)	**сплав** (ч)	[splaw]
ouro (m)	**золото** (с)	['zɔloto]
de ouro	**золотий**	[zolo'tɨj]
prata (f)	**срібло** (с)	['sriblo]
de prata	**срібний**	['sribnɨj]
ferro (m)	**залізо** (с)	[za'lizo]
de ferro	**залізний**	[za'liznɨj]
aço (m)	**сталь** (ж)	[stalʲ]
de aço	**сталевий**	[sta'lɛwɨj]
cobre (m)	**мідь** (ж)	[midʲ]
de cobre	**мідний**	['midnɨj]
alumínio (m)	**алюміній** (ч)	[alʲu'minij]
de alumínio	**алюмінієвий**	[alʲu'miniɛwɨj]
bronze (m)	**бронза** (ж)	['brɔnza]
de bronze	**бронзовий**	['brɔnzowɨj]
latão (m)	**латунь** (ж)	[la'tunʲ]
níquel (m)	**нікель** (ч)	['nikɛlʲ]
platina (f)	**платина** (ж)	['platɨna]
mercúrio (m)	**ртуть** (ж)	[rtutʲ]
estanho (m)	**олово** (с)	['ɔlowo]
chumbo (m)	**свинець** (ч)	[swɨ'nɛʦ]
zinco (m)	**цинк** (ч)	['ʦɨnk]

O SER HUMANO

O ser humano. O corpo

29. Humanos. Conceitos básicos

ser (m) humano	**людина** (ж)	[lʲu'dɨna]
homem (m)	**чоловік** (ч)	[ʧolo'wik]
mulher (f)	**жінка** (ж)	['ʒinka]
criança (f)	**дитина** (ж)	[dɨ'tɨna]
menina (f)	**дівчинка** (ж)	['diwʧɨnka]
menino (m)	**хлопчик** (ч)	['hlɔpʧɨk]
adolescente (m)	**підліток** (ч)	['pidlitok]
velho (m)	**старий** (ч)	[sta'rɨj]
velha, anciã (f)	**стара жінка** (ж)	[sta'ra 'ʒinka]

30. Anatomia humana

organismo (m)	**організм** (ч)	[orɦa'nizm]
coração (m)	**серце** (с)	['sɛrʦɛ]
sangue (m)	**кров** (ж)	[krow]
artéria (f)	**артерія** (ж)	[ar'tɛriʲa]
veia (f)	**вена** (ж)	['wɛna]
cérebro (m)	**мозок** (ч)	['mɔzok]
nervo (m)	**нерв** (ч)	[nɛrw]
nervos (m pl)	**нерви** (мн)	['nɛrwɨ]
vértebra (f)	**хребець** (ч)	[hrɛ'bɛʦ]
coluna (f) vertebral	**хребет** (ч)	[hrɛ'bɛt]
estômago (m)	**шлунок** (ч)	['ʃlunok]
intestinos (m pl)	**кишечник** (ч)	[kɨ'ʃɛʧnɨk]
intestino (m)	**кишка** (ж)	['kɨʃka]
fígado (m)	**печінка** (ж)	[pɛ'ʧinka]
rim (m)	**нирка** (ж)	['nɨrka]
osso (m)	**кістка** (ж)	['kistka]
esqueleto (m)	**скелет** (ч)	[skɛ'lɛt]
costela (f)	**ребро** (с)	[rɛb'rɔ]
crânio (m)	**череп** (ч)	['ʧɛrɛp]
músculo (m)	**м'яз** (ч)	['mˀʲaz]
bíceps (m)	**біцепс** (ч)	['biʦɛps]
tríceps (m)	**трицепс** (ч)	['trɨʦɛps]
tendão (m)	**сухожилля** (с)	[suho'ʒɨlʲa]
articulação (f)	**суглоб** (ч)	[suɦ'lɔb]

pulmões (m pl)	легені (мн)	[lɛˈɦɛni]
órgãos (m pl) genitais	статеві органи (мн)	[staˈtɛwi ˈɔrɦani]
pele (f)	шкіра (ж)	[ˈʃkira]

31. Cabeça

cabeça (f)	голова (ж)	[ɦoloˈwa]
cara (f)	обличчя (с)	[obˈlitʃʲa]
nariz (m)	ніс (ч)	[nis]
boca (f)	рот (ч)	[rot]
olho (m)	око (с)	[ˈɔko]
olhos (m pl)	очі (мн)	[ˈɔtʃi]
pupila (f)	зіниця (ж)	[ziˈnitsʲa]
sobrancelha (f)	брова (ж)	[broˈwa]
pestana (f)	вія (ж)	[ˈwiʲa]
pálpebra (f)	повіка (ж)	[poˈwika]
língua (f)	язик (ч)	[jaˈzik]
dente (m)	зуб (ч)	[zub]
lábios (m pl)	губи (мн)	[ˈɦubi]
maçãs (f pl) do rosto	вилиці (мн)	[ˈwilitsi]
gengiva (f)	ясна (мн)	[ˈʲasna]
palato (m)	піднебіння (с)	[pidnɛˈbinʲa]
narinas (f pl)	ніздрі (мн)	[ˈnizdri]
queixo (m)	підборіддя (с)	[pidboˈriddʲa]
mandíbula (f)	щелепа (ж)	[ɕɛˈlɛpa]
bochecha (f)	щока (ж)	[ɕoˈka]
testa (f)	чоло (с)	[tʃoˈlɔ]
têmpora (f)	скроня (ж)	[ˈskrɔnʲa]
orelha (f)	вухо (с)	[ˈwuɦo]
nuca (f)	потилиця (ж)	[poˈtilitsʲa]
pescoço (m)	шия (ж)	[ˈʃiʲa]
garganta (f)	горло (с)	[ˈɦɔrlo]
cabelos (m pl)	волосся (с)	[woˈlɔssʲa]
penteado (m)	зачіска (ж)	[ˈzatʃiska]
corte (m) de cabelo	стрижка (ж)	[ˈstriʒka]
peruca (f)	парик (ч)	[paˈrik]
bigode (m)	вуса (мн)	[ˈwusa]
barba (f)	борода (ж)	[boroˈda]
usar, ter (~ barba, etc.)	носити	[noˈsiti]
trança (f)	коса (ж)	[koˈsa]
suíças (f pl)	бакенбарди (мн)	[bakɛnˈbardi]
ruivo	рудий	[ruˈdij]
grisalho	сивий	[ˈsiwij]
calvo	лисий	[ˈlisij]
calva (f)	лисина (ж)	[ˈlisina]
rabo-de-cavalo (m)	хвіст (ч)	[hwist]
franja (f)	чубчик (ч)	[ˈtʃubtʃik]

32. Corpo humano

mão (f)	**кисть** (ж)	[kɨstʲ]
braço (m)	**рука** (ж)	[ru'ka]
dedo (m)	**палець** (ч)	['palɛʦ]
dedo (m) do pé	**палець**	['palɛʦʲ]
polegar (m)	**великий палець** (ч)	[wɛ'lɨkɨj 'palɛʦ]
dedo (m) mindinho	**мізинець** (ч)	[mi'zɨnɛʦ]
unha (f)	**ніготь** (ч)	['niɦotʲ]
punho (m)	**кулак** (ч)	[ku'lak]
palma (f) da mão	**долоня** (ж)	[do'lɔnʲa]
pulso (m)	**зап'ясток** (ч)	[za'pˀʲastok]
antebraço (m)	**передпліччя** (с)	[pɛrɛdp'liʧʲa]
cotovelo (m)	**лікоть** (ч)	['likotʲ]
ombro (m)	**плече** (с)	[plɛ'ʧɛ]
perna (f)	**гомілка** (ж)	[ɦo'milka]
pé (m)	**ступня** (ж)	[stup'nʲa]
joelho (m)	**коліно** (с)	[ko'lino]
barriga (f) da perna	**литка** (ж)	['lɨtka]
anca (f)	**стегно** (с)	[stɛɦ'nɔ]
calcanhar (m)	**п'ятка** (ж)	['pˀʲatka]
corpo (m)	**тіло** (с)	['tilo]
barriga (f)	**живіт** (ч)	[ʒɨ'wit]
peito (m)	**груди** (мн)	['ɦrudɨ]
seio (m)	**груди** (мн)	['ɦrudɨ]
lado (m)	**бік** (ч)	[bik]
costas (f pl)	**спина** (ж)	['spɨna]
região (f) lombar	**поперек** (ч)	[popɛ'rɛk]
cintura (f)	**талія** (ж)	['talʲija]
umbigo (m)	**пупок** (ч)	[pu'pɔk]
nádegas (f pl)	**сідниці** (мн)	[sid'nɨʦi]
traseiro (m)	**зад** (ч)	[zad]
sinal (m)	**родимка** (ж)	['rɔdɨmka]
sinal (m) de nascença	**родима пляма** (ж)	[ro'dɨma 'plʲama]
tatuagem (f)	**татуювання** (с)	[tatuʲu'wanʲa]
cicatriz (f)	**рубець** (ч)	[ru'bɛʦ]

Vestuário & Acessórios

33. Roupa exterior. Casacos

roupa (f)	**одяг** (ч)	['ɔdʲaɦ]
roupa (f) exterior	**верхній одяг** (ч)	['wɛrhnij 'ɔdʲaɦ]
roupa (f) de inverno	**зимовий одяг** (ч)	[zɨ'mɔwɨj 'ɔdʲaɦ]
sobretudo (m)	**пальто** (с)	[palʲ'tɔ]
casaco (m) de peles	**шуба** (ж)	['ʃuba]
casaco curto (m) de peles	**кожушок** (ч)	[koʒu'ʃɔk]
casaco (m) acolchoado	**пуховик** (ч)	[puho'wɨk]
casaco, blusão (m)	**куртка** (ж)	['kurtka]
impermeável (m)	**плащ** (ч)	[plaɕ]
impermeável	**непромокальний**	[nɛpromo'kalʲnɨj]

34. Vestuário de homem & mulher

camisa (f)	**сорочка** (ж)	[so'rɔtʃka]
calças (f pl)	**штани** (мн)	[ʃta'nɨ]
calças (f pl) de ganga	**джинси** (мн)	['dʒɨnsɨ]
casaco (m) de fato	**піджак** (ч)	[pi'dʒak]
fato (m)	**костюм** (ч)	[kos'tʲum]
vestido (ex. ~ vermelho)	**сукня** (ж)	['suknʲa]
saia (f)	**спідниця** (ж)	[spid'nɨtsʲa]
blusa (f)	**блузка** (ж)	['bluzka]
casaco (m) de malha	**кофта** (ж)	['kɔfta]
casaco, blazer (m)	**жакет** (ч)	[ʒa'kɛt]
T-shirt, camiseta (f)	**футболка** (ж)	[fut'bɔlka]
calções (Bermudas, etc.)	**шорти** (мн)	['ʃɔrtɨ]
fato (m) de treino	**спортивний костюм** (ч)	[spor'tɨwnɨj kos'tʲum]
roupão (m) de banho	**халат** (ч)	[ha'lat]
pijama (m)	**піжама** (ж)	[pi'ʒama]
suéter (m)	**светр** (ч)	[swɛtr]
pulôver (m)	**пуловер** (ч)	[pulo'wɛr]
colete (m)	**жилет** (ч)	[ʒɨ'lɛt]
fraque (m)	**фрак** (ч)	[frak]
smoking (m)	**смокінг** (ч)	['smɔkinɦ]
uniforme (m)	**форма** (ж)	['fɔrma]
roupa (f) de trabalho	**робочий одяг** (ч)	[ro'bɔtʃɨj 'ɔdʲaɦ]
fato-macaco (m)	**комбінезон** (ч)	[kombinɛ'zɔn]
bata (~ branca, etc.)	**халат** (ч)	[ha'lat]

35. Vestuário. Roupa interior

roupa (f) interior	**білизна** (ж)	[bi'lɨzna]
cuecas boxer (f pl)	**труси** (мн)	[tru'sɨ]
cuecas (f pl)	**жіноча білизна**	[ʒi'nɔʧa bilɨz'na]
camisola (f) interior	**майка** (ж)	['majka]
peúgas (f pl)	**шкарпетки** (мн)	[ʃkar'pɛtkɨ]
camisa (f) de noite	**нічна сорочка** (ж)	[niʧ'na so'rɔʧka]
sutiã (m)	**бюстгальтер** (ч)	[bʲust'ɦalʲtɛr]
meias longas (f pl)	**гольфи** (мн)	['ɦɔlʲfɨ]
meia-calça (f)	**колготки** (мн)	[kol'ɦɔtkɨ]
meias (f pl)	**панчохи** (мн)	[pan'ʧɔhɨ]
fato (m) de banho	**купальник** (ч)	[ku'palʲnɨk]

36. Adereços de cabeça

chapéu (m)	**шапка** (ж)	['ʃapka]
chapéu (m) de feltro	**капелюх** (ч)	[kapɛ'lʲuh]
boné (m) de beisebol	**бейсболка** (ж)	[bɛjs'bɔlka]
boné (m)	**кашкет** (ч)	[kaʃ'kɛt]
boina (f)	**берет** (ч)	[bɛ'rɛt]
capuz (m)	**каптур** (ч)	[kap'tur]
panamá (m)	**панамка** (ж)	[pa'namka]
gorro (m) de malha	**в'язана шапочка** (ж)	['wʔʲazana 'ʃapoʧka]
lenço (m)	**хустка** (ж)	['hustka]
chapéu (m) de mulher	**капелюшок** (ч)	[kapɛ'lʲuʃok]
capacete (m) de proteção	**каска** (ж)	['kaska]
bibico (m)	**пілотка** (ж)	[pi'lɔtka]
capacete (m)	**шолом** (ч)	[ʃo'lɔm]
chapéu-coco (m)	**котелок** (ч)	[kotɛ'lɔk]
chapéu (m) alto	**циліндр** (ч)	[ʦɨ'lindr]

37. Calçado

calçado (m)	**взуття** (с)	[wzut'tʲa]
botinas (f pl)	**черевики** (мн)	[ʧɛrɛ'wɨkɨ]
sapatos (de salto alto, etc.)	**туфлі** (мн)	['tufli]
botas (f pl)	**чоботи** (мн)	['ʧɔbotɨ]
pantufas (f pl)	**капці** (мн)	['kapʦi]
ténis (m pl)	**кросівки** (мн)	[kro'siwkɨ]
sapatilhas (f pl)	**кеди** (мн)	['kɛdɨ]
sandálias (f pl)	**сандалі** (мн)	[san'dali]
sapateiro (m)	**чоботар** (ч)	[ʧobo'tar]
salto (m)	**каблук** (ч)	[kab'luk]

par (m)	**пара** (ж)	['para]
atacador (m)	**шнурок** (ч)	[ʃnu'rɔk]
apertar os atacadores	**шнурувати**	[ʃnuru'watɨ]
calçadeira (f)	**ріжок** (ч) **для взуття**	[ri'ʒɔk dlʲa wzu'tʲa]
graxa (f) para calçado	**крем** (ч) **для взуття**	[krɛm dlʲa wzut'tʲa]

38. Têxtil. Tecidos

algodão (m)	**бавовна** (ж)	[ba'wɔwna]
de algodão	**з бавовни**	[z ba'wɔwnɨ]
linho (m)	**льон** (ч)	[lʲon]
de linho	**з льону**	[z lʲonu]
seda (f)	**шовк** (ч)	['ʃɔwk]
de seda	**шовковий**	[ʃow'kɔwɨj]
lã (f)	**вовна** (ж)	['wɔwna]
de lã	**вовняний**	['wɔwnʲanɨj]
veludo (m)	**оксамит** (ч)	[oksa'mɨt]
camurça (f)	**замша** (ж)	['zamʃa]
bombazina (f)	**вельвет** (ч)	[wɛlʲ'wɛt]
náilon (m)	**нейлон** (ч)	[nɛj'lɔn]
de náilon	**з нейлону**	[z nɛj'lɔnu]
poliéster (m)	**поліестер** (ч)	[poli'ɛstɛr]
de poliéster	**поліестровий**	[poli'ɛstrowɨj]
couro (m)	**шкіра** (ж)	['ʃkira]
de couro	**зі шкіри**	[zi 'ʃkirɨ]
pele (f)	**хутро** (с)	['hutro]
de peles, de pele	**хутряний**	[hu'trʲanɨj]

39. Acessórios pessoais

luvas (f pl)	**рукавички** (мн)	[ruka'wɨʧkɨ]
mitenes (f pl)	**рукавиці** (мн)	[ruka'wɨʦi]
cachecol (m)	**шарф** (ч)	[ʃarf]
óculos (m pl)	**окуляри** (мн)	[oku'lʲarɨ]
armação (f) de óculos	**оправа** (ж)	[op'rawa]
guarda-chuva (m)	**парасолька** (ж)	[para'sɔlʲka]
bengala (f)	**ціпок** (ч)	[ʦi'pɔk]
escova (f) para o cabelo	**щітка** (ж) **для волосся**	['ɕitka dlʲa wo'lɔssʲa]
leque (m)	**віяло** (с)	['wiʲalo]
gravata (f)	**краватка** (ж)	[kra'watka]
gravata-borboleta (f)	**краватка-метелик** (ж)	[kra'watka mɛ'tɛlɨk]
suspensórios (m pl)	**підтяжки** (мн)	[pid'tʲaʒkɨ]
lenço (m)	**носовичок** (ч)	[nosowɨ'ʧɔk]
pente (m)	**гребінець** (ч)	[ɦrɛbi'nɛʦ]
travessão (m)	**заколка** (ж)	[za'kɔlka]

gancho (m) de cabelo	**шпилька** (ж)	['ʃpɨlʲka]
fivela (f)	**пряжка** (ж)	['prʲaʒka]
cinto (m)	**ремінь** (ч)	['rɛminʲ]
correia (f)	**ремінь** (ч)	['rɛminʲ]
mala (f)	**сумка** (ж)	['sumka]
mala (f) de senhora	**сумочка** (ж)	['sumoʧka]
mochila (f)	**рюкзак** (ч)	[rʲuk'zak]

40. Vestuário. Diversos

moda (f)	**мода** (ж)	['mɔda]
na moda	**модний**	['mɔdnɨj]
estilista (m)	**модельєр** (ч)	[modɛ'ljɛr]
colarinho (m), gola (f)	**комір** (ч)	['kɔmir]
bolso (m)	**кишеня** (ж)	[kɨ'ʃɛnʲa]
de bolso	**кишеньковий**	[kɨʃɛnʲ'kɔwɨj]
manga (f)	**рукав** (ч)	[ru'kaw]
alcinha (f)	**петля** (ж)	[pɛt'lʲa]
braguilha (f)	**ширинка** (ж)	[ʃɨ'rɨnka]
fecho (m) de correr	**блискавка** (ж)	['blɨskawka]
fecho (m), colchete (m)	**застібка** (ж)	['zastibka]
botão (m)	**ґудзик** (ч)	['gudzɨk]
casa (f) de botão	**петля** (ж)	[pɛt'lʲa]
soltar-se (vr)	**відірватися**	[widir'watɨsʲa]
coser, costurar (vi)	**шити**	['ʃɨtɨ]
bordar (vt)	**вишивати**	[wɨʃɨ'watɨ]
bordado (m)	**вишивка** (ж)	['wɨʃɨwka]
agulha (f)	**голка** (ж)	['ɦɔlka]
fio (m)	**нитка** (ж)	['nɨtka]
costura (f)	**шов** (ч)	[ʃow]
sujar-se (vr)	**забруднитися**	[zabrud'nɨtɨsʲa]
mancha (f)	**пляма** (ж)	['plʲama]
engelhar-se (vr)	**зім'ятися**	[zi'mˀʲatɨsʲa]
rasgar (vt)	**порвати**	[por'watɨ]
traça (f)	**міль** (ж)	[milʲ]

41. Cuidados pessoais. Cosméticos

pasta (f) de dentes	**зубна паста** (ж)	[zub'na 'pasta]
escova (f) de dentes	**зубна щітка** (ж)	[zub'na 'ɕitka]
escovar os dentes	**чистити зуби**	['ʧɨstɨtɨ 'zubɨ]
máquina (f) de barbear	**бритва** (ж)	['brɨtwa]
creme (m) de barbear	**крем** (ч) **для гоління**	[krɛm dlʲa ɦo'linʲa]
barbear-se (vr)	**голитися**	[ɦo'lɨtɨsʲa]
sabonete (m)	**мило** (с)	['mɨlo]

champô (m)	**шампунь** (ч)	[ʃam'punʲ]
tesoura (f)	**ножиці** (мн)	['nɔʒɨʦi]
lima (f) de unhas	**пилочка** (ж) **для нігтів**	['pɨlotʃka dlʲa 'niɦtiw]
corta-unhas (m)	**щипчики** (мн)	['ɕiptʃɨkɨ]
pinça (f)	**пінцет** (ч)	[pin'ʦɛt]
cosméticos (m pl)	**косметика** (ж)	[kos'mɛtɨka]
máscara (f) facial	**маска** (ж)	['maska]
manicura (f)	**манікюр** (ч)	[mani'kʲur]
fazer a manicura	**робити манікюр**	[ro'bɨtɨ mani'kʲur]
pedicure (f)	**педикюр** (ч)	[pɛdɨ'kʲur]
mala (f) de maquilhagem	**косметичка** (ж)	[kosmɛ'tɨtʃka]
pó (m)	**пудра** (ж)	['pudra]
caixa (f) de pó	**пудрениця** (ж)	['pudrɛnɨʦʲa]
blush (m)	**рум'яна** (мн)	[ru'mʔʲana]
perfume (m)	**парфуми** (мн)	[par'fumɨ]
água (f) de toilette	**туалетна вода** (ж)	[tua'lɛtna wo'da]
loção (f)	**лосьйон** (ч)	[lo'sjɔn]
água-de-colónia (f)	**одеколон** (ч)	[odɛko'lɔn]
sombra (f) de olhos	**тіні** (мн) **для повік**	['tini dlʲa po'wik]
lápis (m) delineador	**олівець** (ч) **для очей**	[oli'wɛʦ dlʲa o'tʃɛj]
máscara (f), rímel (m)	**туш** (ж)	[tuʃ]
batom (m)	**губна помада** (ж)	[ɦub'na po'mada]
verniz (m) de unhas	**лак** (ч) **для нігтів**	[lak dlʲa 'niɦtiw]
laca (f) para cabelos	**лак** (ч) **для волосся**	[lak dlʲa wo'lɔssʲa]
desodorizante (m)	**дезодорант** (ч)	[dɛzodo'rant]
creme (m)	**крем** (ч)	[krɛm]
creme (m) de rosto	**крем** (ч) **для обличчя**	[krɛm dlʲa ob'litʃʲa]
creme (m) de mãos	**крем** (ч) **для рук**	[krɛm dlʲa ruk]
creme (m) antirrugas	**крем** (ч) **проти зморшок**	[krɛm 'prɔtɨ 'zmɔrʃok]
creme (m) de dia	**денний крем** (ч)	['dɛnnɨj krɛm]
creme (m) de noite	**нічний крем** (ч)	[nitʃ'nɨj krɛm]
de dia	**денний**	['dɛnɨj]
da noite	**нічний**	[nitʃ'nɨj]
tampão (m)	**тампон** (ч)	[tam'pɔn]
papel (m) higiénico	**туалетний папір** (ч)	[tua'lɛtnɨj pa'pir]
secador (m) elétrico	**фен** (ч)	[fɛn]

42. Joalheria

joias (f pl)	**коштовність** (ж)	[koʃ'tɔwnistʲ]
precioso	**коштовний**	[koʃ'tɔwnɨj]
marca (f) de contraste	**проба** (ж)	['prɔba]
anel (m)	**каблучка** (ж)	[kab'lutʃka]
aliança (f)	**обручка** (ж)	[ob'rutʃka]
pulseira (f)	**браслет** (ч)	[bras'lɛt]
brincos (m pl)	**сережки** (мн)	[sɛ'rɛʒkɨ]

colar (m)	**намисто** (с)	[na'mɨsto]
coroa (f)	**корона** (ж)	[ko'rɔna]
colar (m) de contas	**намисто** (с)	[na'mɨsto]
diamante (m)	**діамант** (ч)	[dia'mant]
esmeralda (f)	**смарагд** (ч)	[sma'raɦd]
rubi (m)	**рубін** (ч)	[ru'bin]
safira (f)	**сапфір** (ч)	[sap'fir]
pérola (f)	**перли** (мн)	['pɛrlɨ]
âmbar (m)	**бурштин** (ч)	[burʃ'tɨn]

43. Relógios de pulso. Relógios

relógio (m) de pulso	**годинник** (ч)	[ɦo'dɨnɨk]
mostrador (m)	**циферблат** (ч)	[ʦifɛrb'lat]
ponteiro (m)	**стрілка** (ж)	['strilka]
bracelete (f) em aço	**браслет** (ч)	[bras'lɛt]
bracelete (f) em couro	**ремінець** (ч)	[rɛmi'nɛʦ]
pilha (f)	**батарейка** (ж)	[bata'rɛjka]
descarregar-se	**сісти**	['sistɨ]
trocar a pilha	**поміняти батарейку**	[pomi'nʲatɨ bata'rɛjku]
estar adiantado	**поспішати**	[pospi'ʃatɨ]
estar atrasado	**відставати**	[widsta'watɨ]
relógio (m) de parede	**годинник** (ч) **настінний**	[ɦo'dɨnɨk nas'tinɨj]
ampulheta (f)	**годинник** (ч) **пісочний**	[ɦo'dɨnɨk pi'sɔʧnɨj]
relógio (m) de sol	**годинник** (ч) **сонячний**	[ɦo'dɨnɨk 'sɔnʲaʧnɨj]
despertador (m)	**будильник** (ч)	[bu'dɨlʲnɨk]
relojoeiro (m)	**годинникар** (ч)	[ɦodɨnɨ'kar]
reparar (vt)	**ремонтувати**	[rɛmontu'watɨ]

Alimentação. Nutrição

44. Comida

carne (f)	**м'ясо** (с)	['mˀʲaso]
galinha (f)	**курка** (ж)	['kurka]
frango (m)	**курча** (с)	[kur'tʃa]
pato (m)	**качка** (ж)	['katʃka]
ganso (m)	**гусак** (ч)	[ɦu'sak]
caça (f)	**дичина** (ж)	[dɨtʃɨ'na]
peru (m)	**індичка** (ж)	[in'dɨtʃka]
carne (f) de porco	**свинина** (ж)	[swɨ'nɨna]
carne (f) de vitela	**телятина** (ж)	[tɛ'lʲatɨna]
carne (f) de carneiro	**баранина** (ж)	[ba'ranɨna]
carne (f) de vaca	**яловичина** (ж)	['ʲalowɨtʃɨna]
carne (f) de coelho	**кріль** (ч)	[krilʲ]
chouriço, salsichão (m)	**ковбаса** (ж)	[kowba'sa]
salsicha (f)	**сосиска** (ж)	[so'sɨska]
bacon (m)	**бекон** (ч)	[bɛ'kɔn]
fiambre (f)	**шинка** (ж)	['ʃɨnka]
presunto (m)	**окіст** (ч)	['ɔkist]
patê (m)	**паштет** (ч)	[paʃ'tɛt]
fígado (m)	**печінка** (ж)	[pɛ'tʃinka]
carne (f) moída	**фарш** (ч)	[farʃ]
língua (f)	**язик** (ч)	[ja'zɨk]
ovo (m)	**яйце** (с)	[jaj'tsɛ]
ovos (m pl)	**яйця** (мн)	['ʲajtsʲa]
clara (f) do ovo	**білок** (ч)	[bi'lɔk]
gema (f) do ovo	**жовток** (ч)	[ʒow'tɔk]
peixe (m)	**риба** (ж)	['rɨba]
mariscos (m pl)	**морепродукти** (мн)	[morɛpro'duktɨ]
crustáceos (m pl)	**ракоподібні** (мн)	[rakopo'dibni]
caviar (m)	**ікра** (ж)	[ik'ra]
caranguejo (m)	**краб** (ч)	[krab]
camarão (m)	**креветка** (ж)	[krɛ'wɛtka]
ostra (f)	**устриця** (ж)	['ustrɨtsʲa]
lagosta (f)	**лангуст** (ч)	[lan'ɦust]
polvo (m)	**восьминіг** (ч)	[wosʲmɨ'niɦ]
lula (f)	**кальмар** (ч)	[kalʲ'mar]
esturjão (m)	**осетрина** (ж)	[osɛt'rɨna]
salmão (m)	**лосось** (ч)	[lo'sɔsʲ]
halibute (m)	**палтус** (ч)	['paltus]
bacalhau (m)	**тріска** (ж)	[tris'ka]

cavala, sarda (f)	скумбрія (ж)	['skumbriʲa]
atum (m)	тунець (ч)	[tu'nɛts]
enguia (f)	вугор (ч)	[wu'ɦɔr]
truta (f)	форель (ж)	[fo'rɛlʲ]
sardinha (f)	сардина (ж)	[sar'dina]
lúcio (m)	щука (ж)	['ɢuka]
arenque (m)	оселедець (ч)	[osɛ'lɛdɛts]
pão (m)	хліб (ч)	[hlib]
queijo (m)	сир (ч)	[sir]
açúcar (m)	цукор (ч)	['tsukor]
sal (m)	сіль (ж)	[silʲ]
arroz (m)	рис (ч)	[ris]
massas (f pl)	макарони (мн)	[maka'rɔni]
talharim (m)	локшина (ж)	[lokʃi'na]
manteiga (f)	вершкове масло (с)	[wɛrʃ'kɔwɛ 'maslo]
óleo (m) vegetal	олія (ж) рослинна	[o'liʲa ros'lina]
óleo (m) de girassol	соняшникова олія (ж)	['sɔnʲaʃnikowa o'liʲa]
margarina (f)	маргарин (ч)	[marɦa'rin]
azeitonas (f pl)	оливки (мн)	[o'liwki]
azeite (m)	олія (ж) оливкова	[o'liʲa o'liwkowa]
leite (m)	молоко (с)	[molo'kɔ]
leite (m) condensado	згущене молоко (с)	['zɦuɕɛnɛ molo'kɔ]
iogurte (m)	йогурт (ч)	['jɔɦurt]
nata (f) azeda	сметана (ж)	[smɛ'tana]
nata (f) do leite	вершки (мн)	[wɛrʃ'ki]
maionese (f)	майонез (ч)	[maʲo'nɛz]
creme (m)	крем (ч)	[krɛm]
grãos (m pl) de cereais	крупа (ж)	[kru'pa]
farinha (f)	борошно (с)	['bɔroʃno]
enlatados (m pl)	консерви (мн)	[kon'sɛrwi]
flocos (m pl) de milho	кукурудзяні пластівці (мн)	[kuku'rudzʲani plastiw'tsi]
mel (m)	мед (ч)	[mɛd]
doce (m)	джем (ч)	[dʒɛm]
pastilha (f) elástica	жувальна гумка (ж)	[ʒu'walʲna 'ɦumka]

45. Bebidas

água (f)	вода (ж)	[wo'da]
água (f) potável	питна вода (ж)	[pit'na wo'da]
água (f) mineral	мінеральна вода (ж)	[minɛ'ralʲna wo'da]
sem gás	без газу	[bɛz 'ɦazu]
gaseificada	газований	[ɦa'zowanij]
com gás	з газом	[z 'ɦazom]
gelo (m)	лід (ч), крига (ж)	[lid], ['kriɦa]

com gelo	**з льодом**	[z lʲodom]
sem álcool	**безалкогольний**	[bɛzalko'ɦɔlʲnɨj]
bebida (f) sem álcool	**безалкогольний напій** (ч)	[bɛzalko'ɦɔlʲnɨj na'pij]
refresco (m)	**прохолодний напій** (ч)	[proho'lɔdnɨj 'napij]
limonada (f)	**лимонад** (ч)	[lɨmo'nad]
bebidas (f pl) alcoólicas	**алкогольні напої** (мн)	[alko'ɦɔlʲni na'pɔjɨ]
vinho (m)	**вино** (с)	[wɨ'nɔ]
vinho (m) branco	**біле вино** (с)	['bilɛ wɨ'nɔ]
vinho (m) tinto	**червоне вино** (с)	[ʧɛr'wɔnɛ wɨ'nɔ]
licor (m)	**лікер** (ч)	[li'kɛr]
champanhe (m)	**шампанське** (с)	[ʃam'pansʲkɛ]
vermute (m)	**вермут** (ч)	['wɛrmut]
uísque (m)	**віскі** (с)	['wiski]
vodka (f)	**горілка** (ж)	[ɦo'rilka]
gim (m)	**джин** (ч)	[ʤɨn]
conhaque (m)	**коньяк** (ч)	[ko'nʲak]
rum (m)	**ром** (ч)	[rom]
café (m)	**кава** (ж)	['kawa]
café (m) puro	**чорна кава** (ж)	['ʧɔrna 'kawa]
café (m) com leite	**кава** (ж) **з молоком**	['kawa z molo'kɔm]
cappuccino (m)	**капучино** (с)	[kapu'ʧɨno]
café (m) solúvel	**розчинна кава** (ж)	[roz'ʧɨna 'kawa]
leite (m)	**молоко** (с)	[molo'kɔ]
coquetel (m)	**коктейль** (ч)	[kok'tɛjlʲ]
batido (m) de leite	**молочний коктейль** (ч)	[mo'lɔʧnɨj kok'tɛjlʲ]
sumo (m)	**сік** (ч)	[sik]
sumo (m) de tomate	**томатний сік** (ч)	[to'matnɨj 'sik]
sumo (m) de laranja	**апельсиновий сік** (ч)	[apɛlʲ'sɨnowɨj sik]
sumo (m) fresco	**свіжовижатий сік** (ч)	[swiʒo'wɨʒatɨj sik]
cerveja (f)	**пиво** (с)	['pɨwo]
cerveja (f) clara	**світле пиво** (с)	['switlɛ 'pɨwo]
cerveja (f) preta	**темне пиво** (с)	['tɛmnɛ 'pɨwo]
chá (m)	**чай** (ч)	[ʧaj]
chá (m) preto	**чорний чай** (ч)	['ʧɔrnɨj ʧaj]
chá (m) verde	**зелений чай** (ч)	[zɛ'lɛnɨj ʧaj]

46. Vegetais

legumes (m pl)	**овочі** (мн)	['ɔwoʧi]
verduras (f pl)	**зелень** (ж)	['zɛlɛnʲ]
tomate (m)	**помідор** (ч)	[pomi'dɔr]
pepino (m)	**огірок** (ч)	[oɦi'rɔk]
cenoura (f)	**морква** (ж)	['mɔrkwa]
batata (f)	**картопля** (ж)	[kar'tɔplʲa]
cebola (f)	**цибуля** (ж)	[ʦɨ'bulʲa]

alho (m)	**часник** (ч)	[ʧas'nɨk]
couve (f)	**капуста** (ж)	[ka'pusta]
couve-flor (f)	**кольорова капуста** (ж)	[kolʲo'rɔwa ka'pusta]
couve-de-bruxelas (f)	**брюссельська капуста** (ж)	[brʲu'sɛlʲsʲka ka'pusta]
brócolos (m pl)	**броколі** (ж)	['brɔkoli]
beterraba (f)	**буряк** (ч)	[bu'rʲak]
beringela (f)	**баклажан** (ч)	[bakla'ʒan]
curgete (f)	**кабачок** (ч)	[kaba'ʧɔk]
abóbora (f)	**гарбуз** (ч)	[ɦar'buz]
nabo (m)	**ріпа** (ж)	['ripa]
salsa (f)	**петрушка** (ж)	[pɛt'ruʃka]
funcho, endro (m)	**кріп** (ч)	[krip]
alface (f)	**салат** (ч)	[sa'lat]
aipo (m)	**селера** (ж)	[sɛ'lɛra]
espargo (m)	**спаржа** (ж)	['sparʒa]
espinafre (m)	**шпинат** (ч)	[ʃpɨ'nat]
ervilha (f)	**горох** (ч)	[ɦo'rɔh]
fava (f)	**боби** (мн)	[bo'bɨ]
milho (m)	**кукурудза** (ж)	[kuku'rudza]
feijão (m)	**квасоля** (ж)	[kwa'sɔlʲa]
pimentão (m)	**перець** (ч)	['pɛrɛʦ]
rabanete (m)	**редиска** (ж)	[rɛ'dɨska]
alcachofra (f)	**артишок** (ч)	[artɨ'ʃɔk]

47. Frutos. Nozes

fruta (f)	**фрукт** (ч)	[frukt]
maçã (f)	**яблуко** (с)	['ʲabluko]
pera (f)	**груша** (ж)	['ɦruʃa]
limão (m)	**лимон** (ч)	[lɨ'mɔn]
laranja (f)	**апельсин** (ч)	[apɛlʲ'sɨn]
morango (m)	**полуниця** (ж)	[polu'nɨʦʲa]
tangerina (f)	**мандарин** (ч)	[manda'rɨn]
ameixa (f)	**слива** (ж)	['slɨwa]
pêssego (m)	**персик** (ч)	['pɛrsɨk]
damasco (m)	**абрикос** (ч)	[abrɨ'kɔs]
framboesa (f)	**малина** (ж)	[ma'lɨna]
ananás (m)	**ананас** (ч)	[ana'nas]
banana (f)	**банан** (ч)	[ba'nan]
melancia (f)	**кавун** (ч)	[ka'wun]
uva (f)	**виноград** (ч)	[wɨno'ɦrad]
ginja, cereja (f)	**вишня, черешня** (ж)	['wɨʃnʲa], [ʧɛ'rɛʃnʲa]
ginja (f)	**вишня** (ж)	['wɨʃnʲa]
cereja (f)	**черешня** (ж)	[ʧɛ'rɛʃnʲa]
meloa (f)	**диня** (ж)	['dɨnʲa]
toranja (f)	**грейпфрут** (ч)	[ɦrɛjp'frut]
abacate (m)	**авокадо** (с)	[awo'kado]

papaia (f)	**папайя** (ж)	[pa'paʲa]
manga (f)	**манго** (с)	['manɦo]
romã (f)	**гранат** (ч)	[ɦra'nat]
groselha (f) vermelha	**порічки** (мн)	[po'ritʃkɨ]
groselha (f) preta	**чорна смородина** (ж)	['ʧɔrna smo'rɔdɨna]
groselha (f) espinhosa	**аґрус** (ч)	['agrus]
mirtilo (m)	**чорниця** (ж)	[ʧor'nɨtsʲa]
amora silvestre (f)	**ожина** (ж)	[o'ʒɨna]
uvas (f pl) passas	**родзинки** (мн)	[ro'dzɨnkɨ]
figo (m)	**інжир** (ч)	[in'ʒɨr]
tâmara (f)	**фінік** (ч)	['finik]
amendoim (m)	**арахіс** (ч)	[a'rahis]
amêndoa (f)	**мигдаль** (ч)	[mɨɦ'dalʲ]
noz (f)	**горіх** (ч) **волоський**	[ɦo'rih wo'lɔsʲkɨj]
avelã (f)	**ліщина** (ж)	[li'ɕɨna]
coco (m)	**горіх** (ч) **кокосовий**	[ɦo'rih ko'kɔsowɨj]
pistáchios (m pl)	**фісташки** (мн)	[fis'taʃkɨ]

48. Pão. Bolaria

pastelaria (f)	**кондитерські вироби** (мн)	[kon'dɨtɛrsʲki 'wɨrobɨ]
pão (m)	**хліб** (ч)	[hlib]
bolacha (f)	**печиво** (с)	['pɛʧɨwo]
chocolate (m)	**шоколад** (ч)	[ʃoko'lad]
de chocolate	**шоколадний**	[ʃoko'ladnɨj]
rebuçado (m)	**цукерка** (ж)	[tsu'kɛrka]
bolo (cupcake, etc.)	**тістечко** (с)	['tistɛʧko]
bolo (m) de aniversário	**торт** (ч)	[tort]
tarte (~ de maçã)	**пиріг** (ч)	[pɨ'riɦ]
recheio (m)	**начинка** (ж)	[na'ʧɨnka]
doce (m)	**варення** (с)	[wa'rɛnʲa]
geleia (f) de frutas	**мармелад** (ч)	[marmɛ'lad]
waffle (m)	**вафлі** (мн)	['wafli]
gelado (m)	**морозиво** (с)	[mo'rɔzɨwo]
pudim (m)	**пудинг** (ч)	['pudɨnɦ]

49. Pratos cozinhados

prato (m)	**страва** (ж)	['strawa]
cozinha (~ portuguesa)	**кухня** (ж)	['kuhnʲa]
receita (f)	**рецепт** (ч)	[rɛ'tsɛpt]
porção (f)	**порція** (ж)	['pɔrtsiʲa]
salada (f)	**салат** (ч)	[sa'lat]
sopa (f)	**юшка** (ж)	['ʲuʃka]
caldo (m)	**бульйон** (ч)	[bu'lʲɔn]

sandes (f)	**канапка** (ж)	[ka'napka]
ovos (m pl) estrelados	**яєчня** (ж)	[ja'ɛʃnʲa]
hambúrguer (m)	**гамбургер** (ч)	['ɦamburɦɛr]
bife (m)	**біфштекс** (ч)	[bif'ʃtɛks]
conduto (m)	**гарнір** (ч)	[ɦar'nir]
espaguete (m)	**спагеті** (мн)	[spa'ɦɛti]
puré (m) de batata	**картопляне пюре** (с)	[kartop'lʲanɛ pʲu'rɛ]
pizza (f)	**піца** (ж)	['pitsa]
papa (f)	**каша** (ж)	['kaʃa]
omelete (f)	**омлет** (ч)	[om'lɛt]
cozido em água	**варений**	[wa'rɛnij]
fumado	**копчений**	[kop'tʃɛnij]
frito	**смажений**	['smaʒɛnij]
seco	**сушений**	['suʃɛnij]
congelado	**заморожений**	[zamo'rɔʒɛnij]
em conserva	**маринований**	[mari'nɔwanij]
doce (açucarado)	**солодкий**	[so'lɔdkij]
salgado	**солоний**	[so'lɔnij]
frio	**холодний**	[ho'lɔdnij]
quente	**гарячий**	[ɦa'rʲatʃij]
amargo	**гіркий**	[ɦir'kij]
gostoso	**смачний**	[smatʃ'nij]
cozinhar (em água a ferver)	**варити**	[wa'riti]
fazer, preparar (vt)	**готувати**	[ɦotu'wati]
fritar (vt)	**смажити**	['smaʒiti]
aquecer (vt)	**розігрівати**	[roziɦri'wati]
salgar (vt)	**солити**	[so'liti]
apimentar (vt)	**перчити**	[pɛr'tʃiti]
ralar (vt)	**терти**	['tɛrti]
casca (f)	**шкірка** (ж)	['ʃkirka]
descascar (vt)	**чистити**	['tʃistiti]

50. Especiarias

sal (m)	**сіль** (ж)	[silʲ]
salgado	**солоний**	[so'lɔnij]
salgar (vt)	**солити**	[so'liti]
pimenta (f) preta	**чорний перець** (ч)	['tʃɔrnij 'pɛrɛts]
pimenta (f) vermelha	**червоний перець** (ч)	[tʃɛr'wɔnij 'pɛrɛts]
mostarda (f)	**гірчиця** (ж)	[ɦir'tʃitsʲa]
raiz-forte (f)	**хрін** (ч)	[hrin]
condimento (m)	**приправа** (ж)	[prip'rawa]
especiaria (f)	**прянощі** (мн)	[prʲa'nɔɕi]
molho (m)	**соус** (ч)	['sɔus]
vinagre (m)	**оцет** (ч)	['ɔtsɛt]
anis (m)	**аніс** (ч)	['anis]

manjericão (m)	**базилік** (ч)	[bazɨ'lik]
cravo (m)	**гвоздика** (ж)	[ɦwoz'dɨka]
gengibre (m)	**імбир** (ч)	[im'bɨr]
coentro (m)	**коріандр** (ч)	[kori'andr]
canela (f)	**кориця** (ж)	[ko'rɨʦʲa]
sésamo (m)	**кунжут** (ч)	[kun'ʒut]
folhas (f pl) de louro	**лавровий лист** (ч)	[law'rɔwɨj lɨst]
páprica (f)	**паприка** (ж)	['paprɨka]
cominho (m)	**кмин** (ч)	[kmɨn]
açafrão (m)	**шафран** (ч)	[ʃaf'ran]

51. Refeições

comida (f)	**їжа** (ж)	['jiʒa]
comer (vt)	**їсти**	['jistɨ]
pequeno-almoço (m)	**сніданок** (ч)	[sni'danok]
tomar o pequeno-almoço	**снідати**	['snidatɨ]
almoço (m)	**обід** (ч)	[o'bid]
almoçar (vi)	**обідати**	[o'bidatɨ]
jantar (m)	**вечеря** (ж)	[wɛ'ʧɛrʲa]
jantar (vi)	**вечеряти**	[wɛ'ʧɛrʲatɨ]
apetite (m)	**апетит** (ч)	[apɛ'tɨt]
Bom apetite!	**Смачного!**	[smaʧ'nɔɦo]
abrir (~ uma lata, etc.)	**відкривати**	[widkrɨ'watɨ]
derramar (vt)	**пролити**	[pro'lɨtɨ]
derramar-se (vr)	**пролитись**	[pro'lɨtɨsʲ]
ferver (vi)	**кипіти**	[kɨ'pitɨ]
ferver (vt)	**кип'ятити**	[kɨpʔʲa'tɨtɨ]
fervido	**кип'ячений**	[kɨpʔʲa'ʧɛnɨj]
arrefecer (vt)	**охолодити**	[oholo'dɨtɨ]
arrefecer-se (vr)	**охолоджуватись**	[oho'lɔʤuwatɨsʲ]
sabor, gosto (m)	**смак** (ч)	[smak]
gostinho (m)	**присмак** (ч)	['prɨsmak]
fazer dieta	**худнути**	['hudnutɨ]
dieta (f)	**дієта** (ж)	[di'ɛta]
vitamina (f)	**вітамін** (ч)	[wita'min]
caloria (f)	**калорія** (ж)	[ka'lɔrija]
vegetariano (m)	**вегетаріанець** (ч)	[wɛɦɛtari'anɛʦ]
vegetariano	**вегетаріанський**	[wɛɦɛtari'ansʲkɨj]
gorduras (f pl)	**жири** (мн)	[ʒɨ'rɨ]
proteínas (f pl)	**білки** (мн)	[bil'kɨ]
carboidratos (m pl)	**вуглеводи** (мн)	[wuɦlɛ'wɔdɨ]
fatia (~ de limão, etc.)	**скибка** (ж)	['skɨbka]
pedaço (~ de bolo)	**шматок** (ч)	[ʃma'tɔk]
migalha (f)	**крихта** (ж)	['krɨhta]

52. Por a mesa

colher (f)	**ложка** (ж)	['lɔʒka]
faca (f)	**ніж** (ч)	[niʒ]
garfo (m)	**виделка** (ж)	[wɪ'dɛlka]
chávena (f)	**чашка** (ж)	['ʧaʃka]
prato (m)	**тарілка** (ж)	[ta'rilka]
pires (m)	**блюдце** (с)	['blʲudʦɛ]
guardanapo (m)	**серветка** (ж)	[sɛr'wɛtka]
palito (m)	**зубочистка** (ж)	[zubo'ʧɪstka]

53. Restaurante

restaurante (m)	**ресторан** (ч)	[rɛsto'ran]
café (m)	**кав'ярня** (ж)	[ka'wʔjarnʲa]
bar (m), cervejaria (f)	**бар** (ч)	[bar]
salão (m) de chá	**чайна** (ж)	['ʧajna]
empregado (m) de mesa	**офіціант** (ч)	[ofiʦi'ant]
empregada (f) de mesa	**офіціантка** (ж)	[ofiʦi'antka]
barman (m)	**бармен** (ч)	[bar'mɛn]
ementa (f)	**меню** (с)	[mɛ'nʲu]
lista (f) de vinhos	**карта** (ж) **вин**	['karta wɪn]
reservar uma mesa	**забронювати столик**	[zabronʲu'watɪ 'stɔlɪk]
prato (m)	**страва** (ж)	['strawa]
pedir (vt)	**замовити**	[za'mɔwɪtɪ]
fazer o pedido	**зробити замовлення**	[zro'bɪtɪ za'mɔwlɛnʲa]
aperitivo (m)	**аперитив** (ч)	[apɛrɪ'tɪw]
entrada (f)	**закуска** (ж)	[za'kuska]
sobremesa (f)	**десерт** (ч)	[dɛ'sɛrt]
conta (f)	**рахунок** (ч)	[ra'hunok]
pagar a conta	**оплатити рахунок**	[opla'tɪtɪ ra'hunok]
dar o troco	**дати решту**	['datɪ 'rɛʃtu]
gorjeta (f)	**чайові** (мн)	[ʧaʲo'wi]

Família, parentes e amigos

54. Informação pessoal. Formulários

nome (m)	**ім'я** (с)	[i'mˀʲa]
apelido (m)	**прізвище** (с)	['prizwɨɕɛ]
data (f) de nascimento	**дата** (ж) **народження**	['data na'rɔʤɛnʲa]
local (m) de nascimento	**місце** (с) **народження**	['misʦɛ na'rɔʤɛnʲa]
nacionalidade (f)	**національність** (ж)	[naʦio'nalʲnistʲ]
lugar (m) de residência	**місце** (с) **проживання**	['misʦɛ proʒɨ'wanʲa]
país (m)	**країна** (ж)	[kra'jɨna]
profissão (f)	**професія** (ж)	[pro'fɛsiʲa]
sexo (m)	**стать** (ж)	[statʲ]
estatura (f)	**зріст** (ч)	[zrist]
peso (m)	**вага** (ж)	[wa'ɦa]

55. Membros da família. Parentes

mãe (f)	**мати** (ж)	['matɨ]
pai (m)	**батько** (ч)	['batʲko]
filho (m)	**син** (ч)	[sɨn]
filha (f)	**дочка** (ж)	[doʧ'ka]
filha (f) mais nova	**молодша дочка** (ж)	[mo'lɔdʃa doʧ'ka]
filho (m) mais novo	**молодший син** (ч)	[mo'lɔdʃɨj sɨn]
filha (f) mais velha	**старша дочка** (ж)	['starʃa doʧ'ka]
filho (m) mais velho	**старший син** (ч)	['starʃɨj sɨn]
irmão (m)	**брат** (ч)	[brat]
irmão (m) mais velho	**старший брат** (ч)	[star'ʃɨj brat]
irmão (m) mais novo	**молодший брат** (ч)	[mo'lɔdʃɨj brat]
irmã (f)	**сестра** (ж)	[sɛst'ra]
irmã (f) mais velha	**старша сестра** (ж)	[star'ʃa sɛst'ra]
irmã (f) mais nova	**молодша сестра** (ж)	[mo'lɔdʃa sɛst'ra]
primo (m)	**двоюрідний брат** (ч)	[dwoʲu'ridnɨj brat]
prima (f)	**двоюрідна сестра** (ж)	[dwoʲu'ridna sɛst'ra]
mamã (f)	**мати** (ж)	['matɨ]
papá (m)	**тато** (ч)	['tato]
pais (pl)	**батьки** (мн)	[batʲ'kɨ]
criança (f)	**дитина** (ж)	[dɨ'tɨna]
crianças (f pl)	**діти** (мн)	['ditɨ]
avó (f)	**бабуся** (ж)	[ba'busʲa]
avô (m)	**дід** (ч)	['did]
neto (m)	**онук** (ч)	[o'nuk]

neta (f)	онука (ж)	[o'nuka]
netos (pl)	онуки (мн)	[o'nuki]
tio (m)	дядько (ч)	['dʲadʲko]
tia (f)	тітка (ж)	['titka]
sobrinho (m)	племінник (ч)	[plɛ'minik]
sobrinha (f)	племінниця (ж)	[plɛ'minitsʲa]
sogra (f)	теща (ж)	['tɛɕa]
sogro (m)	свекор (ч)	['swɛkor]
genro (m)	зять (ч)	[zʲatʲ]
madrasta (f)	мачуха (ж)	['matʃuha]
padrasto (m)	вітчим (ч)	['witʃim]
criança (f) de colo	немовля (с)	[nɛmow'lʲa]
bebé (m)	малюк (ч)	[ma'lʲuk]
menino (m)	малюк (ч)	[ma'lʲuk]
mulher (f)	дружина (ж)	[dru'ʒina]
marido (m)	чоловік (ч)	[tʃolo'wik]
esposo (m)	чоловік (ч)	[tʃolo'wik]
esposa (f)	дружина (ж)	[dru'ʒina]
casado	одружений	[od'ruʒɛnij]
casada	заміжня	[za'miʒnʲa]
solteiro	холостий	[holos'tij]
solteirão (m)	холостяк (ч)	[holos'tʲak]
divorciado	розлучений	[roz'lutʃɛnij]
viúva (f)	вдова (ж)	[wdo'wa]
viúvo (m)	вдівець (ч)	[wdi'wɛts]
parente (m)	родич (ч)	['rɔditʃ]
parente (m) próximo	близький родич (ч)	[blizʲ'kij 'rɔditʃ]
parente (m) distante	далекий родич (ч)	[da'lɛkij 'rɔditʃ]
parentes (m pl)	рідні (мн)	['ridni]
órfão (m), órfã (f)	сирота (ч)	[siro'ta]
órfão (m)	сирота (ч)	[siro'ta]
órfã (f)	сирота (ж)	[siro'ta]
tutor (m)	опікун (ч)	[opi'kun]
adotar (um filho)	усиновити	[usino'witi]
adotar (uma filha)	удочерити	[udotʃɛ'riti]

56. Amigos. Colegas de trabalho

amigo (m)	друг (ч)	[druɦ]
amiga (f)	подруга (ж)	['pɔdruɦa]
amizade (f)	дружба (ж)	['druʒba]
ser amigos	дружити	[dru'ʒiti]
amigo (m)	приятель (ч)	['prijatɛlʲ]
amiga (f)	приятелька (ж)	['prijatɛlʲka]
parceiro (m)	партнер (ч)	[part'nɛr]
chefe (m)	шеф (ч)	[ʃɛf]

superior (m)	**начальник** (ч)	[na'ʧalʲnɨk]
proprietário (m)	**власник**	['wlasnɨk]
subordinado (m)	**підлеглий** (ч)	[pid'lɛɦlɨj]
colega (m)	**колега** (ч)	[ko'lɛɦa]
conhecido (m)	**знайомий** (ч)	[zna'jɔmɨj]
companheiro (m) de viagem	**попутник** (ч)	[po'putnɨk]
colega (m) de classe	**однокласник** (ч)	[odno'klasnɨk]
vizinho (m)	**сусід** (ч)	[su'sid]
vizinha (f)	**сусідка** (ж)	[su'sidka]
vizinhos (pl)	**сусіди** (мн)	[su'sidɨ]

57. Homem. Mulher

mulher (f)	**жінка** (ж)	['ʒinka]
rapariga (f)	**дівчина** (ж)	['diwʧɨna]
noiva (f)	**наречена** (ж)	[narɛ'ʧɛna]
bonita	**гарна**	['ɦarna]
alta	**висока**	[wɨ'sɔka]
esbelta	**струнка**	[stru'nka]
de estatura média	**невисокого зросту**	[nɛwɨ'sɔkoɦo 'zrɔstu]
loura (f)	**блондинка** (ж)	[blon'dɨnka]
morena (f)	**брюнетка** (ж)	[brʲu'nɛtka]
de senhora	**дамський**	['damsʲkɨj]
virgem (f)	**незаймана дівчина** (ж)	[nɛ'zajmana 'diwʧɨna]
grávida	**вагітна**	[wa'ɦitna]
homem (m)	**чоловік** (ч)	[ʧolo'wik]
louro (m)	**блондин** (ч)	[blon'dɨn]
moreno (m)	**брюнет** (ч)	[brʲu'nɛt]
alto	**високий**	[wɨ'sɔkɨj]
de estatura média	**невисокого зросту**	[nɛwɨ'sɔkoɦo 'zrɔstu]
rude	**брутальний**	[bru'talʲnɨj]
atarracado	**кремезний**	[krɛ'mɛznɨj]
robusto	**міцний**	[miʦ'nɨj]
forte	**сильний**	['sɨlʲnɨj]
força (f)	**сила** (ж)	['sɨla]
gordo	**повний**	['pɔwnɨj]
moreno	**смаглявий**	[smaɦ'lʲawɨj]
esbelto	**стрункий**	[stru'nkɨj]
elegante	**елегантний**	[ɛlɛ'ɦantnɨj]

58. Idade

idade (f)	**вік** (ч)	[wik]
juventude (f)	**юність** (ж)	['ʲunistʲ]

jovem	**молодий**	[molo'dɨj]
mais novo	**молодший**	[mo'lɔdʃɨj]
mais velho	**старший**	['starʃɨj]
jovem (m)	**юнак** (ч)	[ʲu'nak]
adolescente (m)	**підліток** (ч)	['pidlitok]
rapaz (m)	**хлопець** (ч)	['hlɔpɛʦ]
velho (m)	**старий** (ч)	[sta'rɨj]
velhota (f)	**стара жінка** (ж)	[sta'ra 'ʒinka]
adulto	**дорослий**	[do'rɔslɨj]
de meia-idade	**середніх років**	[sɛ'rɛdnih ro'kiw]
idoso, de idade	**похилий**	[po'hɨlɨj]
velho	**старий**	[sta'rɨj]
reforma (f)	**пенсія** (ж)	['pɛnsiʲa]
reformar-se (vr)	**вийти на пенсію**	['wɨjtɨ na 'pɛnsiʲu]
reformado (m)	**пенсіонер** (ч)	[pɛnsio'nɛr]

59. Crianças

criança (f)	**дитина** (ж)	[dɨ'tɨna]
crianças (f pl)	**діти** (мн)	['ditɨ]
gémeos (m pl)	**близнюки** (мн)	[blɨznʲu'kɨ]
berço (m)	**колиска** (ж)	[ko'lɨska]
guizo (m)	**брязкальце** (с)	['brʲazkalʲʦɛ]
fralda (f)	**підгузок** (ч)	[pid'ɦuzok]
chupeta (f)	**соска** (ж)	['sɔska]
carrinho (m) de bebé	**коляска** (ж)	[ko'lʲaska]
jardim (m) de infância	**дитячий садок** (ч)	[dɨ'tʲatʃɨj sa'dɔk]
babysitter (f)	**няня** (ж)	['nʲanʲa]
infância (f)	**дитинство** (с)	[dɨ'tɨnstwo]
boneca (f)	**лялька** (ж)	['lʲalʲka]
brinquedo (m)	**іграшка** (ж)	['iɦraʃka]
jogo (m) de armar	**конструктор** (ч)	[kon'struktor]
bem-educado	**вихований**	['wɨhowanɨj]
mal-educado	**невихований**	[nɛ'wɨhowanɨj]
mimado	**розбещений**	[roz'bɛɕɛnɨj]
ser travesso	**пустувати**	[pustu'watɨ]
travesso, traquinas	**пустотливий**	[pustot'lɨwɨj]
travessura (f)	**пустощі** (мн)	['pustoɕi]
criança (f) travessa	**пустун** (ч)	[pus'tun]
obediente	**слухняний**	[sluh'nʲanɨj]
desobediente	**неслухняний**	[nɛsluh'nʲanɨj]
dócil	**розумний**	[ro'zumnɨj]
inteligente	**розумний**	[ro'zumnɨj]
menino (m) prodígio	**вундеркінд** (ч)	[wundɛr'kind]

60. Casais. Vida de família

beijar (vt)	**цілувати**	[ʦilu'watɨ]
beijar-se (vr)	**цілуватися**	[ʦilu'watɨsʲa]
família (f)	**сім'я** (ж)	[si'mʔʲa]
familiar	**сімейний**	[si'mɛjnɨj]
casal (m)	**пара** (ж)	['para]
matrimónio (m)	**шлюб** (ч)	[ʃlʲub]
lar (m)	**домашнє вогнище** (с)	[do'maʃnɛ 'wɔɦnɨɕɛ]
dinastia (f)	**династія** (ж)	[dɨ'nastiʲa]
encontro (m)	**побачення** (с)	[po'baʧɛnʲa]
beijo (m)	**поцілунок** (ч)	[poʦi'lunok]
amor (m)	**кохання** (с)	[ko'hanʲa]
amar (vt)	**кохати**	[ko'hatɨ]
amado, querido	**кохана**	[ko'hana]
ternura (f)	**ніжність** (ж)	['niʒnistʲ]
terno, afetuoso	**ніжний**	['niʒnɨj]
fidelidade (f)	**вірність** (ж)	['wirnistʲ]
fiel	**вірний**	['wirnɨj]
cuidado (m)	**турбота** (ж)	[tur'bɔta]
carinhoso	**турботливий**	[tur'bɔtlɨwɨj]
recém-casados (m pl)	**молодята** (мн)	[molo'dʲata]
lua de mel (f)	**медовий місяць** (ч)	[mɛ'dɔwɨj 'misʲaʦ]
casar-se (com um homem)	**вийти заміж**	['wɨjtɨ 'zamiʒ]
casar-se (com uma mulher)	**одружуватися**	[od'ruʒuwatɨsʲa]
bodas (f pl) de ouro	**золоте весілля** (с)	[zolo'tɛ wɛ'silʲa]
aniversário (m)	**річниця** (ж)	[riʧ'nɨʦʲa]
amante (m)	**коханець** (ч)	[ko'hanɛʦ]
amante (f)	**коханка** (ж)	[ko'hanka]
adultério (m)	**зрада** (ж)	['zrada]
cometer adultério	**зрадити**	['zradɨtɨ]
ciumento	**ревнивий**	[rɛw'nɨwɨj]
ser ciumento	**ревнувати**	[rɛwnu'watɨ]
divórcio (m)	**розлучення** (с)	[roz'luʧɛnʲa]
divorciar-se (vr)	**розлучитися**	[rozlu'ʧɨtɨsʲa]
brigar (discutir)	**сваритися**	[swa'rɨtɨsʲa]
fazer as pazes	**миритися**	[mɨ'rɨtɨsʲa]
juntos	**разом**	['razom]
sexo (m)	**секс** (ч)	[sɛks]
felicidade (f)	**щастя** (с)	['ɕastʲa]
feliz	**щасливий**	[ɕas'lɨwɨj]
infelicidade (f)	**нещастя** (с)	[nɛ'ɕastʲa]
infeliz	**нещасний**	[nɛ'ɕasnɨj]

Caráter. Sentimentos. Emoções

61. Sentimentos. Emoções

sentimento (m)	почуття (с)	[potʃut'tʲa]
sentimentos (m pl)	почуття (мн)	[potʃut'tʲa]
sentir (vt)	відчувати	[widtʃu'wati]
fome (f)	голод (ч)	['ɦɔlod]
ter fome	хотіти їсти	[ho'titi 'jisti]
sede (f)	спрага (ж)	['spraɦa]
ter sede	хотіти пити	[ho'titi 'piti]
sonolência (f)	сонливість (ж)	[son'liwistʲ]
estar sonolento	хотіти спати	[ho'titi 'spati]
cansaço (m)	втома (ж)	['wtɔma]
cansado	втомлений	['wtɔmlɛnij]
ficar cansado	втомитися	[wto'mitisʲa]
humor (m)	настрій (ч)	['nastrij]
tédio (m)	нудьга (ж)	[nudʲ'ɦa]
aborrecer-se (vr)	нудьгувати	[nudʲɦu'wati]
isolamento (m)	самота (ж)	[samo'ta]
isolar-se	усамітнюватися	[usa'mitnʲuwatisʲa]
preocupar (vt)	хвилювати	[hwilʲu'wati]
preocupar-se (vr)	хвилюватися	[hwilʲu'watisʲa]
preocupação (f)	хвилювання (с)	[hwilʲu'wanʲa]
ansiedade (f)	занепокоєння (с)	[zanɛpo'kɔɛnʲa]
preocupado	занепокоєний	[zanɛpo'kɔɛnij]
estar nervoso	нервуватися	[nɛrwu'watisʲa]
entrar em pânico	панікувати	[paniku'wati]
esperança (f)	надія (ж)	[na'diʲa]
esperar (vt)	сподіватися	[spodi'watisʲa]
certeza (f)	упевненість (ж)	[u'pɛwnɛnistʲ]
certo	упевнений	[u'pɛwnɛnij]
indecisão (f)	невпевненість (ж)	[nɛw'pɛwnɛnistʲ]
indeciso	невпевнений	[nɛw'pɛwnɛnij]
ébrio, bêbado	п'яний	['pʲjanij]
sóbrio	тверезий	[twɛ'rɛzij]
fraco	слабкий	[slab'kij]
feliz	щасливий	[ɕas'liwij]
assustar (vt)	налякати	[nalʲa'kati]
fúria (f)	шаленство (с)	[ʃa'lɛnstwo]
ira, raiva (f)	лють (ж)	[lʲutʲ]
depressão (f)	депресія (ж)	[dɛ'prɛsiʲa]
desconforto (m)	дискомфорт (ч)	[diskom'fɔrt]

conforto (m)	комфорт (ч)	[kɔmˈfɔrt]
arrepender-se (vr)	жалкувати	[ʒalkuˈwati]
arrependimento (m)	жаль (ч)	[ʒalʲ]
azar (m), má sorte (f)	невезіння (с)	[nɛwɛˈzinʲa]
tristeza (f)	прикрість (ж)	[ˈprikristʲ]
vergonha (f)	сором (ч)	[ˈsɔrom]
alegria (f)	веселість (ж)	[wɛˈsɛlistʲ]
entusiasmo (m)	ентузіазм (ч)	[ɛntuziˈazm]
entusiasta (m)	ентузіаст (ч)	[ɛntuziˈast]
mostrar entusiasmo	проявити ентузіазм	[projaˈwiti ɛntuziˈazm]

62. Caráter. Personalidade

caráter (m)	характер (ч)	[haˈraktɛr]
falha (f) de caráter	вада (ж)	[ˈwada]
mente (f), razão (f)	ум (ч), розум (ч)	[um], [ˈrɔzum]
mente (f)	ум (ч)	[um]
razão (f)	розум (ч)	[ˈrɔzum]
consciência (f)	совість (ж)	[ˈsɔwistʲ]
hábito (m)	звичка (ж)	[ˈzwitʃka]
habilidade (f)	здібність (ж)	[ˈzdibnistʲ]
saber (~ nadar, etc.)	уміти	[uˈmiti]
paciente	терплячий	[tɛrpˈlʲatʃij]
impaciente	нетерплячий	[nɛtɛrˈplʲatʃij]
curioso	цікавий	[tsiˈkawij]
curiosidade (f)	цікавість (ж)	[tsiˈkawistʲ]
modéstia (f)	скромність (ж)	[ˈskrɔmnistʲ]
modesto	скромний	[ˈskrɔmnij]
imodesto	нескромний	[nɛˈskrɔmnij]
preguiça (f)	лінь (ж)	[linʲ]
preguiçoso	ледачий	[lɛˈdatʃij]
preguiçoso (m)	ледар (ч)	[ˈlɛdar]
astúcia (f)	хитрість (ж)	[ˈhitristʲ]
astuto	хитрий	[ˈhitrij]
desconfiança (f)	недовіра (ж)	[nɛdoˈwira]
desconfiado	недовірливий	[nɛdoˈwirliwij]
generosidade (f)	щедрість (ж)	[ˈɕɛdristʲ]
generoso	щедрий	[ˈɕɛdrij]
talentoso	талановитий	[talanoˈwitij]
talento (m)	талант (ч)	[taˈlant]
corajoso	сміливий	[smiˈliwij]
coragem (f)	сміливість (ж)	[smiˈliwistʲ]
honesto	чесний	[ˈtʃɛsnij]
honestidade (f)	чесність (ж)	[ˈtʃɛsnistʲ]
prudente	обережний	[obɛˈrɛʒnij]
valente	відважний	[widˈwaʒnij]

sério	**серйозний**	[sɛ'rʲɔznɨj]
severo	**суворий**	[su'wɔrɨj]
decidido	**рішучий**	[ri'ʃuʧɨj]
indeciso	**нерішучий**	[nɛri'ʃuʧɨj]
tímido	**сором'язливий**	[soro'mˀʲazlɨwɨj]
timidez (f)	**сором'язливість** (ж)	[soro'mˀʲazlɨwistʲ]
confiança (f)	**довіра** (ж)	[do'wira]
confiar (vt)	**вірити**	['wiritɨ]
crédulo	**довірливий**	[do'wirlɨwɨj]
sinceramente	**щиро**	['ɕɨro]
sincero	**щирий**	['ɕɨrɨj]
sinceridade (f)	**щирість** (ж)	['ɕɨristʲ]
aberto	**відкритий**	[wid'krɨtɨj]
calmo	**тихий**	['tɨhɨj]
franco	**відвертий**	[wid'wɛrtɨj]
ingénuo	**наївний**	[na'jiwnɨj]
distraído	**неуважний**	[nɛu'waʒnɨj]
engraçado	**кумедний**	[ku'mɛdnɨj]
ganância (f)	**жадібність** (ж)	['ʒadibnistʲ]
ganancioso	**жадібний**	['ʒadibnɨj]
avarento	**скупий**	[sku'pɨj]
mau	**злий**	['zlɨj]
teimoso	**впертий**	['wpɛrtɨj]
desagradável	**неприємний**	[nɛprɨ'ɛmnɨj]
egoísta (m)	**егоїст** (ч)	[ɛɦo'jist]
egoísta	**егоїстичний**	[ɛɦojis'tɨʧnɨj]
cobarde (m)	**боягуз** (ч)	[boja'ɦuz]
cobarde	**боягузливий**	[boja'ɦuzlɨwɨj]

63. O sono. Sonhos

dormir (vi)	**спати**	['spatɨ]
sono (m)	**сон** (ч)	[son]
sonho (m)	**сон** (ч)	[son]
sonhar (vi)	**бачити сни**	['baʧɨtɨ snɨ]
sonolento	**сонний**	['sɔnɨj]
cama (f)	**ліжко** (с)	['liʒko]
colchão (m)	**матрац** (ч)	[mat'raʦ]
cobertor (m)	**ковдра** (ж)	['kɔwdra]
almofada (f)	**подушка** (ж)	[po'duʃka]
lençol (m)	**простирадло** (с)	[prostɨ'radlo]
insónia (f)	**безсоння** (с)	[bɛz'sɔnʲa]
insone	**безсонний**	[bɛz'sɔnɨj]
sonífero (m)	**снодійне** (с)	[sno'dijnɛ]
tomar um sonífero	**прийняти снодійне**	[prɨj'nʲatɨ sno'dijnɛ]
estar sonolento	**хотіти спати**	[ho'titɨ 'spatɨ]

bocejar (vi)	**позіхати**	[pozi'hatɨ]
ir para a cama	**йти спати**	[jtɨ 'spatɨ]
fazer a cama	**стелити ліжко**	[stɛ'lɨtɨ 'liʒko]
adormecer (vi)	**заснути**	[zas'nutɨ]
pesadelo (m)	**страхіття** (с)	[stra'hittʲa]
ronco (m)	**хропіння** (с)	[hro'pinʲa]
roncar (vi)	**хропіти**	[hro'pitɨ]
despertador (m)	**будильник** (ч)	[bu'dɨlʲnɨk]
acordar, despertar (vt)	**розбудити**	[rozbu'dɨtɨ]
acordar (vi)	**прокидатися**	[prokɨ'datɨsʲa]
levantar-se (vr)	**вставати**	[wsta'watɨ]
lavar-se (vr)	**умитися**	[u'mɨtɨsʲa]

64. Humor. Riso. Alegria

humor (m)	**гумор** (ч)	['ɦumor]
sentido (m) de humor	**почуття** (с) **гумору**	[potʃu'tʲa 'ɦumoru]
divertir-se (vr)	**веселитися**	[wɛsɛ'lɨtɨsʲa]
alegre	**веселий**	[wɛ'sɛlɨj]
alegria (f)	**веселощі** (мн)	[wɛ'sɛloɕi]
sorriso (m)	**посмішка** (ж)	['pɔsmiʃka]
sorrir (vi)	**посміхатися**	[posmi'hatɨsʲa]
começar a rir	**засміятися**	[zasmi'ʲatɨsʲa]
rir (vi)	**сміятися**	[smi'ʲatɨsʲa]
riso (m)	**сміх** (ч)	[smih]
anedota (f)	**анекдот** (ч)	[anɛk'dɔt]
engraçado	**смішний**	[smiʃ'nɨj]
ridículo	**кумедний**	[ku'mɛdnɨj]
brincar, fazer piadas	**жартувати**	[ʒartu'watɨ]
piada (f)	**жарт** (ч)	[ʒart]
alegria (f)	**радість** (ж)	['radistʲ]
regozijar-se (vr)	**радіти**	[ra'ditɨ]
alegre	**радісний**	['radisnɨj]

65. Discussão, conversação. Parte 1

comunicação (f)	**спілкування** (с)	[spilku'wanʲa]
comunicar-se (vr)	**спілкуватися**	[spilku'watɨsʲa]
conversa (f)	**розмова** (ж)	[roz'mɔwa]
diálogo (m)	**діалог** (ч)	[dia'lɔɦ]
discussão (f)	**дискусія** (ж)	[dɨs'kusiʲa]
debate (m)	**суперечка** (ж)	[supɛ'rɛtʃka]
debater (vt)	**сперечатися**	[spɛrɛ'tʃatɨsʲa]
interlocutor (m)	**співрозмовник** (ч)	[spiwroz'mɔwnɨk]
tema (m)	**тема** (ж)	['tɛma]

ponto (m) de vista	**точка** (ж) **зору**	['tɔʧka 'zɔru]
opinião (f)	**думка** (ж)	['dumka]
discurso (m)	**промова** (ж)	[pro'mɔwa]
discussão (f)	**обговорення** (с)	[obɦo'wɔrɛnʲa]
discutir (vt)	**обговорювати**	[obɦo'wɔrʲuwatɨ]
conversa (f)	**бесіда** (ж)	['bɛsida]
conversar (vi)	**бесідувати**	[bɛ'siduwatɨ]
encontro (m)	**зустріч** (ж)	['zustriʧ]
encontrar-se (vr)	**зустрічатися**	[zustri'ʧatɨsʲa]
provérbio (m)	**прислів'я** (с)	[prɨs'liwˀʲa]
ditado (m)	**приказка** (ж)	['prɨkazka]
adivinha (f)	**загадка** (ж)	['zaɦadka]
dizer uma adivinha	**загадувати загадку**	[za'ɦaduwatɨ 'zaɦadku]
senha (f)	**пароль** (ч)	[pa'rɔlʲ]
segredo (m)	**секрет** (ч)	[sɛk'rɛt]
juramento (m)	**клятва** (ж)	['klʲatwa]
jurar (vi)	**клястися**	['klʲastɨsʲa]
promessa (f)	**обіцянка** (ж)	[obi'ʦʲanka]
prometer (vt)	**обіцяти**	[obi'ʦʲatɨ]
conselho (m)	**порада** (ж)	[po'rada]
aconselhar (vt)	**радити**	['radɨtɨ]
seguir o conselho	**дотримуватись поради**	[do'trɨmuwatɨsʲ po'radɨ]
escutar (~ os conselhos)	**слухатись**	['sluhatɨsʲ]
novidade, notícia (f)	**новина** (ж)	[nowɨ'na]
sensação (f)	**сенсація** (ж)	[sɛn'saʦiʲa]
informação (f)	**відомості** (мн)	[wi'dɔmosti]
conclusão (f)	**висновок** (ч)	['wɨsnowok]
voz (f)	**голос** (ч)	['ɦɔlos]
elogio (m)	**комплімент** (ч)	[kompli'mɛnt]
amável	**люб'язний**	[lʲu'bˀʲaznɨj]
palavra (f)	**слово** (с)	['slɔwo]
frase (f)	**фраза** (ж)	['fraza]
resposta (f)	**відповідь** (ж)	['widpowidʲ]
verdade (f)	**правда** (ж)	['prawda]
mentira (f)	**брехня** (ж)	[brɛh'nʲa]
pensamento (m)	**думка** (ж)	['dumka]
ideia (f)	**думка** (ж)	['dumka]
fantasia (f)	**фантазія** (ж)	[fan'taziʲa]

66. Discussão, conversação. Parte 2

estimado	**шановний**	[ʃa'nɔwnɨj]
respeitar (vt)	**поважати**	[powa'ʒatɨ]
respeito (m)	**повага** (ж)	[po'waɦa]
Estimado ..., Caro ...	**Шановний...**	[ʃa'nɔwnɨj]
apresentar (vt)	**познайомити**	[pozna'jɔmɨtɨ]

travar conhecimento	**познайомитися**	[pozna'jɔmɨtɨsʲa]
intenção (f)	**намір** (ч)	['namir]
tencionar (vt)	**мати наміри**	['matɨ 'namirɨ]
desejo (m)	**побажання** (с)	[poba'ʒanʲa]
desejar (ex. ~ boa sorte)	**побажати**	[poba'ʒatɨ]
surpresa (f)	**здивування** (с)	[zdɨwu'wanʲa]
surpreender (vt)	**дивувати**	[dɨwu'watɨ]
surpreender-se (vr)	**дивуватись**	[dɨwu'watɨsʲ]
dar (vt)	**дати**	['datɨ]
pegar (tomar)	**взяти**	['wzʲatɨ]
devolver (vt)	**повернути**	[powɛr'nutɨ]
retornar (vt)	**віддати**	[wid'datɨ]
desculpar-se (vr)	**вибачатися**	[wɨba'ʧatɨsʲa]
desculpa (f)	**вибачення** (с)	['wɨbaʧɛnʲa]
perdoar (vt)	**вибачати**	[wɨba'ʧatɨ]
falar (vi)	**розмовляти**	[rozmow'lʲatɨ]
escutar (vt)	**слухати**	['sluhatɨ]
ouvir até o fim	**вислухати**	['wɨsluhatɨ]
compreender (vt)	**зрозуміти**	[zrozu'mitɨ]
mostrar (vt)	**показати**	[poka'zatɨ]
olhar para ...	**дивитися**	[dɨ'wɨtɨsʲa]
chamar (dizer em voz alta o nome)	**покликати**	[pok'lɨkatɨ]
distrair (vt)	**турбувати**	[turbu'watɨ]
perturbar (vt)	**заважати**	[zawa'ʒatɨ]
entregar (~ em mãos)	**передати**	[pɛrɛ'datɨ]
pedido (m)	**прохання** (с)	[pro'hanʲa]
pedir (ex. ~ ajuda)	**просити**	[pro'sɨtɨ]
exigência (f)	**вимога** (ж)	[wɨ'mɔɦa]
exigir (vt)	**вимагати**	[wɨma'ɦatɨ]
chamar nomes (vt)	**дражнити**	[draʒ'nɨtɨ]
zombar (vt)	**насміхатися**	[nasmi'hatɨsʲa]
zombaria (f)	**насмішка** (ж)	[na'smiʃka]
alcunha (f)	**прізвисько** (с)	['prizwɨsʲko]
insinuação (f)	**натяк** (ч)	['natʲak]
insinuar (vt)	**натякати**	[natʲa'katɨ]
subentender (vt)	**мати на увазі**	['matɨ na u'wazi]
descrição (f)	**опис** (ч)	['ɔpɨs]
descrever (vt)	**описати**	[opɨ'satɨ]
elogio (m)	**похвала** (ж)	[pohwa'la]
elogiar (vt)	**хвалити**	[hwa'lɨtɨ]
desapontamento (m)	**розчарування** (с)	[rozʧaru'wanʲa]
desapontar (vt)	**розчарувати**	[rozʧaru'watɨ]
desapontar-se (vr)	**розчаруватися**	[rozʧaru'watɨsʲa]
suposição (f)	**припущення** (с)	[prɨ'puɕɛnʲa]
supor (vt)	**припускати**	[prɨpus'katɨ]

advertência (f)	**застереження** (с)	[zastɛ'rɛʒɛnʲa]
advertir (vt)	**застерегти**	[zastɛrɛɦ'tɨ]

67. Discussão, conversação. Parte 3

convencer (vt)	**умовити**	[u'mɔwɨtɨ]
acalmar (vt)	**заспокоювати**	[zaspo'kɔʲuwatɨ]
silêncio (o ~ é de ouro)	**мовчання** (с)	[mow'ʧanʲa]
ficar em silêncio	**мовчати**	[mow'ʧatɨ]
sussurrar (vt)	**шепнути**	[ʃɛp'nutɨ]
sussurro (m)	**шепіт** (ч)	['ʃɛpit]
francamente	**відверто**	[wid'wɛrto]
a meu ver ...	**на мою думку...**	[na mo'ʲu 'dumku]
detalhe (~ da história)	**деталь** (ж)	[dɛ'talʲ]
detalhado	**детальний**	[dɛ'talʲnɨj]
detalhadamente	**детально**	[dɛ'talʲno]
dica (f)	**підказка** (ж)	[pid'kazka]
dar uma dica	**підказати**	[pidka'zatɨ]
olhar (m)	**погляд** (ч)	['pɔɦlʲad]
dar uma vista de olhos	**поглянути**	[poɦ'lʲanutɨ]
fixo (olhar ~)	**нерухомий**	[nɛru'hɔmɨj]
piscar (vi)	**кліпати**	['klipatɨ]
pestanejar (vt)	**підморгнути**	[pidmorɦ'nutɨ]
acenar (com a cabeça)	**кивнути**	[kɨw'nutɨ]
suspiro (m)	**зітхання** (с)	[zit'hanʲa]
suspirar (vi)	**зітхнути**	[zith'nutɨ]
estremecer (vi)	**здригатися**	[zdrɨ'ɦatɨsʲa]
gesto (m)	**жест** (ч)	[ʒɛst]
tocar (com as mãos)	**доторкнутися**	[dotor'knutɨsʲa]
agarrar (~ pelo braço)	**хапати**	[ha'patɨ]
bater de leve	**плескати**	[plɛs'katɨ]
Cuidado!	**Обережно!**	[obɛ'rɛʒno]
A sério?	**Невже?**	[nɛw'ʒɛ]
Tem certeza?	**Ти впевнений?**	[tɨ 'wpɛwnɛnɨj]
Boa sorte!	**Хай щастить!**	[haj ɕas'tɨtʲ]
Compreendi!	**Зрозуміло!**	[zrozu'milo]
Que pena!	**Шкода!**	['ʃkɔda]

68. Acordo. Recusa

consentimento (~ mútuo)	**згода** (ж)	['zɦɔda]
consentir (vi)	**погоджуватися**	[po'ɦɔʤuwatɨsʲa]
aprovação (f)	**схвалення** (с)	[sh'walɛnʲa]
aprovar (vt)	**схвалити**	[shwa'lɨtɨ]
recusa (f)	**відмова** (ж)	[wid'mɔwa]

negar-se (vt)	**відмовлятися**	[widmow'lʲatɨsʲa]
Está ótimo!	**Чудово!**	[ʧu'dɔwo]
Muito bem!	**Добре!**	['dɔbrɛ]
Está bem! De acordo!	**Згода!**	['zɦɔda]
proibido	**заборонений**	[zabo'rɔnɛnɨj]
é proibido	**не можна**	[nɛ 'mɔʒna]
é impossível	**неможливо**	[nɛmoʒ'lɨwo]
incorreto	**помилковий**	[pomɨl'kɔwɨj]
rejeitar (~ um pedido)	**відхилити**	[widhɨ'lɨtɨ]
apoiar (vt)	**підтримати**	[pid'trɨmatɨ]
aceitar (desculpas, etc.)	**прийняти**	[prɨj'nʲatɨ]
confirmar (vt)	**підтвердити**	[pid'twɛrdɨtɨ]
confirmação (f)	**підтвердження** (c)	[pid'twɛrʤɛnʲa]
permissão (f)	**дозвіл** (ч)	['dɔzwil]
permitir (vt)	**дозволити**	[doz'wɔlɨtɨ]
decisão (f)	**рішення** (c)	['riʃɛnʲa]
não dizer nada	**промовчати**	[promow'ʧatɨ]
condição (com uma ~)	**умова** (ж)	[u'mɔwa]
pretexto (m)	**відмовка** (ж)	[wid'mɔwka]
elogio (m)	**похвала** (ж)	[pohwa'la]
elogiar (vt)	**хвалити**	[hwa'lɨtɨ]

69. Sucesso. Boa sorte. Insucesso

êxito, sucesso (m)	**успіх** (ч)	['uspih]
com êxito	**успішно**	[us'piʃno]
bem sucedido	**успішний**	[us'piʃnɨj]
sorte (fortuna)	**везіння** (c)	[wɛ'zinʲa]
Boa sorte!	**Хай щастить!**	[haj ɕas'tɨtʲ]
de sorte	**вдалий**	['wdalɨj]
sortudo, felizardo	**везучий**	[wɛ'zuʧɨj]
fracasso (m)	**невдача** (ж)	[nɛw'daʧa]
pouca sorte (f)	**невдача** (ж)	[nɛw'daʧa]
azar (m), má sorte (f)	**невезіння** (c)	[nɛwɛ'zinʲa]
mal sucedido	**невдалий**	[nɛw'dalɨj]
catástrofe (f)	**катастрофа** (ж)	[kata'strɔfa]
orgulho (m)	**гордість** (ж)	['ɦɔrdistʲ]
orgulhoso	**гордовитий**	[ɦordo'wɨtɨj]
estar orgulhoso	**гордитися**	[ɦor'dɨtɨsʲa]
vencedor (m)	**переможець** (ч)	[pɛrɛ'mɔʒɛʦ]
vencer (vi)	**перемогти**	[pɛrɛmoɦ'tɨ]
perder (vt)	**програти**	[proɦ'ratɨ]
tentativa (f)	**спроба** (ж)	['sprɔba]
tentar (vt)	**намагатися**	[nama'ɦatɨsʲa]
chance (m)	**шанс** (ч)	[ʃans]

70. Conflitos. Emoções negativas

grito (m)	**крик** (ч)	[krɨk]
gritar (vi)	**кричати**	[krɨ'ʧatɨ]
começar a gritar	**закричати**	[zakrɨ'ʧatɨ]
discussão (f)	**сварка** (ж)	['swarka]
discutir (vt)	**сваритися**	[swa'rɨtɨsʲa]
escândalo (m)	**скандал** (ч)	[skan'dal]
criar escândalo	**сваритися**	[swa'rɨtɨsʲa]
conflito (m)	**конфлікт** (ч)	[kon'flikt]
mal-entendido (m)	**непорозуміння** (с)	[nɛporozu'minʲa]
insulto (m)	**приниження** (с)	[prɨ'nɨʒɛnʲa]
insultar (vt)	**принизити**	[prɨ'nɨzɨtɨ]
insultado	**принижений**	[prɨ'nɨʒɛnɨj]
ofensa (f)	**образа** (ж)	[ob'raza]
ofender (vt)	**образити**	[ob'razɨtɨ]
ofender-se (vr)	**образитись**	[ob'razɨtɨsʲ]
indignação (f)	**обурення** (с)	[o'burɛnʲa]
indignar-se (vr)	**обурюватися**	[o'burʲuwatɨsʲa]
queixa (f)	**скарга** (ж)	['skarɦa]
queixar-se (vr)	**скаржитися**	['skarʒɨtɨsʲa]
desculpa (f)	**вибачення** (с)	['wɨbaʧɛnʲa]
desculpar-se (vr)	**вибачатися**	[wɨba'ʧatɨsʲa]
pedir perdão	**просити вибачення**	[pro'sɨtɨ 'wɨbaʧɛnʲa]
crítica (f)	**критика** (ж)	['krɨtɨka]
criticar (vt)	**критикувати**	[krɨtɨku'watɨ]
acusação (f)	**обвинувачення** (с)	[obwɨnu'waʧɛnʲa]
acusar (vt)	**звинувачувати**	[zwɨnu'waʧuwatɨ]
vingança (f)	**помста** (ж)	['pɔmsta]
vingar (vt)	**мстити**	['mstɨtɨ]
vingar-se (vr)	**помститися**	[poms'tɨtɨsʲa]
desprezo (m)	**зневага** (ж)	[znɛ'waɦa]
desprezar (vt)	**зневажати**	[znɛwa'ʒatɨ]
ódio (m)	**ненависть** (ж)	[nɛ'nawɨstʲ]
odiar (vt)	**ненавидіти**	[nɛna'wɨditɨ]
nervoso	**нервовий**	[nɛr'wɔwɨj]
estar nervoso	**нервувати**	[nɛrwu'watɨ]
zangado	**сердитий**	[sɛr'dɨtɨj]
zangar (vt)	**розсердити**	[roz'sɛrdɨtɨ]
humilhação (f)	**приниження** (с)	[prɨ'nɨʒɛnʲa]
humilhar (vt)	**принижувати**	[prɨ'nɨʒuwatɨ]
humilhar-se (vr)	**принижуватись**	[prɨ'nɨʒuwatɨsʲ]
choque (m)	**шок** (ч)	[ʃok]
chocar (vt)	**шокувати**	[ʃoku'watɨ]
aborrecimento (m)	**неприємність** (ж)	[nɛprɨ'ɛmnistʲ]

desagradável	**неприємний**	[nɛprɨ'ɛmnɨj]
medo (m)	**страх** (ч)	[strah]
terrível (tempestade, etc.)	**страшний**	['straʃnɨj]
assustador (ex. história ~a)	**страшний**	['straʃnɨj]
horror (m)	**жах** (ч)	[ʒah]
horrível (crime, etc.)	**жахливий**	[ʒah'lɨwɨj]
começar a tremer	**почати тремтіти**	[po'ʧatɨ trɛm'titɨ]
chorar (vi)	**плакати**	['plakatɨ]
começar a chorar	**заплакати**	[za'plakatɨ]
lágrima (f)	**сльоза** (ж)	[slʲo'za]
falta (f)	**провина** (ж)	[pro'wɨna]
culpa (f)	**провина** (ж)	[pro'wɨna]
desonra (f)	**ганьба** (ж)	[ɦanʲ'ba]
protesto (m)	**протест** (ч)	[pro'tɛst]
stresse (m)	**стрес** (ч)	['strɛs]
perturbar (vt)	**заважати**	[zawa'ʒatɨ]
zangar-se com …	**лютувати**	[lʲutu'watɨ]
zangado	**злий**	['zlɨj]
terminar (vt)	**припиняти**	[prɨpɨ'nʲatɨ]
praguejar	**лаятися**	['laʲatɨsʲa]
assustar-se	**лякатися**	[lʲa'katɨsʲa]
golpear (vt)	**ударити**	[u'darɨtɨ]
brigar (na rua, etc.)	**битися**	['bɨtɨsʲa]
resolver (o conflito)	**урегулювати**	[urɛɦulʲu'watɨ]
descontente	**незадоволений**	[nɛzado'wɔlɛnɨj]
furioso	**розлючений**	[roz'lʲuʧɛnɨj]
Não está bem!	**Це недобре!**	[ʦɛ nɛ'dɔbrɛ]
É mau!	**Це погано!**	[ʦɛ po'ɦano]

Medicina

71. Doenças

doença (f)	хвороба (ж)	[hwo'rɔba]
estar doente	хворіти	[hwo'riti]
saúde (f)	здоров'я (c)	[zdo'rɔwʲa]
nariz (m) a escorrer	нежить (ч)	['nɛʒitʲ]
amigdalite (f)	ангіна (ж)	[an'ɦina]
constipação (f)	застуда (ж)	[za'studa]
constipar-se (vr)	застудитися	[zastu'ditisʲa]
bronquite (f)	бронхіт (ч)	[bron'hit]
pneumonia (f)	запалення (c) легенів	[za'palɛnja lɛ'ɦɛniw]
gripe (f)	грип (ч)	[ɦrip]
míope	короткозорий	[korotko'zɔrij]
presbita	далекозорий	[dalɛko'zɔrij]
estrabismo (m)	косоокість (ж)	[koso'ɔkistʲ]
estrábico	косоокий	[koso'ɔkij]
catarata (f)	катаракта (ж)	[kata'rakta]
glaucoma (m)	глаукома (ж)	[ɦlau'kɔma]
AVC (m), apoplexia (f)	інсульт (ч)	[in'sulʲt]
ataque (m) cardíaco	інфаркт (ч)	[in'farkt]
enfarte (m) do miocárdio	інфаркт (ч) міокарду	[in'farkt mio'kardu]
paralisia (f)	параліч (ч)	[para'litʃ]
paralisar (vt)	паралізувати	[paralizu'wati]
alergia (f)	алергія (ж)	[alɛr'ɦiʲa]
asma (f)	астма (ж)	['astma]
diabetes (f)	діабет (ч)	[dia'bɛt]
dor (f) de dentes	зубний біль (ч)	[zub'nij bilʲ]
cárie (f)	карієс (ч)	['kariɛs]
diarreia (f)	діарея (ж)	[dia'rɛʲa]
prisão (f) de ventre	запор (ч)	[za'pɔr]
desarranjo (m) intestinal	розлад (ч) шлунку	['rɔzlad 'ʃlunku]
intoxicação (f) alimentar	отруєння (c)	[ot'ruɛnʲa]
intoxicar-se	отруїтись	[otru'jitisʲ]
artrite (f)	артрит (ч)	[art'rit]
raquitismo (m)	рахіт (ч)	[ra'hit]
reumatismo (m)	ревматизм (ч)	[rɛwma'tizm]
arteriosclerose (f)	атеросклероз (ч)	[atɛrosklɛ'rɔz]
gastrite (f)	гастрит (ч)	[ɦast'rit]
apendicite (f)	апендицит (ч)	[apɛndi'tsit]

colecistite (f)	холецистит (ч)	[holɛtsis'tit]
úlcera (f)	виразка (ж)	['wirazka]
sarampo (m)	кір (ч)	[kir]
rubéola (f)	краснуха (ж)	[kras'nuha]
iterícia (f)	жовтуха (ж)	[ʒow'tuha]
hepatite (f)	гепатит (ч)	[ɦɛpa'tit]
esquizofrenia (f)	шизофренія (ж)	[ʃizofrɛ'niʲa]
raiva (f)	сказ (ч)	[skaz]
neurose (f)	невроз (ч)	[nɛw'rɔz]
comoção (f) cerebral	струс (ч) мозку	['strus 'mɔzku]
cancro (m)	рак (ч)	[rak]
esclerose (f)	склероз (ч)	[sklɛ'rɔz]
esclerose (f) múltipla	розсіяний склероз (ч)	[roz'siʲanij sklɛ'rɔz]
alcoolismo (m)	алкоголізм (ч)	[alkoɦo'lizm]
alcoólico (m)	алкоголік (ч)	[alko'ɦolik]
sífilis (f)	сифіліс (ч)	['sifilis]
SIDA (f)	СНІД (ч)	[snid]
tumor (m)	пухлина (ж)	[puh'lina]
maligno	злоякісна	[zloʲakisna]
benigno	доброякісна	[dobroʲakisna]
febre (f)	гарячка (ж)	[ɦa'rʲatʃka]
malária (f)	малярія (ж)	[malʲa'riʲa]
gangrena (f)	гангрена (ж)	[ɦan'ɦrɛna]
enjoo (m)	морська хвороба (ж)	[morsʲ'ka hwo'rɔba]
epilepsia (f)	епілепсія (ж)	[ɛpi'lɛpsiʲa]
epidemia (f)	епідемія (ж)	[ɛpi'dɛmiʲa]
tifo (m)	тиф (ч)	[tif]
tuberculose (f)	туберкульоз (ч)	[tubɛrku'lʲoz]
cólera (f)	холера (ж)	[ho'lɛra]
peste (f)	чума (ж)	[tʃu'ma]

72. Sintomas. Tratamentos. Parte 1

sintoma (m)	симптом (ч)	[simp'tɔm]
temperatura (f)	температура (ж)	[tɛmpɛra'tura]
febre (f)	висока температура (ж)	[wi'sɔka tɛmpɛra'tura]
pulso (m)	пульс (ч)	[pulʲs]
vertigem (f)	запаморочення (с)	[za'pamorotʃɛnʲa]
quente (testa, etc.)	гарячий	[ɦa'rʲatʃij]
calafrio (m)	озноб (ч)	[oz'nɔb]
pálido	блідий	[bli'dij]
tosse (f)	кашель (ч)	['kaʃɛlʲ]
tossir (vi)	кашляти	['kaʃlʲati]
espirrar (vi)	чхати	['tʃhati]
desmaio (m)	непритомність (ж)	[nɛpri'tɔmnistʲ]

desmaiar (vi)	**знепритомніти**	[znɛpri'tɔmniti]
nódoa (f) negra	**синець** (ч)	[si'nɛʦ]
galo (m)	**гуля** (ж)	['ɦulʲa]
magoar-se (vr)	**ударитись**	[u'daritisʲ]
pisadura (f)	**забите місце** (с)	[za'bitɛ 'misʦɛ]
aleijar-se (vr)	**забитися**	[za'bitisʲa]
coxear (vi)	**кульгати**	[kulʲ'ɦati]
deslocação (f)	**вивих** (ч)	['wiwih]
deslocar (vt)	**вивихнути**	['wiwihnuti]
fratura (f)	**перелом** (ч)	[pɛrɛ'lɔm]
fraturar (vt)	**отримати перелом**	[ot'rimati pɛrɛ'lom]
corte (m)	**поріз** (ч)	[po'riz]
cortar-se (vr)	**порізатися**	[po'rizatisʲa]
hemorragia (f)	**кровотеча** (ж)	[krowo'tɛʧa]
queimadura (f)	**опік** (ч)	['ɔpik]
queimar-se (vr)	**обпектися**	[obpɛk'tisʲa]
picar (vt)	**уколоти**	[uko'lɔti]
picar-se (vr)	**уколотися**	[uko'lɔtisʲa]
lesionar (vt)	**пошкодити**	[poʃ'kɔditi]
lesão (m)	**ушкодження** (с)	[uʃ'kɔʤɛnʲa]
ferida (f), ferimento (m)	**рана** (ж)	['rana]
trauma (m)	**травма** (ж)	['trawma]
delirar (vi)	**марити**	['mariti]
gaguejar (vi)	**заїкатися**	[zaji'katisʲa]
insolação (f)	**сонячний удар** (ч)	['sɔnʲaʧnij u'dar]

73. Sintomas. Tratamentos. Parte 2

dor (f)	**біль** (ч)	[bilʲ]
farpa (no dedo)	**скалка** (ж)	['skalka]
suor (m)	**піт** (ч)	[pit]
suar (vi)	**спітніти**	[spit'niti]
vómito (m)	**блювота** (ж)	[blʲu'wɔta]
convulsões (f pl)	**судома** (ж)	[su'dɔma]
grávida	**вагітна**	[wa'ɦitna]
nascer (vi)	**народитися**	[naro'ditisʲa]
parto (m)	**пологи** (мн)	[po'lɔɦi]
dar à luz	**народжувати**	[na'rɔʤuwati]
aborto (m)	**аборт** (ч)	[a'bɔrt]
respiração (f)	**дихання** (с)	['dihanʲa]
inspiração (f)	**вдих** (ч)	[wdih]
expiração (f)	**видих** (ч)	['widih]
expirar (vi)	**видихнути**	['widihnuti]
inspirar (vi)	**зробити вдих**	[zro'biti wdih]
inválido (m)	**інвалід** (ч)	[inwa'lid]
aleijado (m)	**каліка** (ч)	[ka'lika]

toxicodependente (m)	**наркоман** (ч)	[narko'man]
surdo	**глухий**	[ɦlu'hɨj]
mudo	**німий**	[ni'mɨj]
surdo-mudo	**глухонімий**	[ɦluhoni'mɨj]
louco (adj.)	**божевільний**	[boʒɛ'wilʲnɨj]
louco (m)	**божевільний** (ч)	[boʒɛ'wilʲnɨj]
louca (f)	**божевільна** (ж)	[boʒɛ'wilʲna]
ficar louco	**збожеволіти**	[zboʒɛ'wɔlitɨ]
gene (m)	**ген** (ч)	[ɦɛn]
imunidade (f)	**імунітет** (ч)	[imuni'tɛt]
hereditário	**спадковий**	[spad'kɔwɨj]
congénito	**вроджений**	['wrɔdʒɛnɨj]
vírus (m)	**вірус** (ч)	['wirus]
micróbio (m)	**мікроб** (ч)	[mik'rɔb]
bactéria (f)	**бактерія** (ж)	[bak'tɛriʲa]
infeção (f)	**інфекція** (ж)	[in'fɛkt͡siʲa]

74. Sintomas. Tratamentos. Parte 3

hospital (m)	**лікарня** (ж)	[li'karnʲa]
paciente (m)	**пацієнт** (ч)	[pat͡si'ɛnt]
diagnóstico (m)	**діагноз** (ч)	[di'aɦnoz]
cura (f)	**лікування** (с)	[liku'wanʲa]
tratamento (m) médico	**лікування** (с)	[liku'wanʲa]
curar-se (vr)	**лікуватися**	[liku'watɨsʲa]
tratar (vt)	**лікувати**	[liku'watɨ]
cuidar (pessoa)	**доглядати**	[doɦlʲa'datɨ]
cuidados (m pl)	**догляд** (ч)	['dɔɦlʲad]
operação (f)	**операція** (ж)	[opɛ'rat͡siʲa]
enfaixar (vt)	**перев'язати**	[pɛrɛwˀʲa'zatɨ]
enfaixamento (m)	**перев'язка** (ж)	[pɛrɛ'wˀʲazka]
vacinação (f)	**щеплення** (с)	['ɕɛplɛnʲa]
vacinar (vt)	**робити щеплення**	[ro'bɨtɨ 'ɕɛplɛnʲa]
injeção (f)	**ін'єкція** (ж)	[i'nˀɛkt͡siʲa]
dar uma injeção	**робити укол**	[ro'bɨtɨ u'kɔl]
ataque (~ de asma, etc.)	**напад**	['napad]
amputação (f)	**ампутація** (ж)	[ampu'tat͡siʲa]
amputar (vt)	**ампутувати**	[amputu'watɨ]
coma (f)	**кома** (ж)	['kɔma]
estar em coma	**бути в комі**	['butɨ w 'kɔmi]
reanimação (f)	**реанімація** (ж)	[rɛani'mat͡siʲa]
recuperar-se (vr)	**видужувати**	[wɨ'duʒuwatɨ]
estado (~ de saúde)	**стан** (ч)	['stan]
consciência (f)	**свідомість** (ж)	[swi'dɔmistʲ]
memória (f)	**пам'ять** (ж)	['pamˀʲatʲ]
tirar (vt)	**видалити**	['wɨdalɨtɨ]

chumbo (m), obturação (f)	**пломба** (ж)	['plɔmba]
chumbar, obturar (vt)	**пломбувати**	[plombu'watɨ]
hipnose (f)	**гіпноз** (ч)	[ɦip'nɔz]
hipnotizar (vt)	**гіпнотизувати**	[ɦipnotɨzu'watɨ]

75. Médicos

médico (m)	**лікар** (ч)	['likar]
enfermeira (f)	**медсестра** (ж)	[mɛdsɛst'ra]
médico (m) pessoal	**особистий лікар** (ч)	[oso'bistij 'likar]
dentista (m)	**стоматолог** (ч)	[stoma'tɔloɦ]
oculista (m)	**окуліст** (ч)	[oku'list]
terapeuta (m)	**терапевт** (ч)	[tɛra'pɛwt]
cirurgião (m)	**хірург** (ч)	[hi'rurɦ]
psiquiatra (m)	**психіатр** (ч)	[psɨhi'atr]
pediatra (m)	**педіатр** (ч)	[pɛdi'atr]
psicólogo (m)	**психолог** (ч)	[psɨ'hɔloɦ]
ginecologista (m)	**гінеколог** (ч)	[ɦinɛ'kɔloɦ]
cardiologista (m)	**кардіолог** (ч)	[kardi'ɔloɦ]

76. Medicina. Drogas. Acessórios

medicamento (m)	**ліки** (мн)	['likɨ]
remédio (m)	**засіб** (ч)	['zasib]
receitar (vt)	**прописати**	[propɨ'satɨ]
receita (f)	**рецепт** (ч)	[rɛ'ʦɛpt]
comprimido (m)	**пігулка** (ж)	[pi'ɦulka]
pomada (f)	**мазь** (ж)	[mazʲ]
ampola (f)	**ампула** (ж)	['ampula]
preparado (m)	**мікстура** (ж)	[miks'tura]
xarope (m)	**сироп** (ч)	[sɨ'rɔp]
cápsula (f)	**пігулка** (ж)	[pi'ɦulka]
remédio (m) em pó	**порошок** (ч)	[poro'ʃɔk]
ligadura (f)	**бинт** (ч)	[bɨnt]
algodão (m)	**вата** (ж)	['wata]
iodo (m)	**йод** (ч)	[ʲod]
penso (m) rápido	**лейкопластир** (ч)	[lɛjko'plastɨr]
conta-gotas (m)	**піпетка** (ж)	[pi'pɛtka]
termómetro (m)	**градусник** (ч)	['ɦradusnɨk]
seringa (f)	**шприц** (ч)	[ʃprɨʦ]
cadeira (f) de rodas	**інвалідне крісло** (с)	[inwa'lidnɛ 'krislo]
muletas (f pl)	**милиці** (мн)	['mɨlɨʦi]
analgésico (m)	**знеболювальне** (с)	[znɛ'bɔlʲuwalʲnɛ]
laxante (m)	**проносне** (с)	[pronos'nɛ]

álcool (m) etílico	**спирт** (ч)	[spɨrt]
ervas (f pl) medicinais	**лікарська трава** (ж)	['likarsʲka tra'wa]
de ervas (chá ~)	**трав'яний**	[trawˀʲa'nɨj]

77. Fumar. Produtos tabágicos

tabaco (m)	**тютюн** (ч)	[tʲu'tʲun]
cigarro (m)	**цигарка** (ж)	[ʦɨ'ɦarka]
charuto (m)	**сигара** (ж)	[sɨ'ɦara]
cachimbo (m)	**люлька** (ж)	['lʲulʲka]
maço (~ de cigarros)	**пачка** (ж)	['paʧka]
fósforos (m pl)	**сірники** (мн)	[sirnɨ'kɨ]
caixa (f) de fósforos	**сірникова коробка** (ж)	[sirnɨ'kɔwa ko'rɔbka]
isqueiro (m)	**запальничка** (ж)	[zapalʲ'nɨʧka]
cinzeiro (m)	**попільниця** (ж)	[popilʲ'nɨʦʲa]
cigarreira (f)	**портсигар** (ч)	[porʦɨ'ɦar]
boquilha (f)	**мундштук** (ч)	[mund'ʃtuk]
filtro (m)	**фільтр** (ч)	['filʲtr]
fumar (vi, vt)	**палити**	[pa'lɨtɨ]
acender um cigarro	**запалити**	[zapa'lɨtɨ]
tabagismo (m)	**паління** (с)	[pa'linʲa]
fumador (m)	**курець** (ч)	[ku'rɛʦ]
beata (f)	**недопалок** (ч)	[nɛdo'palok]
fumo (m)	**дим** (ч)	[dɨm]
cinza (f)	**попіл** (ч)	['pɔpil]

HABITAT HUMANO

Cidade

78. Cidade. Vida na cidade

cidade (f)	місто (с)	['misto]
capital (f)	столиця (ж)	[stoˈlitsʲa]
aldeia (f)	село (с)	[sɛˈlɔ]
mapa (m) da cidade	план (ч) міста	[plan 'mista]
centro (m) da cidade	центр (ч) міста	[tsɛntr 'mista]
subúrbio (m)	передмістя (с)	[pɛrɛdˈmistʲa]
suburbano	приміський	[primisʲˈkij]
periferia (f)	околиця (ж)	[oˈkɔlitsʲa]
arredores (m pl)	околиці (мн)	[oˈkɔlitsi]
quarteirão (m)	квартал (ч)	[kwarˈtal]
quarteirão (m) residencial	житловий квартал (ч)	[ʒitloˈwij kwarˈtal]
tráfego (m)	вуличний рух (ч)	[ˈwulitʃnij ruh]
semáforo (m)	світлофор (ч)	[switloˈfɔr]
transporte (m) público	міський транспорт (ч)	[misʲˈkij ˈtransport]
cruzamento (m)	перехрестя (с)	[pɛrɛhˈrɛstʲa]
passadeira (f)	пішохідний перехід (ч)	[piʃoˈhidnij pɛrɛˈhid]
passagem (f) subterrânea	підземний перехід (ч)	[piˈdzɛmnij pɛrɛˈhid]
cruzar, atravessar (vt)	переходити	[pɛrɛˈhɔditi]
peão (m)	пішохід (ч)	[piʃoˈhid]
passeio (m)	тротуар (ч)	[trotuˈar]
ponte (f)	міст (ч)	[mist]
margem (f) do rio	набережна (ж)	[ˈnabɛrɛʒna]
fonte (f)	фонтан (ч)	[fonˈtan]
alameda (f)	алея (ж)	[aˈlɛʲa]
parque (m)	парк (ч)	[park]
bulevar (m)	бульвар (ч)	[bulʲˈwar]
praça (f)	площа (ж)	[ˈplɔɕa]
avenida (f)	проспект (ч)	[prosˈpɛkt]
rua (f)	вулиця (ж)	[ˈwulitsʲa]
travessa (f)	провулок (ч)	[proˈwulok]
beco (m) sem saída	глухий кут (ч)	[ɦluˈhij kut]
casa (f)	будинок (ч)	[buˈdinok]
edifício, prédio (m)	споруда (ж)	[spoˈruda]
arranha-céus (m)	хмарочос (ч)	[hmaroˈtʃɔs]
fachada (f)	фасад (ч)	[faˈsad]
telhado (m)	дах (ч)	[dah]

janela (f)	**вікно** (с)	[wik'nɔ]
arco (m)	**арка** (ж)	['arka]
coluna (f)	**колона** (ж)	[ko'lɔna]
esquina (f)	**ріг** (ч)	[riɦ]
montra (f)	**вітрина** (ж)	[wi'trɨna]
letreiro (m)	**вивіска** (ж)	['wɨwiska]
cartaz (m)	**афіша** (ж)	[a'fiʃa]
cartaz (m) publicitário	**рекламний плакат** (ч)	[rɛk'lamnɨj pla'kat]
painel (m) publicitário	**рекламний щит** (ч)	[rɛk'lamnɨj ɕɨt]
lixo (m)	**сміття** (с)	[smit'tʲa]
cesta (f) do lixo	**урна** (ж)	['urna]
jogar lixo na rua	**смітити**	[smi'tɨtɨ]
aterro (m) sanitário	**смітник** (ч)	[smit'nɨk]
cabine (f) telefónica	**телефонна будка** (ж)	[tɛlɛ'fɔna 'budka]
candeeiro (m) de rua	**ліхтарний стовп** (ч)	[lih'tarnɨj stowp]
banco (m)	**лавка** (ж)	['lawka]
polícia (m)	**поліцейський** (ч)	[poli'ʦɛjsʲkɨj]
polícia (instituição)	**поліція** (ж)	[po'liʦiʲa]
mendigo (m)	**жебрак** (ч)	[ʒɛb'rak]
sem-abrigo (m)	**безпритульний** (ч)	[bɛzprɨ'tulʲnɨj]

79. Instituições urbanas

loja (f)	**магазин** (ч)	[maɦa'zɨn]
farmácia (f)	**аптека** (ж)	[ap'tɛka]
ótica (f)	**оптика** (ж)	['ɔptɨka]
centro (m) comercial	**торгівельний центр** (ч)	[torɦi'wɛlʲnɨj 'ʦɛntr]
supermercado (m)	**супермаркет** (ч)	[supɛr'markɛt]
padaria (f)	**пекарня** (ж)	[pɛ'karnʲa]
padeiro (m)	**пекар** (ч)	['pɛkar]
pastelaria (f)	**кондитерська** (ж)	[kon'dɨtɛrsʲka]
mercearia (f)	**бакалія** (ж)	[baka'liʲa]
talho (m)	**м'ясний магазин** (ч)	[mˀʲas'nɨj maɦa'zɨn]
loja (f) de legumes	**овочевий магазин** (ч)	[owo'ʧɛwɨj maɦa'zɨn]
mercado (m)	**ринок** (ч)	['rɨnok]
café (m)	**кав'ярня** (ж)	[ka'wˀʲarnʲa]
restaurante (m)	**ресторан** (ч)	[rɛsto'ran]
bar (m), cervejaria (f)	**пивна** (ж)	[pɨw'na]
pizzaria (f)	**піцерія** (ж)	[piʦɛ'riʲa]
salão (m) de cabeleireiro	**перукарня** (ж)	[pɛru'karnʲa]
correios (m pl)	**пошта** (ж)	['pɔʃta]
lavandaria (f)	**хімчистка** (ж)	[him'ʧɨstka]
estúdio (m) fotográfico	**фотоательє** (с)	[fotoatɛ'ljɛ]
sapataria (f)	**взуттєвий магазин** (ч)	[wzut'tɛwɨj maɦa'zɨn]
livraria (f)	**книгарня** (ж)	[knɨ'ɦarnʲa]

loja (f) de artigos de desporto	спортивний магазин (ч)	[spor'tiwnij maɦa'zin]
reparação (f) de roupa	ремонт (ч) одягу	[rɛ'mɔnt 'ɔdʲaɦu]
aluguer (m) de roupa	прокат (ч) одягу	[pro'kat 'ɔdʲaɦu]
aluguer (m) de filmes	прокат (ч) фільмів	[pro'kat 'filʲmiw]
circo (m)	цирк (ч)	[tsirk]
jardim (m) zoológico	зоопарк (ч)	[zoo'park]
cinema (m)	кінотеатр (ч)	[kinotɛ'atr]
museu (m)	музей (ч)	[mu'zɛj]
biblioteca (f)	бібліотека (ж)	[biblio'tɛka]
teatro (m)	театр (ч)	[tɛ'atr]
ópera (f)	опера (ж)	['ɔpɛra]
clube (m) noturno	нічний клуб (ч)	[nitʃ'nij klub]
casino (m)	казино (с)	[kazi'nɔ]
mesquita (f)	мечеть (ж)	[mɛ'tʃɛtʲ]
sinagoga (f)	синагога (ж)	[sina'ɦɔɦa]
catedral (f)	собор (ч)	[so'bɔr]
templo (m)	храм (ч)	[hram]
igreja (f)	церква (ж)	['tsɛrkwa]
instituto (m)	інститут (ч)	[insti'tut]
universidade (f)	університет (ч)	[uniwɛrsi'tɛt]
escola (f)	школа (ж)	['ʃkɔla]
prefeitura (f)	префектура (ж)	[prɛfɛk'tura]
câmara (f) municipal	мерія (ж)	['mɛriʲa]
hotel (m)	готель (ч)	[ɦo'tɛlʲ]
banco (m)	банк (ч)	[bank]
embaixada (f)	посольство (с)	[po'sɔlʲstwo]
agência (f) de viagens	турагентство (с)	[tura'ɦɛntstwo]
agência (f) de informações	довідкове бюро (с)	[dowid'kɔwɛ bʲu'rɔ]
casa (f) de câmbio	обмінний пункт (ч)	[ob'minij punkt]
metro (m)	метро (с)	[mɛt'rɔ]
hospital (m)	лікарня (ж)	[li'karnʲa]
posto (m) de gasolina	автозаправка (ж)	[awtoza'prawka]
parque (m) de estacionamento	автостоянка (ж)	[awtosto'ʲanka]

80. Sinais

letreiro (m)	вивіска (ж)	['wiwiska]
inscrição (f)	напис (ч)	['napis]
cartaz, póster (m)	плакат (ч)	[pla'kat]
sinal (m) informativo	вказівник (ч)	[wkaziw'nik]
seta (f)	стрілка (ж)	['strilka]
aviso (advertência)	застереження (с)	[zastɛ'rɛʒɛnʲa]
sinal (m) de aviso	попередження (с)	[popɛ'rɛdʒɛnʲa]
avisar, advertir (vt)	попереджувати	[popɛ'rɛdʒuwati]
dia (m) de folga	вихідний день (ч)	[wihid'nij dɛnʲ]

horário (m)	**розклад** (ч)	['rɔzklad]
horário (m) de funcionamento	**години** (мн) **роботи**	[ɦo'dɨnɨ ro'bɔtɨ]
BEM-VINDOS!	**ЛАСКАВО ПРОСИМО!**	[las'kawo 'prɔsɨmo]
ENTRADA	**ВХІД**	[whid]
SAÍDA	**ВИХІД**	['wɨhid]
EMPURRE	**ВІД СЕБЕ**	[wid 'sɛbɛ]
PUXE	**ДО СЕБЕ**	[do 'sɛbɛ]
ABERTO	**ВІДЧИНЕНО**	[wid'ʧɨnɛno]
FECHADO	**ЗАЧИНЕНО**	[za'ʧɨnɛno]
MULHER	**ДЛЯ ЖІНОК**	[dlʲa ʒi'nɔk]
HOMEM	**ДЛЯ ЧОЛОВІКІВ**	[dlʲa ʧolowi'kiw]
DESCONTOS	**ЗНИЖКИ**	['znɨʒkɨ]
SALDOS	**РОЗПРОДАЖ**	[rozp'rɔdaʒ]
NOVIDADE!	**НОВИНКА!**	[no'wɨnka]
GRÁTIS	**БЕЗКОШТОВНО**	[bɛzkoʃ'tɔwno]
ATENÇÃO!	**УВАГА!**	[u'waɦa]
NÃO HÁ VAGAS	**МІСЦЬ НЕМАЄ**	[misʦ nɛ'maɛ]
RESERVADO	**ЗАРЕЗЕРВОВАНО**	[zarɛzɛr'wɔwano]
ADMINISTRAÇÃO	**АДМІНІСТРАЦІЯ**	[admini'straʦiʲa]
SOMENTE PESSOAL AUTORIZADO	**ТІЛЬКИ ДЛЯ ПЕРСОНАЛУ**	['tilʲkɨ dlʲa pɛrso'nalu]
CUIDADO CÃO FEROZ	**ОБЕРЕЖНО! ЗЛИЙ ПЕС**	[obɛ'rɛʒno! zlɨj pɛs]
PROIBIDO FUMAR!	**ПАЛИТИ ЗАБОРОНЕНО**	[pa'lɨtɨ zabo'rɔnɛno]
NÃO TOCAR	**НЕ ТОРКАТИСЯ!**	[nɛ tor'katɨsʲa]
PERIGOSO	**НЕБЕЗПЕЧНО**	[nɛbɛz'pɛʧno]
PERIGO	**НЕБЕЗПЕКА**	[nɛbɛz'pɛka]
ALTA TENSÃO	**ВИСОКА НАПРУГА**	[wɨ'sɔka na'pruɦa]
PROIBIDO NADAR	**КУПАТИСЯ ЗАБОРОНЕНО**	[ku'patɨsʲa zabo'rɔnɛno]
AVARIADO	**НЕ ПРАЦЮЄ**	[nɛ pra'ʦʲuɛ]
INFLAMÁVEL	**ВОГНЕНЕБЕЗПЕЧНО**	[woɦnɛnɛbɛz'pɛʧno]
PROIBIDO	**ЗАБОРОНЕНО**	[zabo'rɔnɛno]
ENTRADA PROIBIDA	**ПРОХІД ЗАБОРОНЕНО**	[pro'hid zabo'rɔnɛno]
CUIDADO TINTA FRESCA	**ПОФАРБОВАНО**	[pofar'bɔwano]

81. Transportes urbanos

autocarro (m)	**автобус** (ч)	[aw'tɔbus]
elétrico (m)	**трамвай** (ч)	[tram'waj]
troleicarro (m)	**тролейбус** (ч)	[tro'lɛjbus]
itinerário (m)	**маршрут** (ч)	[marʃ'rut]
número (m)	**номер** (ч)	['nɔmɛr]
ir de … (carro, etc.)	**їхати на...**	['jɨhatɨ na]
entrar (~ no autocarro)	**сісти**	['sistɨ]
descer de …	**вийти**	['wɨjtɨ]

paragem (f)	**зупинка** (ж)	[zu'pɨnka]
próxima paragem (f)	**наступна зупинка** (ж)	[na'stupna zu'pɨnka]
ponto (m) final	**кінцева зупинка** (ж)	[kin'ʦɛwa zu'pɨnka]
horário (m)	**розклад** (ч)	['rɔzklad]
esperar (vt)	**чекати**	[ʧɛ'katɨ]
bilhete (m)	**квиток** (ч)	[kwɨ'tɔk]
custo (m) do bilhete	**вартість** (ж) **квитка**	['wartistʲ kwɨt'ka]
bilheteiro (m)	**касир** (ч)	[ka'sɨr]
controlo (m) dos bilhetes	**контроль** (ч)	[kon'trɔlʲ]
revisor (m)	**контролер** (ч)	[kontro'lɛr]
atrasar-se (vr)	**запізнюватися**	[za'piznʲuwatɨsʲa]
perder (o autocarro, etc.)	**спізнитися**	[spiz'nɨtɨsʲa]
estar com pressa	**поспішати**	[pospi'ʃatɨ]
táxi (m)	**таксі** (с)	[tak'si]
taxista (m)	**таксист** (ч)	[tak'sɨst]
de táxi (ir ~)	**на таксі**	[na tak'si]
praça (f) de táxis	**стоянка таксі**	[sto'ʲanka tak'si]
chamar um táxi	**викликати таксі**	['wɨklɨkatɨ tak'si]
apanhar um táxi	**взяти таксі**	['wzʲatɨ tak'si]
tráfego (m)	**вуличний рух** (ч)	['wulɨʧnɨj ruh]
engarrafamento (m)	**затор** (ч)	[za'tɔr]
horas (f pl) de ponta	**години** (мн) **пік**	[ɦo'dɨnɨ pik]
estacionar (vi)	**паркуватися**	[parku'watɨsʲa]
estacionar (vt)	**паркувати**	[parku'watɨ]
parque (m) de estacionamento	**стоянка** (ж)	[sto'ʲanka]
metro (m)	**метро** (с)	[mɛt'rɔ]
estação (f)	**станція** (ж)	['stanʦiʲa]
ir de metro	**їхати в метро**	['jɨhatɨ w mɛt'rɔ]
comboio (m)	**поїзд** (ч)	['pɔjɨzd]
estação (f)	**вокзал** (ч)	[wok'zal]

82. Turismo

monumento (m)	**пам'ятник** (ч)	['pamʔʲatnɨk]
fortaleza (f)	**фортеця** (ж)	[for'tɛʦʲa]
palácio (m)	**палац** (ч)	[pa'laʦ]
castelo (m)	**замок** (ч)	['zamok]
torre (f)	**вежа** (ж)	['wɛʒa]
mausoléu (m)	**мавзолей** (ч)	[mawzo'lɛj]
arquitetura (f)	**архітектура** (ж)	[arhitɛk'tura]
medieval	**середньовічний**	[sɛrɛdnʲo'wiʧnɨj]
antigo	**старовинний**	[staro'wɨnɨj]
nacional	**національний**	[naʦio'nalʲnɨj]
conhecido	**відомий**	[wi'dɔmɨj]
turista (m)	**турист** (ч)	[tu'rɨst]
guia (pessoa)	**гід** (ч)	[ɦid]

excursão (f)	екскурсія (ж)	[ɛksˈkursʲia]
mostrar (vt)	показувати	[poˈkazuwati]
contar (vt)	розповідати	[rozpowiˈdati]
encontrar (vt)	знайти	[znajˈti]
perder-se (vr)	загубитися	[zaɦuˈbitisʲa]
mapa (~ do metrô)	схема (ж)	[ˈshɛma]
mapa (~ da cidade)	план (ч)	[plan]
lembrança (f), presente (m)	сувенір (ч)	[suwɛˈnir]
loja (f) de presentes	магазин (ч) сувенірів	[maɦaˈzin suwɛˈniriw]
fotografar (vt)	фотографувати	[fotoɦrafuˈwati]
fotografar-se	фотографуватися	[fotoɦrafuˈwatisʲa]

83. Compras

comprar (vt)	купляти	[kupˈlʲati]
compra (f)	покупка (ж)	[poˈkupka]
fazer compras	робити покупки	[roˈbiti poˈkupki]
compras (f pl)	шопінг (ч)	[ˈʃopinɦ]
estar aberta (loja, etc.)	працювати	[pratsʲuˈwati]
estar fechada	зачинитися	[zatʃiˈnitisʲa]
calçado (m)	взуття (с)	[wzutˈtʲa]
roupa (f)	одяг (ч)	[ˈɔdʲaɦ]
cosméticos (m pl)	косметика (ж)	[kosˈmɛtika]
alimentos (m pl)	продукти (мн)	[proˈdukti]
presente (m)	подарунок (ч)	[podaˈrunok]
vendedor (m)	продавець (ч)	[prodaˈwɛts]
vendedora (f)	продавщиця (ж)	[prodawˈɕitsʲa]
caixa (f)	каса (ж)	[ˈkasa]
espelho (m)	дзеркало (с)	[ˈdzɛrkalo]
balcão (m)	прилавок (ч)	[priˈlawok]
cabine (f) de provas	примірочна (ж)	[priˈmirotʃna]
provar (vt)	приміряти	[priˈmirʲati]
servir (vi)	пасувати	[pasuˈwati]
gostar (apreciar)	подобатися	[poˈdɔbatisʲa]
preço (m)	ціна (ж)	[tsiˈna]
etiqueta (f) de preço	цінник (ч)	[ˈtsinik]
custar (vt)	коштувати	[ˈkɔʃtuwati]
Quanto?	Скільки?	[ˈskilʲki]
desconto (m)	знижка (ж)	[ˈzniʒka]
não caro	недорогий	[nɛdoroˈɦij]
barato	дешевий	[dɛˈʃɛwij]
caro	дорогий	[doroˈɦij]
É caro	Це дорого.	[tsɛ ˈdɔroɦo]
aluguer (m)	прокат (ч)	[proˈkat]
alugar (vestidos, etc.)	взяти напрокат	[ˈwzʲati naproˈkat]

crédito (m)	**кредит** (ч)	[krɛ'dɨt]
a crédito	**в кредит**	[w krɛ'dɨt]

84. Dinheiro

dinheiro (m)	**гроші** (мн)	['ɦrɔʃi]
câmbio (m)	**обмін** (ч)	['ɔbmin]
taxa (f) de câmbio	**курс** (ч)	[kurs]
Caixa Multibanco (m)	**банкомат** (ч)	[banko'mat]
moeda (f)	**монета** (ж)	[mo'nɛta]
dólar (m)	**долар** (ч)	['dɔlar]
euro (m)	**євро** (с)	['ɛwro]
lira (f)	**італійська ліра** (ж)	[ita'lijsʲka 'lira]
marco (m)	**марка** (ж)	['marka]
franco (m)	**франк** (ч)	['frank]
libra (f) esterlina	**фунт** (ч)	['funt]
iene (m)	**єна** (ж)	['ɛna]
dívida (f)	**борг** (ч)	['bɔrɦ]
devedor (m)	**боржник** (ч)	[borʒ'nɨk]
emprestar (vt)	**позичити**	[po'zɨʧɨtɨ]
pedir emprestado	**взяти в борг**	['wzʲatɨ w borɦ]
banco (m)	**банк** (ч)	[bank]
conta (f)	**рахунок** (ч)	[ra'hunok]
depositar (vt)	**покласти**	[pok'lastɨ]
depositar na conta	**покласти на рахунок**	[pok'lastɨ na ra'hunok]
levantar (vt)	**зняти з рахунку**	['znʲatɨ z ra'hunku]
cartão (m) de crédito	**кредитна картка** (ж)	[krɛ'dɨtna 'kartka]
dinheiro (m) vivo	**готівка** (ж)	[ɦo'tiwka]
cheque (m)	**чек** (ч)	[ʧɛk]
passar um cheque	**виписати чек**	['wɨpɨsatɨ 'ʧɛk]
livro (m) de cheques	**чекова книжка** (ж)	['ʧɛkowa 'knɨʒka]
carteira (f)	**портмоне** (с)	[portmo'nɛ]
porta-moedas (m)	**гаманець** (ч)	[ɦama'nɛʦ]
cofre (m)	**сейф** (ч)	[sɛjf]
herdeiro (m)	**спадкоємець** (ч)	[spadko'ɛmɛʦ]
herança (f)	**спадщина** (ж)	['spadɕɨna]
fortuna (riqueza)	**статок** (ч)	['statok]
arrendamento (m)	**оренда** (ж)	[o'rɛnda]
renda (f) de casa	**квартирна плата** (ж)	[kwar'tɨrna 'plata]
alugar (vt)	**зняти**	['znʲatɨ]
preço (m)	**ціна** (ж)	[ʦi'na]
custo (m)	**вартість** (ж)	['wartistʲ]
soma (f)	**сума** (ж)	['suma]
gastar (vt)	**витрачати**	[wɨtra'ʧatɨ]
gastos (m pl)	**витрати** (мн)	['wɨtratɨ]

economizar (vi)	**економити**	[ɛko'nɔmɨtɨ]
económico	**економний**	[ɛko'nɔmnɨj]
pagar (vt)	**платити**	[pla'tɨtɨ]
pagamento (m)	**оплата** (ж)	[op'lata]
troco (m)	**решта** (ж)	['rɛʃta]
imposto (m)	**податок** (ч)	[po'datok]
multa (f)	**штраф** (ч)	[ʃtraf]
multar (vt)	**штрафувати**	[ʃtrafu'watɨ]

85. Correios. Serviço postal

correios (m pl)	**пошта** (ж)	['pɔʃta]
correio (m)	**пошта** (ж)	['pɔʃta]
carteiro (m)	**листоноша** (ч)	[lɨsto'nɔʃa]
horário (m)	**години** (мн) **роботи**	[ɦo'dɨnɨ ro'bɔtɨ]
carta (f)	**лист** (ч)	[lɨst]
carta (f) registada	**рекомендований лист** (ч)	[rɛkomɛn'dɔwanɨj list]
postal (m)	**листівка** (ж)	[lɨs'tiwka]
telegrama (m)	**телеграма** (ж)	[tɛlɛ'ɦrama]
encomenda (f) postal	**посилка** (ж)	[po'sɨlka]
remessa (f) de dinheiro	**грошовий переказ** (ч)	[ɦroʃo'wɨj pɛ'rɛkaz]
receber (vt)	**отримати**	[ot'rɨmatɨ]
enviar (vt)	**відправити**	[wid'prawɨtɨ]
envio (m)	**відправлення** (с)	[wid'prawlɛnʲa]
endereço (m)	**адреса** (ж)	[ad'rɛsa]
código (m) postal	**індекс** (ч)	['indɛks]
remetente (m)	**відправник** (ч)	[wid'prawnɨk]
destinatário (m)	**одержувач** (ч)	[o'dɛrʒuwatʃ]
nome (m)	**ім'я** (с)	[i'mˀʲa]
apelido (m)	**прізвище** (с)	['prizwɨɕɛ]
tarifa (f)	**тариф** (ч)	[ta'rɨf]
ordinário	**звичайний**	[zwɨ'tʃajnɨj]
económico	**економічний**	[ɛkono'mitʃnɨj]
peso (m)	**вага** (ж)	[wa'ɦa]
pesar (estabelecer o peso)	**зважувати**	['zwaʒuwatɨ]
envelope (m)	**конверт** (ч)	[kon'wɛrt]
selo (m)	**марка** (ж)	['marka]
colar o selo	**приклеювати марку**	[prɨk'lɛʲuwatɨ 'marku]

Moradia. Casa. Lar

86. Casa. Habitação

casa (f)	**будинок** (ч)	[bu'dɨnok]
em casa	**вдома**	['wdɔma]
pátio (m)	**двір** (ч)	[dwir]
cerca (f)	**огорожа** (ж)	[oɦo'rɔʒa]
tijolo (m)	**цегла** (ж)	['ʦɛɦla]
de tijolos	**цегляний**	[ʦɛɦlʲa'nɨj]
pedra (f)	**камінь** (ч)	['kaminʲ]
de pedra	**кам'яний**	[kamˀʲa'nɨj]
betão (m)	**бетон** (ч)	[bɛ'tɔn]
de betão	**бетонний**	[bɛ'tɔnɨj]
novo	**новий**	[no'wɨj]
velho	**старий**	[sta'rɨj]
decrépito	**обвітшалий**	[obwit'ʃalɨj]
moderno	**сучасний**	[su'ʧasnɨj]
de muitos andares	**багатоповерховий**	[ba'ɦato powɛr'ɦɔwɨj]
alto	**високий**	[wɨ'sɔkɨj]
andar (m)	**поверх** (ч)	['pɔwɛrh]
de um andar	**одноповерховий**	[odnopowɛr'ɦɔwɨj]
andar (m) de baixo	**нижній поверх** (ч)	['nɨʒnij 'pɔwɛrh]
andar (m) de cima	**верхній поверх** (ч)	['wɛrhnij 'pɔwɛrh]
telhado (m)	**дах** (ч)	[dah]
chaminé (f)	**труба** (ж)	[tru'ba]
telha (f)	**черепиця** (ж)	[ʧɛrɛ'pɨʦʲa]
de telha	**черепичний**	[ʧɛrɛ'pɨʧnɨj]
sótão (m)	**горище** (с)	[ɦo'rɨɕɛ]
janela (f)	**вікно** (с)	[wik'nɔ]
vidro (m)	**скло** (с)	['sklo]
parapeito (m)	**підвіконня** (с)	[pidwi'kɔnʲa]
portadas (f pl)	**віконниці** (мн)	[wi'kɔnɨʦi]
parede (f)	**стіна** (ж)	[sti'na]
varanda (f)	**балкон** (ч)	[bal'kɔn]
tubo (m) de queda	**ринва** (ж)	['rɨnwa]
em cima	**нагорі**	[naɦo'ri]
subir (~ as escadas)	**підніматися**	[pidni'matɨsʲa]
descer (vi)	**спускатися**	[spus'katɨsʲa]
mudar-se (vr)	**переїздити**	[pɛrɛjiz'dɨtɨ]

87. Casa. Entrada. Elevador

entrada (f)	**під'їзд** (ч)	[pidˀ'jɨzd]
escada (f)	**сходи** (мн)	['shɔdɨ]
degraus (m pl)	**сходинки** (мн)	['shɔdɨnkɨ]
corrimão (m)	**поруччя** (мн)	[po'rutʃʲa]
hall (m) de entrada	**хол** (ч)	[hol]
caixa (f) de correio	**поштова скринька** (ж)	[poʃ'tɔwa sk'rɨnʲka]
caixote (m) do lixo	**бак** (ч) **для сміття**	[bak dlʲa smit'tʲa]
conduta (f) do lixo	**сміттєпровід** (ч)	[smittɛ'prɔwid]
elevador (m)	**ліфт** (ч)	[lift]
elevador (m) de carga	**вантажний ліфт** (ч)	[wan'taʒnɨj lift]
cabine (f)	**кабіна** (ж)	[ka'bina]
pegar o elevador	**їхати в ліфті**	['jɨhatɨ w 'lifti]
apartamento (m)	**квартира** (ж)	[kwar'tɨra]
moradores (m pl)	**мешканці** (мн)	['mɛʃkantsi]
vizinho (m)	**сусід** (ч)	[su'sid]
vizinha (f)	**сусідка** (ж)	[su'sidka]
vizinhos (pl)	**сусіди** (мн)	[su'sidɨ]

88. Casa. Eletricidade

eletricidade (f)	**електрика** (ж)	[ɛ'lɛktrɨka]
lâmpada (f)	**лампочка** (ж)	['lampotʃka]
interruptor (m)	**вимикач** (ч)	[wɨmɨ'katʃ]
fusível (m)	**пробка** (ж)	['prɔbka]
fio, cabo (m)	**провід** (ч)	['prɔwid]
instalação (f) elétrica	**проводка** (ж)	[pro'wɔdka]
contador (m) de eletricidade	**лічильник** (ч)	[li'tʃɨlʲnɨk]
indicação (f), registo (m)	**показання** (с)	[poka'zanʲa]

89. Casa. Portas. Fechaduras

porta (f)	**двері** (мн)	['dwɛri]
portão (m)	**брама** (ж)	['brama]
maçaneta (f)	**ручка** (ж)	['rutʃka]
destrancar (vt)	**відкрити**	[wid'krɨtɨ]
abrir (vt)	**відкривати**	[widkrɨ'watɨ]
fechar (vt)	**закривати**	[zakrɨ'watɨ]
chave (f)	**ключ** (ч)	[klʲutʃ]
molho (m)	**в'язка** (ж)	['wˀjazka]
ranger (vi)	**скрипіти**	[skrɨ'pitɨ]
rangido (m)	**скрипіння** (с)	[skrɨ'pinʲa]
dobradiça (f)	**петля** (ж)	[pɛt'lʲa]
tapete (m) de entrada	**килимок** (ч)	[kɨlɨ'mɔk]
fechadura (f)	**замок** (ч)	[za'mɔk]

buraco (m) da fechadura	**замкова щілина** (ж)	[zam'kɔwa ɕi'lɨna]
ferrolho (m)	**засув** (ч)	['zasuw]
fecho (ferrolho pequeno)	**засувка** (ж)	['zasuwka]
cadeado (m)	**навісний замок** (ч)	[nawis'nɨj za'mɔk]
tocar (vt)	**дзвонити**	[dzwo'nɨtɨ]
toque (m)	**дзвінок** (ч)	[dzwi'nɔk]
campainha (f)	**дзвінок** (ч)	[dzwi'nɔk]
botão (m)	**кнопка** (ж)	['knɔpka]
batida (f)	**стукіт** (ч)	['stukit]
bater (vi)	**стукати**	['stukatɨ]
código (m)	**код** (ч)	[kod]
fechadura (f) de código	**кодовий замок** (ч)	['kɔdowɨj za'mɔk]
telefone (m) de porta	**домофон** (ч)	[domo'fɔn]
número (m)	**номер** (ч)	['nɔmɛr]
placa (f) de porta	**табличка** (ж)	[tab'litʃka]
vigia (f), olho (m) mágico	**вічко** (с)	['witʃko]

90. Casa de campo

aldeia (f)	**село** (с)	[sɛ'lɔ]
horta (f)	**город** (ч)	[ɦo'rɔd]
cerca (f)	**паркан** (ч)	[par'kan]
paliçada (f)	**тин** (ч)	[tɨn]
cancela (f) do jardim	**хвіртка** (ж)	['hwirtka]
celeiro (m)	**комора** (ж)	[ko'mɔra]
adega (f)	**льох** (ч)	[lʲoh]
galpão, barracão (m)	**сарай** (ч)	[sa'raj]
poço (m)	**криниця** (ж)	[krɨ'nɨtsʲa]
fogão (m)	**піч** (ж)	[pitʃ]
atiçar o fogo	**розпалювати піч**	[roz'palʲuwatɨ pitʃ]
lenha (carvão ou ~)	**дрова** (мн)	['drɔwa]
acha (lenha)	**поліно** (с)	[po'lino]
varanda (f)	**веранда** (ж)	[wɛ'randa]
alpendre (m)	**тераса** (ж)	[tɛ'rasa]
degraus (m pl) de entrada	**ґанок** (ч)	['ɦanok]
balouço (m)	**гойдалка** (ж)	['ɦɔjdalka]

91. Moradia. Mansão

casa (f) de campo	**будинок** (ч) **за містом**	[bu'dɨnok za 'mistom]
vila (f)	**вілла** (ж)	['willa]
ala (~ do edifício)	**крило** (с)	[krɨ'lɔ]
jardim (m)	**сад** (ч)	[sad]
parque (m)	**парк** (ч)	[park]
estufa (f)	**оранжерея** (ж)	[oranʒɛ'rɛʲa]
cuidar de ...	**доглядати**	[doɦlʲa'datɨ]

piscina (f)	басейн (ч)	[ba'sɛjn]
ginásio (m)	спортивний зал (ч)	[spor'tiwnij 'zal]
campo (m) de ténis	тенісний корт (ч)	['tɛnisnij 'kɔrt]
cinema (m)	кінотеатр (ч)	[kinotɛ'atr]
garagem (f)	гараж (ч)	[ɦa'raʒ]

propriedade (f) privada	приватна власність (ж)	[pri'watna 'wlasnistʲ]
terreno (m) privado	приватні володіння (мн)	[pri'watni wolo'dinʲa]

advertência (f)	попередження (с)	[popɛ'rɛdʒɛnʲa]
sinal (m) de aviso	попереджувальний напис (ч)	[popɛ'rɛdʒuwalʲnij 'napis]

guarda (f)	охорона (ж)	[oɦo'rɔna]
guarda (m)	охоронник (ч)	[oɦo'rɔnik]
alarme (m)	сигналізація (ж)	[siɦnali'zatsiʲa]

92. Castelo. Palácio

castelo (m)	замок (ч)	['zamok]
palácio (m)	палац (ч)	[pa'lats]
fortaleza (f)	фортеця (ж)	[for'tɛtsʲa]
muralha (f)	стіна (ж)	[sti'na]
torre (f)	вежа (ж)	['wɛʒa]
calabouço (m)	головна вежа (ж)	[ɦolow'na 'wɛʒa]

grade (f) levadiça	підйомна брама (ж)	[pid'jomna 'brama]
passagem (f) subterrânea	підземний хід (ч)	[pi'dzɛmnij hid]
fosso (m)	рів (ч)	[riw]
corrente, cadeia (f)	ланцюг (ч)	[lan'tsʲuɦ]
seteira (f)	бійниця (ж)	[bij'nitsʲa]

magnífico	пишний	['piʃnij]
majestoso	величний	[wɛ'litʃnij]
inexpugnável	неприступний	[nɛpri'stupnij]
medieval	середньовічний	[sɛrɛdnʲo'witʃnij]

93. Apartamento

apartamento (m)	квартира (ж)	[kwar'tira]
quarto (m)	кімната (ж)	[kim'nata]
quarto (m) de dormir	спальня (ж)	['spalʲnʲa]
sala (f) de jantar	їдальня (ж)	['jidalʲnʲa]
sala (f) de estar	вітальня (ж)	[wi'talʲnʲa]
escritório (m)	кабінет (ч)	[kabi'nɛt]

antessala (f)	передпокій (ч)	[pɛrɛd'pokij]
quarto (m) de banho	ванна кімната (ж)	['wana kim'nata]
toilette (lavabo)	туалет (ч)	[tua'lɛt]
teto (m)	стеля (ж)	['stɛlʲa]
chão, soalho (m)	підлога (ж)	[pid'lɔɦa]
canto (m)	куток (ч)	[ku'tɔk]

94. Apartamento. Limpeza

arrumar, limpar (vt)	прибирати	[pribɪ'ratɪ]
guardar (no armário, etc.)	прибирати	[pribɪ'ratɪ]
pó (m)	пил (ч)	[pɪl]
empoeirado	курний	[kurʲnɪj]
limpar o pó	витирати пил	[witɪ'ratɪ pɪl]
aspirador (m)	пилосос (ч)	[pɪlo'sɔs]
aspirar (vt)	пилососити	[pɪlo'sɔsɪtɪ]
varrer (vt)	підмітати	[pidmi'tatɪ]
sujeira (f)	сміття (с)	[smitʲtʲa]
arrumação (f), ordem (f)	лад (ч)	[lad]
desordem (f)	безлад (ч)	['bɛzlad]
esfregão (m)	швабра (ж)	['ʃwabra]
pano (m), trapo (m)	ганчірка (ж)	[han'tʃirka]
vassoura (f)	віник (ч)	['winik]
pá (f) de lixo	совок (ч) для сміття	[so'wɔk dʲʲa smitʲtʲa]

95. Mobiliário. Interior

mobiliário (m)	меблі (мн)	['mɛbli]
mesa (f)	стіл (ч)	[stil]
cadeira (f)	стілець (ч)	[sti'lɛts]
cama (f)	ліжко (с)	['liʒko]
divã (m)	диван (ч)	[dɪ'wan]
cadeirão (m)	крісло (с)	['krislo]
estante (f)	шафа (ж)	['ʃafa]
prateleira (f)	полиця (ж)	[po'lɪtsʲa]
guarda-vestidos (m)	шафа (ж)	['ʃafa]
cabide (m) de parede	вішалка (ж)	['wiʃalka]
cabide (m) de pé	вішак (ч)	[wi'ʃak]
cómoda (f)	комод (ч)	[ko'mɔd]
mesinha (f) de centro	журнальний столик (ч)	[ʒur'nalʲnij 'stɔlik]
espelho (m)	дзеркало (с)	['dzɛrkalo]
tapete (m)	килим (ч)	['kɪlɪm]
tapete (m) pequeno	килимок (ч)	[kɪlɪ'mɔk]
lareira (f)	камін (ч)	[ka'min]
vela (f)	свічка (ж)	['switʃka]
castiçal (m)	свічник (ч)	[switʃ'nik]
cortinas (f pl)	штори (мн)	['ʃtorɪ]
papel (m) de parede	шпалери (мн)	[ʃpa'lɛrɪ]
estores (f pl)	жалюзі (мн)	['ʒalʲuzi]
candeeiro (m) de mesa	настільна лампа (ж)	[na'stilʲna 'lampa]
candeeiro (m) de parede	світильник (ч)	[swi'tɪlʲnik]

candeeiro (m) de pé	торшер (ч)	[tor'ʃɛr]
lustre (m)	люстра (ж)	['lʲustra]
pé (de mesa, etc.)	ніжка (ж)	['niʒka]
braço (m)	підлокітник (ч)	[pidlo'kitnik]
costas (f pl)	спинка (ж)	['spinka]
gaveta (f)	шухляда (ж)	[ʃuh'lʲada]

96. Quarto de dormir

roupa (f) de cama	білизна (ж)	[bi'lizna]
almofada (f)	подушка (ж)	[po'duʃka]
fronha (f)	наволочка (ж)	['nawolotʃka]
cobertor (m)	ковдра (ж)	['kɔwdra]
lençol (m)	простирадло (с)	[prosti'radlo]
colcha (f)	покривало (с)	[pokri'walo]

97. Cozinha

cozinha (f)	кухня (ж)	['kuhnʲa]
gás (m)	газ (ч)	[ɦaz]
fogão (m) a gás	плита (ж) газова	[pli'ta 'ɦazowa]
fogão (m) elétrico	плита (ж) електрична	[pli'ta ɛlɛkt'ritʃna]
forno (m)	духовка (ж)	[du'hɔwka]
forno (m) de micro-ondas	мікрохвильова піч (ж)	[mikrohwilʲo'wa pitʃ]
frigorífico (m)	холодильник (ч)	[holo'dilʲnik]
congelador (m)	морозильник (ч)	[moro'zilʲnik]
máquina (f) de lavar louça	посудомийна машина (ж)	[posudo'mijna ma'ʃina]
moedor (m) de carne	м'ясорубка (ж)	[mʲaso'rubka]
espremedor (m)	соковижималка (ж)	[sokowiʒi'malka]
torradeira (f)	тостер (ч)	['tɔstɛr]
batedeira (f)	міксер (ч)	['miksɛr]
máquina (f) de café	кавоварка (ж)	[kawo'warka]
cafeteira (f)	кавник (ч)	[kaw'nik]
moinho (m) de café	кавомолка (ж)	[kawo'mɔlka]
chaleira (f)	чайник (ч)	['tʃajnik]
bule (m)	заварник (ч)	[za'warnik]
tampa (f)	кришка (ж)	['kriʃka]
coador (m) de chá	ситечко (с)	['sitɛtʃko]
colher (f)	ложка (ж)	['lɔʒka]
colher (f) de chá	чайна ложка (ж)	['tʃajna 'lɔʒka]
colher (f) de sopa	столова ложка (ж)	[sto'lɔwa 'lɔʒka]
garfo (m)	виделка (ж)	[wi'dɛlka]
faca (f)	ніж (ч)	[niʒ]
louça (f)	посуд (ч)	['pɔsud]
prato (m)	тарілка (ж)	[ta'rilka]

pires (m)	блюдце (c)	['blʲudtsɛ]
cálice (m)	чарка (ж)	['tʃarka]
copo (m)	склянка (ж)	['sklʲanka]
chávena (f)	чашка (ж)	['tʃaʃka]

açucareiro (m)	цукорниця (ж)	['tsukornitsʲa]
saleiro (m)	сільничка (ж)	[silʲ'nitʃka]
pimenteiro (m)	перечниця (ж)	['pɛrɛtʃnitsʲa]
manteigueira (f)	маслянка (ж)	['maslʲanka]

panela, caçarola (f)	каструля (ж)	[kas'trulʲa]
frigideira (f)	сковорідка (ж)	[skowo'ridka]
concha (f)	черпак (ч)	[tʃɛr'pak]
passador (m)	друшляк (ч)	[druʃ'lʲak]
bandeja (f)	піднос (ч)	[pid'nɔs]

garrafa (f)	пляшка (ж)	['plʲaʃka]
boião (m) de vidro	банка (ж)	['banka]
lata (f)	бляшанка (ж)	[blʲa'ʃanka]

abre-garrafas (m)	відкривачка (ж)	[widkri'watʃka]
abre-latas (m)	відкривачка (ж)	[widkri'watʃka]
saca-rolhas (m)	штопор (ч)	['ʃtɔpor]
filtro (m)	фільтр (ч)	['filʲtr]
filtrar (vt)	фільтрувати	[filʲtru'wati]

lixo (m)	сміття (с)	[smit'tʲa]
balde (m) do lixo	відро (с) для сміття	[wid'ro dlʲa smit'tʲa]

98. Casa de banho

quarto (m) de banho	ванна кімната (ж)	['wana kim'nata]
água (f)	вода (ж)	[wo'da]
torneira (f)	кран (ч)	[kran]
água (f) quente	гаряча вода (ж)	[ɦa'rʲatʃa wo'da]
água (f) fria	холодна вода (ж)	[ɦo'lɔdna wo'da]

pasta (f) de dentes	зубна паста (ж)	[zub'na 'pasta]
escovar os dentes	чистити зуби	['tʃistiti 'zubi]
escova (f) de dentes	зубна щітка (ж)	[zub'na 'ɕitka]

barbear-se (vr)	голитися	[ɦo'litisʲa]
espuma (f) de barbear	піна (ж) для гоління	['pina dlʲa ɦo'linʲa]
máquina (f) de barbear	бритва (ж)	['britwa]

lavar (vt)	мити	['miti]
lavar-se (vr)	митися	['mitisʲa]
duche (m)	душ (ч)	[duʃ]
tomar um duche	приймати душ	[prij'mati duʃ]

banheira (f)	ванна (ж)	['wana]
sanita (f)	унітаз (ч)	[uni'taz]
lavatório (m)	раковина (ж)	['rakowina]
sabonete (m)	мило (с)	['milo]

saboneteira (f)	**мильниця** (ж)	['mɨlʲnɨtsʲa]
esponja (f)	**губка** (ж)	['ɦubka]
champô (m)	**шампунь** (ч)	[ʃam'punʲ]
toalha (f)	**рушник** (ч)	[ruʃ'nɨk]
roupão (m) de banho	**халат** (ч)	[ha'lat]
lavagem (f)	**прання** (с)	[pra'nʲa]
máquina (f) de lavar	**пральна машина** (ж)	['pralʲna ma'ʃɨna]
lavar a roupa	**прати білизну**	['pratɨ bi'lɨznu]
detergente (m)	**пральний порошок** (ч)	['pralʲnɨj poro'ʃɔk]

99. Eletrodomésticos

televisor (m)	**телевізор** (ч)	[tɛlɛ'wizor]
gravador (m)	**магнітофон** (ч)	[maɦnito'fɔn]
videogravador (m)	**відеомагнітофон** (ч)	['widɛo maɦnito'fɔn]
rádio (m)	**приймач** (ч)	[prɨj'matʃ]
leitor (m)	**плеєр** (ч)	['plɛɛr]
projetor (m)	**відеопроектор** (ч)	['widɛo pro'ɛktor]
cinema (m) em casa	**домашній кінотеатр** (ч)	[do'maʃnij kinotɛ'atr]
leitor (m) de DVD	**програвач** (ч) **DVD**	[proɦra'watʃ diwi'di]
amplificador (m)	**підсилювач** (ч)	[pid'sɨlʲuwatʃ]
console (f) de jogos	**гральна приставка** (ж)	['ɦralʲna prɨ'stawka]
câmara (f) de vídeo	**відеокамера** (ж)	['widɛo 'kamɛra]
máquina (f) fotográfica	**фотоапарат** (ч)	[fotoapa'rat]
câmara (f) digital	**цифровий фотоапарат** (ч)	[tsɨfro'wɨj fotoapa'rat]
aspirador (m)	**пилосос** (ч)	[pɨlo'sɔs]
ferro (m) de engomar	**праска** (ж)	['praska]
tábua (f) de engomar	**дошка** (ж) **для прасування**	['dɔʃka dlʲa prasu'wanʲa]
telefone (m)	**телефон** (ч)	[tɛlɛ'fɔn]
telemóvel (m)	**мобільний телефон** (ч)	[mo'bilʲnɨj tɛlɛ'fɔn]
máquina (f) de escrever	**писемна машинка** (ж)	[pɨ'sɛmna ma'ʃɨnka]
máquina (f) de costura	**швейна машинка** (ж)	['ʃwɛjna ma'ʃɨnka]
microfone (m)	**мікрофон** (ч)	[mikro'fɔn]
auscultadores (m pl)	**навушники** (мн)	[na'wuʃnɨkɨ]
controlo remoto (m)	**пульт** (ч)	[pulʲt]
CD (m)	**CD-диск** (ч)	[si'di disk]
cassete (f)	**касета** (ж)	[ka'sɛta]
disco (m) de vinil	**платівка** (ж)	[pla'tiwka]

100. Reparações. Renovação

renovação (f)	**ремонт** (ч)	[rɛ'mɔnt]
renovar (vt), fazer obras	**робити ремонт**	[ro'bɨtɨ rɛ'mɔnt]
reparar (vt)	**ремонтувати**	[rɛmontu'watɨ]
consertar (vt)	**привести до ладу**	[prɨ'wɛstɨ do 'ladu]

refazer (vt)	**переробляти**	[pɛrɛob'lʲatɨ]
tinta (f)	**фарба** (ж)	['farba]
pintar (vt)	**фарбувати**	[farbu'watɨ]
pintor (m)	**маляр** (ч)	['malʲar]
pincel (m)	**пензлик** (ч)	['pɛnzlɨk]
cal (f)	**побілка** (ж)	[po'bilka]
caiar (vt)	**білити**	[bi'lɨtɨ]
papel (m) de parede	**шпалери** (мн)	[ʃpa'lɛrɨ]
colocar papel de parede	**поклеїти шпалерами**	[pok'lɛjitɨ ʃpa'lɛramɨ]
verniz (m)	**лак** (ч)	[lak]
envernizar (vt)	**покривати лаком**	[pokrɨ'watɨ 'lakom]

101. Canalizações

água (f)	**вода** (ж)	[wo'da]
água (f) quente	**гаряча вода** (ж)	[ɦa'rʲatʃa wo'da]
água (f) fria	**холодна вода** (ж)	[ho'lɔdna wo'da]
torneira (f)	**кран** (ч)	[kran]
gota (f)	**крапля** (ж)	['kraplʲa]
gotejar (vi)	**крапати**	['krapatɨ]
vazar (vt)	**протікати**	[proti'katɨ]
vazamento (m)	**протікання** (с)	[proti'kanʲa]
poça (f)	**калюжа** (ж)	[ka'lʲuʒa]
tubo (m)	**труба** (ж)	[tru'ba]
válvula (f)	**вентиль** (ч)	['wɛntɨlʲ]
entupir-se (vr)	**засмітитись**	[zasmi'tɨtɨsʲ]
ferramentas (f pl)	**інструменти** (мн)	[instru'mɛntɨ]
chave (f) inglesa	**розвідний ключ** (ч)	[roz'widnɨj klʲutʃ]
desenroscar (vt)	**відкрутити**	[widkru'tɨtɨ]
enroscar (vt)	**закручувати**	[za'krutʃuwatɨ]
desentupir (vt)	**прочищати**	[protʃɨ'ɕatɨ]
canalizador (m)	**сантехнік** (ч)	[san'tɛhnik]
cave (f)	**підвал** (ч)	[pid'wal]
sistema (m) de esgotos	**каналізація** (ж)	[kanali'zatsʲa]

102. Fogo. Deflagração

incêndio (m)	**пожежа** (ж)	[po'ʒɛʒa]
chama (f)	**полум'я** (с)	['pɔlumʔʲa]
faísca (f)	**іскра** (ж)	['iskra]
fumo (m)	**дим** (ч)	[dɨm]
tocha (f)	**смолоскип** (ч)	[smolos'kɨp]
fogueira (f)	**багаття** (с)	[ba'ɦattʲa]
gasolina (f)	**бензин** (ч)	[bɛn'zɨn]
querosene (m)	**керосин** (ч)	[kɛro'sɨn]

inflamável	горючий	[ɦoˈrʲutʃij]
explosivo	вибухонебезпечний	[wibuɦonɛbɛzˈpɛtʃnij]
PROIBIDO FUMAR!	ПАЛИТИ ЗАБОРОНЕНО	[paˈlitɨ zaboˈrɔnɛno]
segurança (f)	безпека (ж)	[bɛzˈpɛka]
perigo (m)	небезпека (ж)	[nɛbɛzˈpɛka]
perigoso	небезпечний	[nɛbɛzˈpɛtʃnij]
incendiar-se (vr)	загорітися	[zaɦoˈritisʲa]
explosão (f)	вибух (ч)	[ˈwibuɦ]
incendiar (vt)	підпалити	[pidpaˈliti]
incendiário (m)	підпалювач (ч)	[pidˈpalʲuwatʃ]
incêndio (m) criminoso	підпал (ч)	[ˈpidpal]
arder (vi)	палати	[paˈlati]
queimar (vi)	горіти	[ɦoˈriti]
queimar tudo (vi)	згоріти	[zɦoˈriti]
chamar os bombeiros	викликати пожежників	[wikliˈkati poˈʒɛʒnikiw]
bombeiro (m)	пожежник (ч)	[poˈʒɛʒnik]
carro (m) de bombeiros	пожежна машина (ж)	[poˈʒɛʒna maˈʃina]
corpo (m) de bombeiros	пожежна команда (ж)	[poˈʒɛʒna koˈmanda]
escada (f) extensível	висувна драбина (ж)	[wisuwˈna draˈbina]
mangueira (f)	шланг (ч)	[ʃlanɦ]
extintor (m)	вогнегасник (ч)	[woɦnɛˈɦasnik]
capacete (m)	каска (ж)	[ˈkaska]
sirene (f)	сирена (ж)	[siˈrɛna]
gritar (vi)	кричати	[kriˈtʃati]
chamar por socorro	кликати на допомогу	[ˈklikati na dopoˈmɔɦu]
salvador (m)	рятувальник (ч)	[rʲatuˈwalʲnik]
salvar, resgatar (vt)	рятувати	[rʲatuˈwati]
chegar (vi)	приїхати	[priˈjihati]
apagar (vt)	тушити	[tuˈʃiti]
água (f)	вода (ж)	[woˈda]
areia (f)	пісок (ч)	[piˈsɔk]
ruínas (f pl)	руїни (мн)	[ruˈjini]
ruir (vi)	повалитися	[powaˈlitisʲa]
desmoronar (vi)	обвалитися	[obwaˈlitisʲa]
desabar (vi)	завалитися	[zawaˈlitisʲa]
fragmento (m)	уламок (ч)	[uˈlamok]
cinza (f)	попіл (ч)	[ˈpɔpil]
sufocar (vi)	задихнутися	[zadɨhˈnutisʲa]
perecer (vi)	загинути	[zaˈɦinuti]

ATIVIDADES HUMANAS

Emprego. Negócios. Parte 1

103. Escritório. O trabalho no escritório

escritório (~ de advogados)	**офіс** (ч)	['ɔfis]
escritório (do diretor, etc.)	**кабінет** (ч)	[kabi'nɛt]
receção (f)	**ресепшн** (ч)	[rɛ'sɛpʃn]
secretário (m)	**секретар** (ч)	[sɛkrɛ'tar]
secretária (f)	**секретарка** (ж)	[sɛkrɛ'tarka]
diretor (m)	**директор** (ч)	[dɨ'rɛktor]
gerente (m)	**менеджер** (ч)	['mɛnɛdʒɛr]
contabilista (m)	**бухгалтер** (ч)	[buh'ɦaltɛr]
empregado (m)	**робітник** (ч)	[ro'bitnɨk]
mobiliário (m)	**меблі** (мн)	['mɛbli]
mesa (f)	**стіл** (ч)	[stil]
cadeira (f)	**крісло** (с)	['krislo]
bloco (m) de gavetas	**тумбочка** (ж)	['tumbotʃka]
cabide (m) de pé	**вішак** (ч)	[wi'ʃak]
computador (m)	**комп'ютер** (ч)	[kom'pʔʲutɛr]
impressora (f)	**принтер** (ч)	['prɨntɛr]
fax (m)	**факс** (ч)	[faks]
fotocopiadora (f)	**копіювальний апарат** (ч)	[kopiʲu'walʲnɨj apa'rat]
papel (m)	**папір** (ч)	[pa'pir]
artigos (m pl) de escritório	**канцелярське приладдя** (с)	[kantsɛ'lʲarsʲkɛ prɨ'laddʲa]
tapete (m) de rato	**килимок** (ч) **для миші**	[kɨlɨ'mɔk dlʲa 'mɨʃi]
folha (f) de papel	**аркуш** (ч)	['arkuʃ]
pasta (f)	**папка** (ж)	['papka]
catálogo (m)	**каталог** (ч)	[kata'lɔɦ]
diretório (f) telefónico	**довідник** (ч)	[do'widnɨk]
documentação (f)	**документація** (ж)	[dokumɛn'tatsiʲa]
brochura (f)	**брошура** (ж)	[bro'ʃura]
flyer (m)	**листівка** (ж)	[lɨs'tiwka]
amostra (f)	**зразок** (ч)	[zra'zɔk]
formação (f)	**тренінг** (ч)	['trɛninɦ]
reunião (f)	**нарада** (ж)	[na'rada]
hora (f) de almoço	**перерва** (ж) **на обід**	[pɛ'rɛrwa na o'bid]
fazer uma cópia	**робити копію**	[ro'bɨtɨ 'kɔpiʲu]
tirar cópias	**розмножити**	[rozm'nɔʒɨtɨ]
receber um fax	**отримувати факс**	[ot'rɨmuwatɨ faks]
enviar um fax	**відправити факс**	[wid'prawɨtɨ faks]

fazer uma chamada	**зателефонувати**	[zatɛlɛfonu'watɨ]
responder (vt)	**відповісти**	[widpo'wistɨ]
passar (vt)	**з'єднати**	[z'ɛd'natɨ]
marcar (vt)	**призначити**	[prɨz'natʃitɨ]
demonstrar (vt)	**демонструвати**	[dɛmonstru'watɨ]
estar ausente	**бути відсутнім**	['butɨ wid'sutnim]
ausência (f)	**пропуск** (ч)	['prɔpusk]

104. Processos negociais. Parte 1

negócio (m)	**справа** (ж), **бізнес** (ч)	['sprawa], ['biznɛs]
ocupação (f)	**справа** (ж)	['sprawa]
firma, empresa (f)	**фірма** (ж)	['firma]
companhia (f)	**компанія** (ж)	[kom'paniʲa]
corporação (f)	**корпорація** (ж)	[korpo'ratsiʲa]
empresa (f)	**підприємство** (с)	[pidprɨ'ɛmstwo]
agência (f)	**агентство** (с)	[a'ɦɛntstwo]
acordo (documento)	**договір** (ч)	['dɔɦowir]
contrato (m)	**контракт** (ч)	[kon'trakt]
acordo (transação)	**угода** (ж)	[u'ɦɔda]
encomenda (f)	**замовлення** (с)	[za'mɔwlɛnʲa]
cláusulas (f pl), termos (m pl)	**умова** (ж)	[u'mɔwa]
por grosso (adv)	**оптом**	['ɔptom]
por grosso (adj)	**оптовий**	[op'tɔwɨj]
venda (f) por grosso	**оптова торгівля** (ж)	[op'tɔwa tor'ɦiwlʲa]
a retalho	**роздрібний**	[rozd'ribnɨj]
venda (f) a retalho	**продаж** (ч) **в роздріб**	['prɔdaʒ w 'rɔzdrib]
concorrente (m)	**конкурент** (ч)	[konku'rɛnt]
concorrência (f)	**конкуренція** (ж)	[konku'rɛntsiʲa]
competir (vi)	**конкурувати**	[konkuru'watɨ]
sócio (m)	**партнер** (ч)	[part'nɛr]
parceria (f)	**партнерство** (с)	[part'nɛrstwo]
crise (f)	**криза** (ж)	['krɨza]
bancarrota (f)	**банкрутство** (с)	[ban'krutstwo]
entrar em falência	**збанкрутувати**	[zbankrutu'watɨ]
dificuldade (f)	**складність** (ж)	['skladnistʲ]
problema (m)	**проблема** (ж)	[prob'lɛma]
catástrofe (f)	**катастрофа** (ж)	[kata'strɔfa]
economia (f)	**економіка** (ж)	[ɛko'nɔmika]
económico	**економічний**	[ɛkono'mitʃnɨj]
recessão (f) económica	**економічний спад** (ч)	[ɛkono'mitʃnɨj spad]
objetivo (m)	**мета** (ж)	[mɛ'ta]
tarefa (f)	**завдання** (с)	[zaw'danʲa]
comerciar (vi, vt)	**торгувати**	[torɦu'watɨ]
rede (de distribuição)	**мережа** (ж)	[mɛ'rɛʒa]

estoque (m)	**склад** (ч)	['sklad]
sortimento (m)	**асортимент** (ч)	[asorti'mɛnt]
líder (m)	**лідер** (ч)	['lidɛr]
grande (~ empresa)	**великий**	[wɛ'likij]
monopólio (m)	**монополія** (ж)	[mono'pɔlʲa]
teoria (f)	**теорія** (ж)	[tɛ'ɔrʲa]
prática (f)	**практика** (ж)	['praktika]
experiência (falar por ~)	**досвід** (ч)	['dɔswid]
tendência (f)	**тенденція** (ж)	[tɛn'dɛntsʲa]
desenvolvimento (m)	**розвиток** (ч)	['rɔzwitok]

105. Processos negociais. Parte 2

rentabilidade (f)	**вигода** (ж)	['wiɦoda]
rentável	**вигідний**	['wiɦidnij]
delegação (f)	**делегація** (ж)	[dɛlɛ'ɦatsʲa]
salário, ordenado (m)	**заробітна платня** (ж)	[zaro'bitna plat'nʲa]
corrigir (um erro)	**виправляти**	[wipraw'lʲati]
viagem (f) de negócios	**відрядження** (с)	[wid'rʲadʒɛnʲa]
comissão (f)	**комісія** (ж)	[ko'misʲa]
controlar (vt)	**контролювати**	[kontrolʲu'wati]
conferência (f)	**конференція** (ж)	[konfɛ'rɛntsʲa]
licença (f)	**ліцензія** (ж)	[li'tsɛnzʲa]
confiável	**надійний**	[na'dijnij]
empreendimento (m)	**починання** (с)	[potʃi'nanʲa]
norma (f)	**норма** (ж)	['nɔrma]
circunstância (f)	**обставина** (ж)	[ob'stawina]
dever (m)	**обов'язок** (ч)	[o'bɔwʔʲazok]
empresa (f)	**організація** (ж)	[orɦani'zatsʲa]
organização (f)	**організація** (ж)	[orɦani'zatsʲa]
organizado	**організований**	[orɦani'zɔwanij]
anulação (f)	**скасування** (с)	[skasu'wanʲa]
anular, cancelar (vt)	**скасувати**	[skasu'wati]
relatório (m)	**звіт** (ч)	[zwit]
patente (f)	**патент** (ч)	[pa'tɛnt]
patentear (vt)	**патентувати**	[patɛntu'wati]
planear (vt)	**планувати**	[planu'wati]
prémio (m)	**премія** (ж)	['prɛmʲa]
profissional	**професійний**	[profɛ'sijnij]
procedimento (m)	**процедура** (ж)	[protsɛ'dura]
examinar (a questão)	**розглянути**	[rozɦ'lʲanuti]
cálculo (m)	**розрахунок** (ч)	[rozra'hunok]
reputação (f)	**репутація** (ж)	[rɛpu'tatsʲa]
risco (m)	**ризик** (ч)	['rizik]
dirigir (~ uma empresa)	**керувати**	[kɛru'wati]

informação (f)	**відомості** (мн)	[wi'dɔmosti]
propriedade (f)	**власність** (ж)	['wlasnistʲ]
união (f)	**союз** (ч)	[so'ʲuz]
seguro (m) de vida	**страхування** (с) **життя**	[strahu'wanja ʒɨt'tʲa]
fazer um seguro	**страхувати**	[strahu'watɨ]
seguro (m)	**страхування** (с)	[strahu'wanʲa]
leilão (m)	**торги** (мн)	[tor'ɦɨ]
notificar (vt)	**повідомити**	[powi'dɔmɨtɨ]
gestão (f)	**управління** (с)	[upraw'linʲa]
serviço (indústria de ~s)	**послуга** (ж)	['pɔsluɦa]
fórum (m)	**форум** (ч)	['fɔrum]
funcionar (vi)	**функціонувати**	[funkʦionu'watɨ]
estágio (m)	**етап** (ч)	[ɛ'tap]
jurídico	**юридичний**	[ʲurɨ'dɨʧnɨj]
jurista (m)	**юрист** (ч)	[ʲu'rɨst]

106. Produção. Trabalhos

usina (f)	**завод** (ч)	[za'wɔd]
fábrica (f)	**фабрика** (ж)	['fabrɨka]
oficina (f)	**цех** (ч)	[ʦɛh]
local (m) de produção	**виробництво** (с)	[wɨrob'nɨʦtwo]
indústria (f)	**промисловість** (ж)	[promɨs'lɔwistʲ]
industrial	**промисловий**	[promɨs'lɔwɨj]
indústria (f) pesada	**важка промисловість** (ж)	[waʒ'ka promɨs'lɔwistʲ]
indústria (f) ligeira	**легка промисловість** (ж)	[lɛɦ'ka promɨs'lɔwistʲ]
produção (f)	**продукція** (ж)	[pro'dukʦiʲa]
produzir (vt)	**виробляти**	[wɨrob'lʲatɨ]
matérias-primas (f pl)	**сировина** (ж)	[sɨrowɨ'na]
chefe (m) de brigada	**бригадир** (ч)	[brɨɦa'dɨr]
brigada (f)	**бригада** (ж)	[brɨ'ɦada]
operário (m)	**робітник** (ч)	[robit'nɨk]
dia (m) de trabalho	**робочий день** (ч)	[ro'bɔʧɨj dɛnʲ]
pausa (f)	**перерва** (ж)	[pɛ'rɛrwa]
reunião (f)	**збори** (мн)	['zbɔrɨ]
discutir (vt)	**обговорювати**	[obɦo'wɔrʲuwatɨ]
plano (m)	**план** (ч)	[plan]
cumprir o plano	**виконати план**	['wɨkonatɨ plan]
taxa (f) de produção	**норма** (ж) **виробництва**	['nɔrma wɨrob'nɨʦtwa]
qualidade (f)	**якість** (ж)	['ʲakistʲ]
controlo (m)	**контроль** (ч)	[kon'trɔlʲ]
controlo (m) da qualidade	**контроль** (ч) **якості**	[kon'trɔlʲ 'jakosti]
segurança (f) no trabalho	**безпека** (ж) **праці**	[bɛz'pɛka 'praʦi]
disciplina (f)	**дисципліна** (ж)	[dɨsʦɨp'lina]
infração (f)	**порушення** (с)	[po'ruʃɛnʲa]

violar (as regras)	**порушувати**	[po'ruʃuwatɨ]
greve (f)	**страйк** (ч)	['strajk]
grevista (m)	**страйкар** (ч)	[straj'kar]
estar em greve	**страйкувати**	[strajku'watɨ]
sindicato (m)	**профспілка** (ж)	[profs'pilka]
inventar (vt)	**винаходити**	[wɨna'hɔditɨ]
invenção (f)	**винахід** (ч)	['wɨnahid]
pesquisa (f)	**дослідження** (с)	[do'slidʒɛnʲa]
melhorar (vt)	**покращувати**	[pok'raɕuwatɨ]
tecnologia (f)	**технологія** (ж)	[tɛhno'lɔɦiʲa]
desenho (m) técnico	**креслення** (с)	['krɛslɛnʲa]
carga (f)	**вантаж** (ч)	[wan'taʒ]
carregador (m)	**вантажник** (ч)	[wan'taʒnɨk]
carregar (vt)	**вантажити**	[wan'taʒitɨ]
carregamento (m)	**завантаження** (с)	[zawan'taʒɛnʲa]
descarregar (vt)	**розвантажувати**	[rozwan'taʒuwatɨ]
descarga (f)	**розвантаження** (с)	[rozwan'taʒɛnʲa]
transporte (m)	**транспорт** (ч)	['transport]
companhia (f) de transporte	**транспортна компанія** (ж)	['transportna kom'paniʲa]
transportar (vt)	**транспортувати**	[transportu'watɨ]
vagão (m) de carga	**товарний вагон** (ч)	[to'warnɨj wa'ɦɔn]
cisterna (f)	**цистерна** (ж)	[ʦɨs'tɛrna]
camião (m)	**вантажівка** (ж)	[wanta'ʒiwka]
máquina-ferramenta (f)	**станок** (ч)	[sta'nɔk]
mecanismo (m)	**механізм** (ч)	[mɛha'nizm]
resíduos (m pl) industriais	**відходи** (мн)	[wid'hɔdɨ]
embalagem (f)	**пакування** (с)	[paku'wanʲa]
embalar (vt)	**упакувати**	[upaku'watɨ]

107. Contrato. Acordo

contrato (m)	**контракт** (ч)	[kon'trakt]
acordo (m)	**угода** (ж)	[u'ɦɔda]
adenda (f), anexo (m)	**додаток** (ч)	[do'datok]
assinar o contrato	**укласти контракт**	[uk'lastɨ kon'trakt]
assinatura (f)	**підпис** (ч)	['pidpɨs]
assinar (vt)	**підписати**	[pidpɨ'satɨ]
carimbo (m)	**печатка** (ж)	[pɛ'ʧatka]
objeto (m) do contrato	**предмет** (ч) **договору**	[prɛd'mɛt 'dɔɦoworu]
cláusula (f)	**пункт** (ч)	[punkt]
partes (f pl)	**сторони** (мн)	['stɔronɨ]
morada (f) jurídica	**юридична адреса** (ж)	[ʲurɨ'dɨʧna ad'rɛsa]
violar o contrato	**порушити контракт**	[po'ruʃɨtɨ kont'rakt]
obrigação (f)	**зобов'язання** (с)	[zobo'wʔʲazanʲa]
responsabilidade (f)	**відповідальність** (ж)	[widpowi'dalʲnistʲ]

força (f) maior	**форс-мажор** (ч)	[fors ma'ʒɔr]
litígio (m), disputa (f)	**суперечка** (ж)	[supɛ'rɛʧka]
multas (f pl)	**штрафні санкції** (мн)	[ʃtraf'ni 'sankʦiji]

108. Importação & Exportação

importação (f)	**імпорт** (ч)	['import]
importador (m)	**імпортер** (ч)	[impor'tɛr]
importar (vt)	**імпортувати**	[importu'wati]
de importação	**імпортний**	['importnij]
exportação (f)	**експорт** (ч)	['ɛksport]
exportador (m)	**експортер** (ч)	[ɛkspor'tɛr]
exportar (vt)	**експортувати**	[ɛksportu'wati]
de exportação	**експортний**	['ɛksportnij]
mercadoria (f)	**товар** (ч)	[to'war]
lote (de mercadorias)	**партія** (ж)	['partiʲa]
peso (m)	**вага** (ж)	[wa'ɦa]
volume (m)	**об'єм** (ч)	[o'bˀɛm]
metro (m) cúbico	**кубічний метр** (ч)	[ku'biʧnij mɛtr]
produtor (m)	**виробник** (ч)	[wirob'nik]
companhia (f) de transporte	**транспортна компанія** (ж)	['transportna kom'paniʲa]
contentor (m)	**контейнер** (ч)	[kon'tɛjnɛr]
fronteira (f)	**кордон** (ч)	[kor'dɔn]
alfândega (f)	**митниця** (ж)	['mitniʦʲa]
taxa (f) alfandegária	**митний збір** (ч)	['mitnij zbir]
funcionário (m) da alfândega	**митник** (ч)	['mitnik]
contrabando (atividade)	**контрабанда** (ж)	[kontra'banda]
contrabando (produtos)	**контрабанда** (ж)	[kontra'banda]

109. Finanças

ação (f)	**акція** (ж)	['akʦiʲa]
obrigação (f)	**облігація** (ж)	[obli'ɦaʦiʲa]
nota (f) promissória	**вексель** (ч)	['wɛksɛlʲ]
bolsa (f)	**біржа** (ж)	['birʒa]
cotação (m) das ações	**курс** (ч) **акцій**	[kurs 'akʦij]
tornar-se mais barato	**подешевшати**	[podɛ'ʃɛwʃati]
tornar-se mais caro	**подорожчати**	[podo'rɔʒʧati]
parte (f)	**частка** (ж), **пай** (ч)	['ʧastka], [paj]
participação (f) maioritária	**контрольний пакет** (ч)	[kon'trɔlʲnij pa'kɛt]
investimento (m)	**інвестиції** (мн)	[inwɛs'tiʦiji]
investir (vt)	**інвестувати**	[inwɛstu'wati]
percentagem (f)	**відсоток** (ч)	[wid'sɔtok]
juros (m pl)	**відсотки** (мн)	[wid'sɔtki]

lucro (m)	**прибуток** (ч)	[prɨ'butok]
lucrativo	**прибутковий**	[prɨbut'kɔwɨj]
imposto (m)	**податок** (ч)	[po'datok]
divisa (f)	**валюта** (ж)	[wa'lʲuta]
nacional	**національний**	[natsio'nalʲnɨj]
câmbio (m)	**обмін** (ч)	['ɔbmin]
contabilista (m)	**бухгалтер** (ч)	[buh'ɦaltɛr]
contabilidade (f)	**бухгалтерія** (ж)	[buhɦal'tɛrʲa]
bancarrota (f)	**банкрутство** (с)	[ban'krutstwo]
falência (f)	**крах** (ч)	[krah]
ruína (f)	**розорення** (с)	[ro'zɔrɛnʲa]
arruinar-se (vr)	**розоритися**	[rozo'rɨtisʲa]
inflação (f)	**інфляція** (ж)	[inf'lʲatsʲa]
desvalorização (f)	**девальвація** (ж)	[dɛwalʲ'watsʲa]
capital (m)	**капітал** (ч)	[kapi'tal]
rendimento (m)	**прибуток** (ч)	[prɨ'butok]
volume (m) de negócios	**обіг** (ч)	['ɔbiɦ]
recursos (m pl)	**ресурси** (мн)	[rɛ'sursɨ]
recursos (m pl) financeiros	**кошти** (мн)	['kɔʃtɨ]
despesas (f pl) gerais	**накладні витрати** (мн)	[naklad'ni 'wɨtratɨ]
reduzir (vt)	**скоротити**	[skoro'tɨtɨ]

110. Marketing

marketing (m)	**маркетинг** (ч)	[mar'kɛtɨnɦ]
mercado (m)	**ринок** (ч)	['rɨnok]
segmento (m) do mercado	**сегмент** (ч) **ринку**	[sɛɦ'mɛnt 'rɨnku]
produto (m)	**продукт** (ч)	[pro'dukt]
mercadoria (f)	**товар** (ч)	[to'war]
marca (f)	**марка** (ж)**, бренд** (ч)	['marka], ['brɛnd]
marca (f) comercial	**торгова марка** (ж)	[tor'ɦɔwa 'marka]
logotipo (m)	**фірмовий знак** (ч)	['firmowɨj 'znak]
logo (m)	**логотип** (ч)	[loɦo'tɨp]
demanda (f)	**попит** (ч)	['pɔpɨt]
oferta (f)	**пропозиція** (ж)	[propo'zɨtsʲa]
necessidade (f)	**потреба** (ж)	[pot'rɛba]
consumidor (m)	**споживач** (ч)	[spoʒɨ'watʃ]
análise (f)	**аналіз** (ч)	[a'naliz]
analisar (vt)	**аналізувати**	[analizu'watɨ]
posicionamento (m)	**позиціонування** (с)	[pozɨtsionu'wanʲa]
posicionar (vt)	**позиціонувати**	[pozɨtsionu'watɨ]
preço (m)	**ціна** (ж)	[tsi'na]
política (f) de preços	**цінова політика** (ж)	[tsino'wa po'litika]
formação (f) de preços	**ціноутворення** (с)	[tsinout'wɔrɛnʲa]

111. Publicidade

publicidade (f)	**реклама** (ж)	[rɛk'lama]
publicitar (vt)	**рекламувати**	[rɛklamu'watɨ]
orçamento (m)	**бюджет** (ч)	[bʲu'ʤɛt]
anúncio (m) publicitário	**реклама** (ж)	[rɛk'lama]
publicidade (f) televisiva	**телереклама** (ж)	['tɛlɛ rɛk'lama]
publicidade (f) na rádio	**реклама** (ж) **на радіо**	[rɛk'lama na 'radio]
publicidade (f) exterior	**зовнішня реклама** (ж)	['zɔwniʃnʲa rɛklama]
comunicação (f) de massa	**засоби масової інформації**	['zasobɨ 'masowojɨ infor'matsijɨ]
periódico (m)	**періодичне видання** (с)	[pɛrio'dɨʧnɛ wɨda'nʲa]
imagem (f)	**імідж** (ч)	['imiʤ]
slogan (m)	**гасло** (с)	['ɦaslo]
mote (m), divisa (f)	**девіз** (ч)	[dɛ'wiz]
campanha (f)	**кампанія** (ж)	[kam'panʲʲa]
companha (f) publicitária	**рекламна кампанія** (ж)	[rɛk'lamna kam'panʲʲa]
grupo (m) alvo	**цільова аудиторія** (ж)	[tsilʲo'wa audɨ'tɔrʲʲa]
cartão (m) de visita	**візитка** (ж)	[wi'zɨtka]
flyer (m)	**листівка** (ж)	[lɨs'tiwka]
brochura (f)	**брошура** (ж)	[bro'ʃura]
folheto (m)	**буклет** (ч)	[buk'lɛt]
boletim (~ informativo)	**бюлетень** (ч)	[bʲulɛ'tɛnʲ]
letreiro (m)	**вивіска** (ж)	['wɨwiska]
cartaz, póster (m)	**плакат** (ч)	[pla'kat]
painel (m) publicitário	**рекламний щит** (ч)	[rɛk'lamnɨj ɕit]

112. Banca

banco (m)	**банк** (ч)	[bank]
sucursal, balcão (f)	**відділення** (с)	[wid'dilɛnʲa]
consultor (m)	**консультант** (ч)	[konsulʲ'tant]
gerente (m)	**керівник** (ч)	[kɛriw'nɨk]
conta (f)	**рахунок** (ч)	[ra'hunok]
número (m) da conta	**номер** (ч) **рахунка**	['nɔmɛr ra'hunka]
conta (f) corrente	**поточний рахунок** (ч)	[po'tɔʧnɨj ra'hunok]
conta (f) poupança	**накопичувальний рахунок** (ч)	[nako'pɨʧuwalʲnɨj ra'hunok]
abrir uma conta	**відкрити рахунок**	[wid'krɨtɨ ra'hunok]
fechar uma conta	**закрити рахунок**	[za'krɨtɨ ra'hunok]
depositar na conta	**покласти на рахунок**	[pok'lastɨ na ra'hunok]
levantar (vt)	**зняти з рахунку**	['znʲatɨ z ra'hunku]
depósito (m)	**внесок** (ч)	['wnɛsok]
fazer um depósito	**зробити внесок**	[zro'bɨtɨ 'wnɛsok]

transferência (f) bancária	переказ (ч)	[pɛ'rɛkaz]
transferir (vt)	зробити переказ	[zro'bitɨ pɛ'rɛkaz]
soma (f)	сума (ж)	['suma]
Quanto?	Скільки?	['skilʲki]
assinatura (f)	підпис (ч)	['pidpis]
assinar (vt)	підписати	[pidpiˈsatɨ]
cartão (m) de crédito	кредитна картка (ж)	[krɛ'ditna 'kartka]
código (m)	код (ч)	[kod]
número (m) do cartão de crédito	номер (ч) кредитної картки	['nɔmɛr krɛ'ditnoji 'kartki]
Caixa Multibanco (m)	банкомат (ч)	[banko'mat]
cheque (m)	чек (ч)	[ʧɛk]
passar um cheque	виписати чек	['wɨpisatɨ 'ʧɛk]
livro (m) de cheques	чекова книжка (ж)	['ʧɛkowa 'knɨʒka]
empréstimo (m)	кредит (ч)	[krɛ'dit]
pedir um empréstimo	звертатися за кредитом	[zwɛr'tatisʲa za krɛ'dɨtom]
obter um empréstimo	брати кредит	['bratɨ krɛ'dit]
conceder um empréstimo	надавати кредит	[nada'watɨ krɛ'dit]
garantia (f)	застава (ж)	[za'stawa]

113. Telefone. Conversação telefónica

telefone (m)	телефон (ч)	[tɛlɛ'fɔn]
telemóvel (m)	мобільний телефон (ч)	[mo'bilʲnɨj tɛlɛ'fɔn]
secretária (f) electrónica	автовідповідач (ч)	[awtowidpowi'daʧ]
fazer uma chamada	зателефонувати	[zatɛlɛfonu'watɨ]
chamada (f)	дзвінок (ч)	[dzwi'nɔk]
marcar um número	набрати номер	[nab'ratɨ 'nɔmɛr]
Alô!	Алло!	[a'lɔ]
perguntar (vt)	запитати	[zapi'tatɨ]
responder (vt)	відповісти	[widpo'wistɨ]
ouvir (vt)	чути	['ʧutɨ]
bem	добре	['dɔbrɛ]
mal	погано	[po'ɦano]
ruído (m)	перешкоди (мн)	[pɛrɛʃ'kɔdɨ]
auscultador (m)	трубка (ж)	['trubka]
pegar o telefone	зняти трубку	['znʲatɨ 'trubku]
desligar (vi)	покласти трубку	[pok'lastɨ t'rubku]
ocupado	зайнятий	['zajnʲatɨj]
tocar (vi)	дзвонити	[dzwo'nitɨ]
lista (f) telefónica	телефонна книга (ж)	[tɛlɛ'fɔna 'kniɦa]
local	місцевий	[mis'tsɛwɨj]
chamada (f) local	місцевий зв'язок (ч)	[mis'tsɛwɨj 'zwʲazok]

de longa distância	міжміський	[miʒmisʲˈkij]
chamada (f) de longa distância	міжміський зв'язок (ч)	[miʒmisʲˈkij ˈzwʲazok]
internacional	міжнародний	[miʒnaˈrɔdnij]
chamada (f) internacional	міжнародний зв'язок (ч)	[miʒnaˈrɔdnij ˈzwʲazok]

114. Telefone móvel

telemóvel (m)	мобільний телефон (ч)	[moˈbilʲnij tɛlɛˈfɔn]
ecrã (m)	дисплей (ч)	[dɨsˈplɛj]
botão (m)	кнопка (ж)	[ˈknɔpka]
cartão SIM (m)	SIM-карта (ж)	[sim ˈkarta]
bateria (f)	батарея (ж)	[bataˈrɛʲa]
descarregar-se	розрядитися	[rozrʲaˈditisʲa]
carregador (m)	зарядний пристрій (ч)	[zaˈrʲadnij ˈpristrij]
menu (m)	меню (с)	[mɛˈnʲu]
definições (f pl)	настройки (мн)	[naˈstrɔjki]
melodia (f)	мелодія (ж)	[mɛˈlɔdiʲa]
escolher (vt)	вибрати	[ˈwibrati]
calculadora (f)	калькулятор (ч)	[kalʲkuˈlʲator]
correio (m) de voz	автовідповідач (ч)	[awtowidpowiˈdatʃ]
despertador (m)	будильник (ч)	[buˈdilʲnik]
contatos (m pl)	телефонна книга (ж)	[tɛlɛˈfɔna ˈkniɦa]
mensagem (f) de texto	SMS-повідомлення (с)	[ɛsɛˈmɛs powiˈdɔmlɛnʲa]
assinante (m)	абонент (ч)	[aboˈnɛnt]

115. Estacionário

caneta (f)	авторучка (ж)	[awtoˈrutʃka]
caneta (f) tinteiro	ручка-перо (с)	[ˈrutʃka pɛˈrɔ]
lápis (m)	олівець (ч)	[oliˈwɛts]
marcador (m)	маркер (ч)	[ˈmarkɛr]
caneta (f) de feltro	фломастер (ч)	[floˈmastɛr]
bloco (m) de notas	блокнот (ч)	[blokˈnɔt]
agenda (f)	щоденник (ч)	[ɕoˈdɛnik]
régua (f)	лінійка (ж)	[liˈnijka]
calculadora (f)	калькулятор (ч)	[kalʲkuˈlʲator]
borracha (f)	гумка (ж)	[ˈɦumka]
pionés (m)	кнопка (ж)	[ˈknɔpka]
clipe (m)	скріпка (ж)	[ˈskripka]
cola (f)	клей (ч)	[klɛj]
agrafador (m)	степлер (ч)	[ˈstɛplɛr]
furador (m)	діркопробивач (ч)	[dirkoprobiˈwatʃ]
afia-lápis (m)	стругачка (ж)	[struˈɦatʃka]

116. Vários tipos de documentos

relatório (m)	**звіт** (ч)	[zwit]
acordo (m)	**угода** (ж)	[u'ɦɔda]
ficha (f) de inscrição	**заявка** (ж)	[za'ʲawka]
autêntico	**оригінальний**	[oriɦi'nalʲnɨj]
crachá (m)	**бейдж** (ч)	[bɛjdʒ]
cartão (m) de visita	**візитка** (ж)	[wi'zitka]

certificado (m)	**сертифікат** (ч)	[sɛrtɨfi'kat]
cheque (m)	**чек** (ч)	[ʧɛk]
conta (f)	**рахунок** (ч)	[ra'hunok]
constituição (f)	**конституція** (ж)	[konstɨ'tuʦiʲa]

contrato (m)	**договір** (ч)	['dɔɦowir]
cópia (f)	**копія** (ж)	['kɔpiʲa]
exemplar (m)	**примірник** (ч)	[prɨ'mirnɨk]

declaração (f) alfandegária	**митна декларація** (ж)	['mɨtna dɛkla'raʦiʲa]
documento (m)	**документ** (ч)	[doku'mɛnt]
carta (f) de condução	**посвідчення** (с) **водія**	[pos'widʧɛnja wodi'ʲa]
adenda (ao contrato)	**додаток** (ч)	[do'datok]
questionário (m)	**анкета** (ж)	[an'kɛta]

bilhete (m) de identidade	**посвідчення** (с)	[pos'widʧɛnʲa]
inquérito (m)	**запит** (ч)	['zapɨt]
convite (m)	**запрошення** (с)	[za'prɔʃɛnʲa]
fatura (f)	**рахунок** (ч)	[ra'hunok]

lei (f)	**закон** (ч)	[za'kɔn]
carta (correio)	**лист** (ч)	[lɨst]
papel (m) timbrado	**бланк** (ч)	[blank]
lista (f)	**список** (ч)	['spɨsok]
manuscrito (m)	**рукопис** (ч)	[ru'kɔpɨs]
boletim (~ informativo)	**бюлетень** (ч)	[bʲulɛ'tɛnʲ]
bilhete (mensagem breve)	**записка** (ж)	[za'pɨska]

passe (m)	**перепустка** (ж)	[pɛ'rɛpustka]
passaporte (m)	**паспорт** (ч)	['pasport]
permissão (f)	**дозвіл** (ч)	['dɔzwil]
CV, currículo (m)	**резюме** (с)	[rɛzʲu'mɛ]
vale (nota promissória)	**розписка** (ж)	[roz'pɨska]
recibo (m)	**квитанція** (ж)	[kwɨ'tanʦiʲa]
talão (f)	**чек** (ч)	[ʧɛk]
relatório (m)	**рапорт** (ч)	['raport]

mostrar (vt)	**пред'являти**	[prɛdˀʲaw'lʲatɨ]
assinar (vt)	**підписати**	[pidpɨ'satɨ]
assinatura (f)	**підпис** (ч)	['pidpɨs]
carimbo (m)	**печатка** (ж)	[pɛ'ʧatka]
texto (m)	**текст** (ч)	[tɛkst]
bilhete (m)	**квиток** (ч)	[kwɨ'tɔk]

riscar (vt)	**закреслити**	[za'krɛslɨtɨ]
preencher (vt)	**заповнити**	[za'pɔwnɨtɨ]

guia (f) de remessa	**накладна** (ж)	[naklad'na]
testamento (m)	**заповіт** (ч)	[zapo'wit]

117. Tipos de negócios

serviços (m pl) de contabilidade	**бухгалтерські послуги** (мн)	[buh'ɦaltɛrsʲki 'pɔsluɦɨ]
publicidade (f)	**реклама** (ж)	[rɛk'lama]
agência (f) de publicidade	**рекламне агентство** (с)	[rɛk'lamnɛ a'ɦɛntstwo]
ar (m) condicionado	**кондиціонери** (мн)	[kondɨtsi'ɔnɛrɨ]
companhia (f) aérea	**авіакомпанія** (ж)	[awiakom'panʲa]
bebidas (f pl) alcoólicas	**спиртні напої** (мн)	[spɨrt'ni na'pɔjɨ]
comércio (m) de antiguidades	**антикваріат** (ч)	[antɨkwari'at]
galeria (f) de arte	**арт-галерея** (ж)	[art ɦalɛ'rɛʲa]
serviços (m pl) de auditoria	**аудиторські послуги** (мн)	[au'dɨtorsʲki 'pɔsluɦɨ]
negócios (m pl) bancários	**банківський бізнес** (ч)	['bankiwsʲkɨj 'biznɛs]
bar (m)	**бар** (ч)	[bar]
salão (m) de beleza	**салон** (ч) **краси**	[sa'lɔn kra'sɨ]
livraria (f)	**книгарня** (ж)	[knɨ'ɦarnʲa]
cervejaria (f)	**броварня** (ж)	[bro'warnʲa]
centro (m) de escritórios	**бізнес-центр** (ч)	['biznɛs 'tsɛntr]
escola (f) de negócios	**бізнес-школа** (ж)	['biznɛs 'ʃkɔla]
casino (m)	**казино** (с)	[kazɨ'nɔ]
construção (f)	**будівництво** (с)	[budiw'nɨtstwo]
serviços (m pl) de consultoria	**консалтинг** (ч)	[kon'saltɨnɦ]
estomatologia (f)	**стоматологія** (ж)	[stomato'lɔɦiʲa]
design (m)	**дизайн** (ч)	[dɨ'zajn]
farmácia (f)	**аптека** (ж)	[ap'tɛka]
lavandaria (f)	**хімчистка** (ж)	[him'tʃɨstka]
agência (f) de emprego	**кадрове агентство** (с)	['kadrowɛ a'ɦɛntstwo]
serviços (m pl) financeiros	**фінансові послуги** (мн)	[fi'nansowi 'pɔsluɦɨ]
alimentos (m pl)	**продукти** (мн) **харчування**	[pro'duktɨ hartʃu'wanʲa]
agência (f) funerária	**похоронне бюро** (с)	[poho'rɔnɛ bʲuro]
mobiliário (m)	**меблі** (мн)	['mɛbli]
roupa (f)	**одяг** (ч)	['ɔdʲaɦ]
hotel (m)	**готель** (ч)	[ɦo'tɛlʲ]
gelado (m)	**морозиво** (с)	[mo'rɔzɨwo]
indústria (f)	**промисловість** (ж)	[promɨs'lɔwistʲ]
seguro (m)	**страхування** (с)	[strahu'wanʲa]
internet (f)	**інтернет** (ч)	[intɛr'nɛt]
investimento (m)	**інвестиції** (мн)	[inwɛs'tɨtsijɨ]
joalheiro (m)	**ювелір** (ч)	[ʲuwɛ'lir]
joias (f pl)	**ювелірні вироби** (мн)	[ʲuwɛ'lirni 'wɨrobɨ]
lavandaria (f)	**пральня** (ж)	['pralʲnʲa]
serviços (m pl) jurídicos	**юридичні послуги** (мн)	[ʲurɨ'dɨtʃni 'pɔsluɦɨ]
indústria (f) ligeira	**легка промисловість** (ж)	[lɛɦ'ka promɨs'lɔwistʲ]
revista (f)	**журнал** (ч)	[ʒur'nal]

vendas (f pl) por catálogo	**торгівля** (ж) **за каталогом**	[tor'ɦiwlʲa za kata'lɔɦom]
medicina (f)	**медицина** (ж)	[mɛdɨ'ʦɨna]
cinema (m)	**кінотеатр** (ч)	[kinotɛ'atr]
museu (m)	**музей** (ч)	[mu'zɛj]
agência (f) de notícias	**інформаційне агентство** (с)	[informa'ʦijnɛ a'ɦɛnʦtwo]
jornal (m)	**газета** (ж)	[ɦa'zɛta]
clube (m) noturno	**нічний клуб** (ч)	[niʧ'nɨj klub]
petróleo (m)	**нафта** (ж)	['nafta]
serviço (m) de encomendas	**кур'єрська служба** (ж)	[ku'rˀɛrsʲka 'sluʒba]
indústria (f) farmacêutica	**фармацевтика** (ж)	[farma'ʦɛwtɨka]
poligrafia (f)	**поліграфія** (ж)	[poliɦra'fiʲa]
editora (f)	**видавництво** (с)	[wɨdaw'nɨʦtwo]
rádio (m)	**радіо** (с)	['radio]
imobiliário (m)	**нерухомість** (ж)	[nɛru'hɔmistʲ]
restaurante (m)	**ресторан** (ч)	[rɛsto'ran]
empresa (f) de segurança	**охоронне агентство** (с)	[oho'rɔnɛ a'ɦɛnʦtwo]
desporto (m)	**спорт** (ч)	[sport]
bolsa (f)	**біржа** (ж)	['birʒa]
loja (f)	**магазин** (ч)	[maɦa'zɨn]
supermercado (m)	**супермаркет** (ч)	[supɛr'markɛt]
piscina (f)	**басейн** (ч)	[ba'sɛjn]
alfaiataria (f)	**ательє** (с)	[atɛ'ljɛ]
televisão (f)	**телебачення** (с)	[tɛlɛ'baʧɛnʲa]
teatro (m)	**театр** (ч)	[tɛ'atr]
comércio (atividade)	**торгівля** (ж)	[tor'ɦiwlʲa]
serviços (m pl) de transporte	**перевезення** (с)	[pɛrɛ'wɛzɛnʲa]
viagens (f pl)	**туризм** (ч)	[tu'rɨzm]
veterinário (m)	**ветеринар** (ч)	[wɛtɛrɨ'nar]
armazém (m)	**склад** (ч)	['sklad]
recolha (f) do lixo	**вивіз** (ч) **сміття**	['wɨwiz smit'tʲa]

Emprego. Negócios. Parte 2

118. Espetáculo. Feira

feira (f)	**виставка** (ж)	['wɨstawka]
feira (f) comercial	**торгівельна виставка** (ж)	[torɦi'wɛlʲna 'wɨstawka]
participação (f)	**участь** (ж)	['uʧastʲ]
participar (vi)	**брати участь**	['bratɨ 'uʧastʲ]
participante (m)	**учасник** (ч)	[u'ʧasnɨk]
diretor (m)	**директор** (ч)	[dɨ'rɛktor]
direção (f)	**дирекція** (ж)	[dɨ'rɛkʦiʲa]
organizador (m)	**організатор** (ч)	[orɦani'zator]
organizar (vt)	**організовувати**	[orɦani'zɔwuwatɨ]
ficha (f) de inscrição	**заявка** (ж) **на участь**	[za'ʲawka na 'uʧastʲ]
preencher (vt)	**заповнити**	[za'pɔwnɨtɨ]
detalhes (m pl)	**деталі** (мн)	[dɛ'tali]
informação (f)	**інформація** (ж)	[infor'maʦiʲa]
preço (m)	**ціна** (ж)	[ʦi'na]
incluindo	**включно**	['wklʲuʧno]
incluir (vt)	**включати**	[wklʲu'ʧatɨ]
pagar (vt)	**платити**	[pla'tɨtɨ]
taxa (f) de inscrição	**реєстраційний внесок** (ч)	[rɛɛstra'ʦijnɨj 'wnɛsok]
entrada (f)	**вхід** (ч)	[whid]
pavilhão (m)	**павільйон** (ч)	[pawilʲ'jɔn]
inscrever (vt)	**реєструвати**	[rɛɛstru'watɨ]
crachá (m)	**бейдж** (ч)	[bɛjʤ]
stand (m)	**виставковий стенд** (ч)	[wɨstaw'kɔwɨj stɛnd]
reservar (vt)	**резервувати**	[rɛzɛrwu'watɨ]
vitrina (f)	**вітрина** (ж)	[wi'trɨna]
foco, spot (m)	**світильник** (ч)	[swi'tɨlʲnɨk]
design (m)	**дизайн** (ч)	[dɨ'zajn]
pôr, colocar (vt)	**розташовувати**	[rozta'ʃɔwuwatɨ]
ser colocado, -a	**розташовуватися**	[rozta'ʃowuwatɨsʲa]
distribuidor (m)	**дистриб'ютор** (ч)	[dɨstrɨ'bʔʲutor]
fornecedor (m)	**постачальник** (ч)	[posta'ʧalʲnɨk]
fornecer (vt)	**постачати**	[posta'ʧatɨ]
país (m)	**країна** (ж)	[kra'jɨna]
estrangeiro	**іноземний**	[ino'zɛmnɨj]
produto (m)	**продукт** (ч)	[pro'dukt]
associação (f)	**асоціація** (ж)	[asoʦi'aʦiʲa]
sala (f) de conferências	**конференц-зал** (ч)	[konfɛ'rɛnʦ zal]

| congresso (m) | конгрес (ч) | [kon'ɦrɛs] |
| concurso (m) | конкурс (ч) | ['kɔnkurs] |

visitante (m)	відвідувач (ч)	[wid'widuwatʃ]
visitar (vt)	відвідувати	[wid'widuwati]
cliente (m)	замовник (ч)	[za'mɔwnik]

119. Media

jornal (m)	газета (ж)	[ɦa'zɛta]
revista (f)	журнал (ч)	[ʒur'nal]
imprensa (f)	преса (ж)	['prɛsa]
rádio (m)	радіо (с)	['radio]
estação (f) de rádio	радіостанція (ж)	[radios'tantsi̯a]
televisão (f)	телебачення (с)	[tɛlɛ'batʃɛn̯a]

apresentador (m)	ведучий (ч)	[wɛ'dutʃij]
locutor (m)	диктор (ч)	['diktor]
comentador (m)	коментатор (ч)	[komɛn'tator]

jornalista (m)	журналіст (ч)	[ʒurna'list]
correspondente (m)	кореспондент (ч)	[korɛspon'dɛnt]
repórter (m) fotográfico	фотокореспондент (ч)	['foto korɛspon'dɛnt]
repórter (m)	репортер (ч)	[rɛpor'tɛr]

| redator (m) | редактор (ч) | [rɛ'daktor] |
| redator-chefe (m) | головний редактор (ч) | [ɦolow'nij rɛ'daktor] |

assinar a ...	передплатити	[pɛrɛdpla'titi]
assinatura (f)	передплата (ж)	[pɛrɛdp'lata]
assinante (m)	передплатник (ч)	[pɛrɛdp'latnik]
ler (vt)	читати	[tʃi'tati]
leitor (m)	читач (ч)	[tʃi'tatʃ]

tiragem (f)	наклад (ч)	['naklad]
mensal	щомісячний	[ɕo'misʲatʃnij]
semanal	щотижневий	[ɕotiʒ'nɛwij]
número (jornal, revista)	номер (ч)	['nɔmɛr]
recente	свіжий	['swiʒij]

manchete (f)	заголовок (ч)	[zaɦo'lɔwok]
pequeno artigo (m)	замітка (ж)	[za'mitka]
coluna (~ semanal)	рубрика (ж)	['rubrika]
artigo (m)	стаття (ж)	[stat't̯a]
página (f)	сторінка (ж)	[sto'rinka]

reportagem (f)	репортаж (ч)	[rɛpor'taʒ]
evento (m)	подія (ж)	[po'di̯a]
sensação (f)	сенсація (ж)	[sɛn'satsi̯a]
escândalo (m)	скандал (ч)	[skan'dal]
escandaloso	скандальний	[skan'dalʲnij]
grande	гучний	[ɦutʃ'nij]
programa (m) de TV	передача (ж)	[pɛrɛ'datʃa]
entrevista (f)	інтерв'ю (с)	[intɛr'wʲu]

transmissão (f) em direto	**пряма трансляція** (ж)	[prʲa'ma trans'lʲatsʲa]
canal (m)	**канал** (ч)	[ka'nal]

120. Agricultura

agricultura (f)	**сільське господарство** (с)	[silʲsʲ'kɛ ɦospo'darstwo]
camponês (m)	**селянин** (ч)	[sɛlʲa'nɨn]
camponesa (f)	**селянка** (ж)	[sɛ'lʲanka]
agricultor (m)	**фермер** (ч)	['fɛrmɛr]
trator (m)	**трактор** (ч)	['traktor]
ceifeira-debulhadora (f)	**комбайн** (ч)	[kom'bajn]
arado (m)	**плуг** (ч)	[pluɦ]
arar (vt)	**орати**	[o'ratɨ]
campo (m) lavrado	**рілля** (ж)	[ri'lʲa]
rego (m)	**борозна** (ж)	[boroz'na]
semear (vt)	**сіяти**	['sʲatɨ]
semeadora (f)	**сівалка** (ж)	[si'walka]
semeadura (f)	**посів** (ч)	[po'siw]
gadanha (f)	**коса** (ж)	[ko'sa]
gadanhar (vt)	**косити**	[ko'sɨtɨ]
pá (f)	**лопата** (ж)	[lo'pata]
cavar (vt)	**копати, вскопувати**	[ko'patɨ], ['wskɔpuwatɨ]
enxada (f)	**сапка** (ж)	['sapka]
carpir (vt)	**полоти**	[po'lɔtɨ]
erva (f) daninha	**бур'ян** (ч)	[bu'rʔʲan]
regador (m)	**лійка** (ж)	['lijka]
regar (vt)	**поливати**	[polɨ'watɨ]
rega (f)	**поливання** (с)	[polɨ'wanʲa]
forquilha (f)	**вила** (мн)	['wɨla]
ancinho (m)	**граблі** (мн)	[ɦra'bli]
fertilizante (m)	**добриво** (с)	['dɔbrɨwo]
fertilizar (vt)	**удобрювати**	[u'dɔbrʲuwatɨ]
estrume (m)	**гній** (ч)	[ɦnij]
campo (m)	**поле** (с)	['pɔlɛ]
prado (m)	**лука** (ж)	['luka]
horta (f)	**город** (ч)	[ɦo'rɔd]
pomar (m)	**сад** (ч)	[sad]
pastar (vt)	**пасти**	['pastɨ]
pastor (m)	**пастух** (ч)	[pas'tuh]
pastagem (f)	**пасовище** (с)	[paso'wiɕɛ]
pecuária (f)	**тваринництво** (с)	[twa'rɨnɨtstwo]
criação (f) de ovelhas	**вівчарство** (с)	[wiw'ʧarstwo]

plantação (f)	**плантація** (ж)	[plan'tatsiʲa]
canteiro (m)	**грядка** (ж)	['ɦrʲadka]
invernadouro (m)	**парник** (ч)	[par'nɨk]
seca (f)	**посуха** (ж)	['pɔsuha]
seco (verão ~)	**посушливий**	[po'suʃlɨwɨj]
cereal (m)	**зерно** (с), **зернові** (мн)	[zɛr'nɔ], [zɛrno'wi]
cereais (m pl)	**зернові** (мн)	[zɛrno'wi]
colher (vt)	**збирати**	[zbɨ'ratɨ]
moleiro (m)	**мірошник** (ч)	[mi'rɔʃnɨk]
moinho (m)	**млин** (ч)	[mlɨn]
moer (vt)	**молотити**	[molo'tɨtɨ]
farinha (f)	**борошно** (с)	['bɔroʃno]
palha (f)	**солома** (ж)	[so'lɔma]

121. Construção. Processo de construção

canteiro (m) de obras	**будівництво** (с)	[budiw'nɨtstwo]
construir (vt)	**будувати**	[budu'watɨ]
construtor (m)	**будівельник** (ч)	[budi'wɛlʲnɨk]
projeto (m)	**проект** (ч)	[pro'ɛkt]
arquiteto (m)	**архітектор** (ч)	[arhi'tɛktor]
operário (m)	**робітник** (ч)	[robit'nɨk]
fundação (f)	**фундамент** (ч)	[fun'damɛnt]
telhado (m)	**дах** (ч)	[dah]
estaca (f)	**паля** (ж)	['palʲa]
parede (f)	**стіна** (ж)	[sti'na]
varões (m pl) para betão	**арматура** (ж)	[arma'tura]
andaime (m)	**риштування** (мн)	[rɨʃtu'wanʲa]
betão (m)	**бетон** (ч)	[bɛ'tɔn]
granito (m)	**граніт** (ч)	[ɦra'nit]
pedra (f)	**камінь** (ч)	['kaminʲ]
tijolo (m)	**цегла** (ж)	['tsɛɦla]
areia (f)	**пісок** (ч)	[pi'sɔk]
cimento (m)	**цемент** (ч)	[tsɛ'mɛnt]
emboço (m)	**штукатурка** (ж)	[ʃtuka'turka]
emboçar (vt)	**штукатурити**	[ʃtuka'turɨtɨ]
tinta (f)	**фарба** (ж)	['farba]
pintar (vt)	**фарбувати**	[farbu'watɨ]
barril (m)	**бочка** (ж)	['bɔtʃka]
grua (f), guindaste (m)	**кран** (ч)	[kran]
erguer (vt)	**піднімати**	[pidni'matɨ]
baixar (vt)	**опускати**	[opus'katɨ]
buldózer (m)	**бульдозер** (ч)	[bulʲ'dɔzɛr]
escavadora (f)	**екскаватор** (ч)	[ɛkska'wator]

caçamba (f)	**ківш** (ч)	[kiwʃ]
escavar (vt)	**копати**	[ko'patɨ]
capacete (m) de proteção	**каска** (ж)	['kaska]

122. Ciência. Investigação. Cientistas

ciência (f)	**наука** (ж)	[na'uka]
científico	**науковий**	[nau'kɔwɨj]
cientista (m)	**вчений** (ч)	['wʧɛnɨj]
teoria (f)	**теорія** (ж)	[tɛ'ɔrʲa]
axioma (m)	**аксіома** (ж)	[aksi'ɔma]
análise (f)	**аналіз** (ч)	[a'naliz]
analisar (vt)	**аналізувати**	[analizu'watɨ]
argumento (m)	**аргумент** (ч)	[arɦu'mɛnt]
substância (f)	**речовина** (ж)	[rɛʧowɨ'na]
hipótese (f)	**гіпотеза** (ж)	[ɦi'pɔtɛza]
dilema (m)	**дилема** (ж)	[dɨ'lɛma]
tese (f)	**дисертація** (ж)	[dɨsɛr'taʦiʲa]
dogma (m)	**догма** (ж)	['dɔɦma]
doutrina (f)	**доктрина** (ж)	[dok'trɨna]
pesquisa (f)	**дослідження** (с)	[do'slidʒɛnʲa]
pesquisar (vt)	**досліджувати**	[do'slidʒuwatɨ]
teste (m)	**випробування** (ч)	[wɨ'probuwanʲa]
laboratório (m)	**лабораторія** (ж)	[labora'tɔriʲa]
método (m)	**метод** (ч)	['mɛtod]
molécula (f)	**молекула** (ж)	[mo'lɛkula]
monitoramento (m)	**моніторинг** (ч)	[moni'tɔrɨnɦ]
descoberta (f)	**відкриття** (с)	[widkrɨt'tʲa]
postulado (m)	**постулат** (ч)	[postu'lat]
princípio (m)	**принцип** (ч)	['prɨnʦɨp]
prognóstico (previsão)	**прогноз** (ч)	[proɦ'nɔz]
prognosticar (vt)	**прогнозувати**	[proɦnozu'watɨ]
síntese (f)	**синтез** (ч)	['sɨntɛz]
tendência (f)	**тенденція** (ж)	[tɛn'dɛnʦiʲa]
teorema (m)	**теорема** (ж)	[tɛo'rɛma]
ensinamentos (m pl)	**вчення** (с)	['wʧɛnʲa]
facto (m)	**факт** (ч)	[fakt]
expedição (f)	**експедиція** (ж)	[ɛkspɛ'dɨʦiʲa]
experiência (f)	**експеримент** (ч)	[ɛkspɛrɨ'mɛnt]
académico (m)	**академік** (ч)	[aka'dɛmik]
bacharel (m)	**бакалавр** (ч)	[baka'lawr]
doutor (m)	**доктор** (ч)	['dɔktor]
docente (m)	**доцент** (ч)	[do'ʦɛnt]
mestre (m)	**магістр** (ч)	[ma'ɦistr]
professor (m) catedrático	**професор** (ч)	[pro'fɛsor]

Profissões e ocupações

123. Procura de emprego. Demissão

trabalho (m)	**робота** (ж)	[ro'bɔta]
equipa (f)	**колектив, штат** (ч)	[kolɛk'tiw], [ʃtat]
pessoal (m)	**персонал** (ч)	[pɛrso'nal]
carreira (f)	**кар'єра** (ж)	[ka'r'ʔɛra]
perspetivas (f pl)	**перспектива** (ж)	[pɛrspɛk'tɨwa]
mestria (f)	**майстерність** (ж)	[majs'tɛrnistʲ]
seleção (f)	**підбір** (ч)	[pid'bir]
agência (f) de emprego	**кадрове агентство** (с)	['kadrowɛ a'ɦɛntstwo]
CV, currículo (m)	**резюме** (с)	[rɛzʲu'mɛ]
entrevista (f) de emprego	**співбесіда** (ж)	[spiw'bɛsida]
vaga (f)	**вакансія** (ж)	[wa'kansiʲa]
salário (m)	**зарплатня** (ж)	[zarplat'nʲa]
salário (m) fixo	**оклад** (ч)	[ok'lad]
pagamento (m)	**оплата** (ж)	[op'lata]
posto (m)	**посада** (ж)	[po'sada]
dever (do empregado)	**обов'язок** (ч)	[o'bɔwʔʲazok]
gama (f) de deveres	**коло** (с) **обов'язків**	['kɔlo obo'wʔʲazkiw]
ocupado	**зайнятий**	['zajnʲatɨj]
despedir, demitir (vt)	**звільнити**	[zwilʲ'nɨtɨ]
demissão (f)	**звільнення** (с)	['zwilʲnɛnʲa]
desemprego (m)	**безробіття** (с)	[bɛzro'bittʲa]
desempregado (m)	**безробітний** (ч)	[bɛzro'bitnɨj]
reforma (f)	**пенсія** (ж)	['pɛnsiʲa]
reformar-se	**вийти на пенсію**	['wɨjtɨ na 'pɛnsiʲu]

124. Gente de negócios

diretor (m)	**директор** (ч)	[dɨ'rɛktor]
gerente (m)	**керівник** (ч)	[kɛriw'nɨk]
patrão, chefe (m)	**бос** (ч)	[bɔs]
superior (m)	**начальник** (ч)	[na'ʧalʲnɨk]
superiores (m pl)	**керівництво** (с)	[kɛriw'nɨtstwo]
presidente (m)	**президент** (ч)	[prɛzɨ'dɛnt]
presidente (m) de direção	**голова** (ч)	[ɦolo'wa]
substituto (m)	**заступник** (ч)	[za'stupnɨk]
assistente (m)	**помічник** (ч)	[pomiʧ'nɨk]

secretário (m)	**секретар** (ч)	[sɛkrɛ'tar]
secretário (m) pessoal	**особистий секретар** (ч)	[oso'bɨstɨj sɛkrɛ'tar]
homem (m) de negócios	**бізнесмен** (ч)	[biznɛs'mɛn]
empresário (m)	**підприємець** (ч)	[pidprɨ'ɛmɛʦ]
fundador (m)	**засновник** (ч)	[zas'nɔwnɨk]
fundar (vt)	**заснувати**	[zasnu'watɨ]
fundador, sócio (m)	**основоположник** (ч)	[osnowopo'lɔʒnɨk]
parceiro, sócio (m)	**партнер** (ч)	[part'nɛr]
acionista (m)	**акціонер** (ч)	[akʦio'nɛr]
milionário (m)	**мільйонер** (ч)	[milʲo'nɛr]
bilionário (m)	**мільярдер** (ч)	[miljar'dɛr]
proprietário (m)	**власник** (ч)	['wlasnɨk]
proprietário (m) de terras	**землевласник** (ч)	[zɛmlɛw'lasnɨk]
cliente (m)	**клієнт** (ч)	[kli'ɛnt]
cliente (m) habitual	**постійний клієнт** (ч)	[pos'tijnɨj kli'ɛnt]
comprador (m)	**покупець** (ч)	[poku'pɛʦ]
visitante (m)	**відвідувач** (ч)	[wid'widuwaʧ]
profissional (m)	**професіонал** (ч)	[profɛsio'nal]
perito (m)	**експерт** (ч)	[ɛks'pɛrt]
especialista (m)	**фахівець** (ч)	[fahi'wɛʦ]
banqueiro (m)	**банкір** (ч)	[ba'nkir]
corretor (m)	**брокер** (ч)	['brɔkɛr]
caixa (m, f)	**касир** (ч)	[ka'sɨr]
contabilista (m)	**бухгалтер** (ч)	[buh'ɦaltɛr]
guarda (m)	**охоронник** (ч)	[oho'rɔnɨk]
investidor (m)	**інвестор** (ч)	[in'wɛstor]
devedor (m)	**боржник** (ч)	[borʒ'nɨk]
credor (m)	**кредитор** (ч)	[krɛdɨ'tɔr]
mutuário (m)	**боржник** (ч)	[borʒ'nɨk]
importador (m)	**імпортер** (ч)	[impor'tɛr]
exportador (m)	**експортер** (ч)	[ɛkspor'tɛr]
produtor (m)	**виробник** (ч)	[wɨrob'nɨk]
distribuidor (m)	**дистриб'ютор** (ч)	[dɨstrɨ'bʔutor]
intermediário (m)	**посередник** (ч)	[posɛ'rɛdnɨk]
consultor (m)	**консультант** (ч)	[konsulʲ'tant]
representante (m)	**представник** (ч)	[prɛdstaw'nɨk]
agente (m)	**агент** (ч)	[a'ɦɛnt]
agente (m) de seguros	**страховий агент** (ч)	[straho'wɨj a'ɦɛnt]

125. Profissões de serviços

cozinheiro (m)	**кухар** (ч)	['kuhar]
cozinheiro chefe (m)	**шеф-кухар** (ч)	[ʃɛf 'kuhar]

padeiro (m)	**пекар** (ч)	['pɛkar]
barman (m)	**бармен** (ч)	[bar'mɛn]
empregado (m) de mesa	**офіціант** (ч)	[ofitsi'ant]
empregada (f) de mesa	**офіціантка** (ж)	[ofitsi'antka]
advogado (m)	**адвокат** (ч)	[adwo'kat]
jurista (m)	**юрист** (ч)	[ʲu'rɨst]
notário (m)	**нотаріус** (ч)	[no'tarius]
eletricista (m)	**електрик** (ч)	[ɛ'lɛktrɨk]
canalizador (m)	**сантехнік** (ч)	[san'tɛhnik]
carpinteiro (m)	**тесля** (ч)	['tɛslʲa]
massagista (m)	**масажист** (ч)	[masa'ʒɨst]
massagista (f)	**масажистка** (ж)	[masa'ʒɨstka]
médico (m)	**лікар** (ч)	['likar]
taxista (m)	**таксист** (ч)	[tak'sɨst]
condutor (automobilista)	**шофер** (ч)	[ʃo'fɛr]
entregador (m)	**кур'єр** (ч)	[ku'rʔɛr]
camareira (f)	**покоївка** (ж)	[poko'jɨwka]
guarda (m)	**охоронник** (ч)	[oho'rɔnɨk]
hospedeira (f) de bordo	**стюардеса** (ж)	[stʲuar'dɛsa]
professor (m)	**вчитель** (ч)	['wtʃitɛlʲ]
bibliotecário (m)	**бібліотекар** (ч)	[biblio'tɛkar]
tradutor (m)	**перекладач** (ч)	[pɛrɛkla'datʃ]
intérprete (m)	**перекладач** (ч)	[pɛrɛkla'datʃ]
guia (pessoa)	**гід** (ч)	[ɦid]
cabeleireiro (m)	**перукар** (ч)	[pɛru'kar]
carteiro (m)	**листоноша** (ч)	[lɨsto'nɔʃa]
vendedor (m)	**продавець** (ч)	[proda'wɛts]
jardineiro (m)	**садівник** (ч)	[sadiw'nɨk]
criado (m)	**слуга** (ч)	[slu'ɦa]
criada (f)	**служниця** (ж)	[sluʒ'nɨtsʲa]
empregada (f) de limpeza	**прибиральниця** (ж)	[prɨbɨ'ralʲnɨtsʲa]

126. Profissões militares e postos

soldado (m) raso	**рядовий** (ч)	[rʲado'wɨj]
sargento (m)	**сержант** (ч)	[sɛr'ʒant]
tenente (m)	**лейтенант** (ч)	[lɛjtɛ'nant]
capitão (m)	**капітан** (ч)	[kapi'tan]
major (m)	**майор** (ч)	[ma'jɔr]
coronel (m)	**полковник** (ч)	[pol'kɔwnɨk]
general (m)	**генерал** (ч)	[ɦɛnɛ'ral]
marechal (m)	**маршал** (ч)	['marʃal]
almirante (m)	**адмірал** (ч)	[admi'ral]
militar (m)	**військовий** (ч)	[wijsʲ'kɔwɨj]
soldado (m)	**солдат** (ч)	[sol'dat]

oficial (m)	**офіцер** (ч)	[ofi'ʦɛr]
comandante (m)	**командир** (ч)	[koman'dɨr]
guarda (m) fronteiriço	**прикордонник** (ч)	[prɨkor'dɔnɨk]
operador (m) de rádio	**радист** (ч)	[ra'dɨst]
explorador (m)	**розвідник** (ч)	[roz'widnɨk]
sapador (m)	**сапер** (ч)	[sa'pɛr]
atirador (m)	**стрілок** (ч)	[stri'lɔk]
navegador (m)	**штурман** (ч)	['ʃturman]

127. Oficiais. Padres

rei (m)	**король** (ч)	[ko'rɔlʲ]
rainha (f)	**королева** (ж)	[koro'lɛwa]
príncipe (m)	**принц** (ч)	[prɨnʦ]
princesa (f)	**принцеса** (ж)	[prɨn'ʦɛsa]
czar (m)	**цар** (ч)	[ʦar]
czarina (f)	**цариця** (ж)	[ʦa'rɨʦʲa]
presidente (m)	**президент** (ч)	[prɛzɨ'dɛnt]
ministro (m)	**міністр** (ч)	[mi'nistr]
primeiro-ministro (m)	**прем'єр-міністр** (ч)	[prɛ'mʔɛr mi'nistr]
senador (m)	**сенатор** (ч)	[sɛ'nator]
diplomata (m)	**дипломат** (ч)	[dɨplo'mat]
cônsul (m)	**консул** (ч)	['kɔnsul]
embaixador (m)	**посол** (ч)	[po'sɔl]
conselheiro (m)	**радник** (ч)	['radnɨk]
funcionário (m)	**чиновник** (ч)	[ʧɨ'nɔwnɨk]
prefeito (m)	**префект** (ч)	[prɛ'fɛkt]
Presidente (m) da Câmara	**мер** (ч)	[mɛr]
juiz (m)	**суддя** (ч)	[sud'dʲa]
procurador (m)	**прокурор** (ч)	[proku'rɔr]
missionário (m)	**місіонер** (ч)	[misio'nɛr]
monge (m)	**чернець** (ч)	[ʧɛr'nɛʦ]
abade (m)	**абат** (ч)	[a'bat]
rabino (m)	**рабин** (ч)	[ra'bɨn]
vizir (m)	**візир** (ч)	[wi'zɨr]
xá (m)	**шах** (ч)	[ʃah]
xeque (m)	**шейх** (ч)	[ʃɛjh]

128. Profissões agrícolas

apicultor (m)	**пасічник** (ч)	['pasiʧnɨk]
pastor (m)	**пастух** (ч)	[pas'tuh]
agrónomo (m)	**агроном** (ч)	[aɦro'nɔm]

criador (m) de gado	**тваринник** (ч)	[twa'rɨnɨk]
veterinário (m)	**ветеринар** (ч)	[wɛtɛrɨ'nar]
agricultor (m)	**фермер** (ч)	['fɛrmɛr]
vinicultor (m)	**винороб** (ч)	[wɨno'rɔb]
zoólogo (m)	**зоолог** (ч)	[zo'ɔloɦ]
cowboy (m)	**ковбой** (ч)	[kow'bɔj]

129. Profissões artísticas

ator (m)	**актор** (ч)	[ak'tɔr]
atriz (f)	**акторка** (ж)	[ak'tɔrka]
cantor (m)	**співак** (ч)	[spi'wak]
cantora (f)	**співачка** (ж)	[spi'watʃka]
bailarino (m)	**танцюрист** (ч)	[tantsʲu'rɨst]
bailarina (f)	**танцюристка** (ж)	[tantsʲu'rɨstka]
artista (m)	**артист** (ч)	[ar'tɨst]
artista (f)	**артистка** (ж)	[ar'tɨstka]
músico (m)	**музикант** (ч)	[muzɨ'kant]
pianista (m)	**піаніст** (ч)	[pia'nist]
guitarrista (m)	**гітарист** (ч)	[ɦita'rɨst]
maestro (m)	**диригент** (ч)	[dɨrɨ'ɦɛnt]
compositor (m)	**композитор** (ч)	[kompo'zɨtor]
empresário (m)	**імпресаріо** (ч)	[imprɛ'sario]
realizador (m)	**режисер** (ч)	[rɛʒɨ'sɛr]
produtor (m)	**продюсер** (ч)	[pro'dʲusɛr]
argumentista (m)	**сценарист** (ч)	[stsɛna'rɨst]
crítico (m)	**критик** (ч)	['krɨtɨk]
escritor (m)	**письменник** (ч)	[pɨsʲ'mɛnɨk]
poeta (m)	**поет** (ч)	[po'ɛt]
escultor (m)	**скульптор** (ч)	['skulʲptor]
pintor (m)	**художник** (ч)	[hu'dɔʒnɨk]
malabarista (m)	**жонглер** (ч)	[ʒonɦ'lɛr]
palhaço (m)	**клоун** (ч)	['klɔun]
acrobata (m)	**акробат** (ч)	[akro'bat]
mágico (m)	**фокусник** (ч)	['fɔkusnɨk]

130. Várias profissões

médico (m)	**лікар** (ч)	['likar]
enfermeira (f)	**медсестра** (ж)	[mɛdsɛst'ra]
psiquiatra (m)	**психіатр** (ч)	[psɨhi'atr]
estomatologista (m)	**стоматолог** (ч)	[stoma'tɔloɦ]
cirurgião (m)	**хірург** (ч)	[hi'rurɦ]

astronauta (m)	**астронавт** (ч)	[astro'nawt]
astrónomo (m)	**астроном** (ч)	[astro'nɔm]
piloto (m)	**льотчик, пілот** (ч)	['lʲɔtʧɨk], [pi'lɔt]
motorista (m)	**водій** (ч)	[wo'dij]
maquinista (m)	**машиніст** (ч)	[maʃɨ'nist]
mecânico (m)	**механік** (ч)	[mɛ'hanik]
mineiro (m)	**шахтар** (ч)	[ʃah'tar]
operário (m)	**робітник** (ч)	[robit'nɨk]
serralheiro (m)	**слюсар** (ч)	['slʲusar]
marceneiro (m)	**столяр** (ч)	['stɔlʲar]
torneiro (m)	**токар** (ч)	['tɔkar]
construtor (m)	**будівельник** (ч)	[budi'wɛlʲnɨk]
soldador (m)	**зварювальник** (ч)	['zwarʲuwalʲnɨk]
professor (m) catedrático	**професор** (ч)	[pro'fɛsor]
arquiteto (m)	**архітектор** (ч)	[arhi'tɛktor]
historiador (m)	**історик** (ч)	[is'tɔrɨk]
cientista (m)	**вчений** (ч)	['wʧɛnɨj]
físico (m)	**фізик** (ч)	['fizɨk]
químico (m)	**хімік** (ч)	['himik]
arqueólogo (m)	**археолог** (ч)	[arhɛ'ɔloɦ]
geólogo (m)	**геолог** (ч)	[ɦɛ'ɔloɦ]
pesquisador (cientista)	**дослідник** (ч)	[do'slidnɨk]
babysitter (f)	**няня** (ж)	['nʲanʲa]
professor (m)	**вчитель, педагог** (ч)	['wʧɨtɛlʲ], [pɛda'ɦɔɦ]
redator (m)	**редактор** (ч)	[rɛ'daktor]
redator-chefe (m)	**головний редактор** (ч)	[ɦolow'nɨj rɛ'daktor]
correspondente (m)	**кореспондент** (ч)	[korɛspon'dɛnt]
datilógrafa (f)	**машиністка** (ж)	[maʃɨ'nistka]
designer (m)	**дизайнер** (ч)	[dɨ'zajnɛr]
especialista (m) em informática	**комп'ютерник** (ч)	[kom'pʔʲutɛrnɨk]
programador (m)	**програміст** (ч)	[proɦ'ramist]
engenheiro (m)	**інженер** (ч)	[inʒɛ'nɛr]
marujo (m)	**моряк** (ч)	[mo'rʲak]
marinheiro (m)	**матрос** (ч)	[mat'rɔs]
salvador (m)	**рятувальник** (ч)	[rʲatu'walʲnɨk]
bombeiro (m)	**пожежник** (ч)	[po'ʒɛʒnɨk]
polícia (m)	**поліцейський** (ч)	[poli'ʦɛjsʲkɨj]
guarda-noturno (m)	**сторож** (ч)	['stɔroʒ]
detetive (m)	**детектив** (ч)	[dɛtɛk'tɨw]
funcionário (m) da alfândega	**митник** (ч)	['mɨtnɨk]
guarda-costas (m)	**охоронець** (ч)	[oho'rɔnɛʦ]
guarda (m) prisional	**охоронець** (ч)	[oho'rɔnɛʦʲ]
inspetor (m)	**інспектор** (ч)	[ins'pɛktor]
desportista (m)	**спортсмен** (ч)	[sporʦ'mɛn]
treinador (m)	**тренер** (ч)	['trɛnɛr]

talhante (m)	**м'ясник** (ч)	[m'ʲas'nɨk]
sapateiro (m)	**чоботар** (ч)	[ʧobo'tar]
comerciante (m)	**комерсант** (ч)	[komɛr'sant]
carregador (m)	**вантажник** (ч)	[wan'taʒnɨk]
estilista (m)	**модельєр** (ч)	[modɛ'ljɛr]
modelo (f)	**модель** (ж)	[modɛlʲ]

131. Ocupações. Estatuto social

aluno, escolar (m)	**школяр** (ч)	[ʃko'lʲar]
estudante (~ universitária)	**студент** (ч)	[stu'dɛnt]
filósofo (m)	**філософ** (ч)	[fi'lɔsof]
economista (m)	**економіст** (ч)	[ɛkono'mist]
inventor (m)	**винахідник** (ч)	[wɨna'hidnɨk]
desempregado (m)	**безробітний** (ч)	[bɛzro'bitnɨj]
reformado (m)	**пенсіонер** (ч)	[pɛnsio'nɛr]
espião (m)	**шпигун** (ч)	[ʃpi'ɦun]
preso (m)	**в'язень** (ч)	['wʔʲazɛnʲ]
grevista (m)	**страйкар** (ч)	[straj'kar]
burocrata (m)	**бюрократ** (ч)	[bʲuro'krat]
viajante (m)	**мандрівник** (ч)	[mandriw'nɨk]
homossexual (m)	**гомосексуаліст** (ч)	[ɦomosɛksua'list]
hacker (m)	**хакер** (ч)	['hakɛr]
hippie	**хіпі** (ч)	['hipi]
bandido (m)	**бандит** (ч)	[ban'dɨt]
assassino (m) a soldo	**найманий вбивця** (ч)	['najmanɨj 'wbɨwʦʲa]
toxicodependente (m)	**наркоман** (ч)	[narko'man]
traficante (m)	**наркоторговець** (ч)	[narkotor'ɦɔwɛʦ]
prostituta (f)	**проститутка** (ж)	[prostɨ'tutka]
chulo (m)	**сутенер** (ч)	[sutɛ'nɛr]
bruxo (m)	**чаклун** (ч)	[ʧak'lun]
bruxa (f)	**чаклунка** (ж)	[ʧak'lunka]
pirata (m)	**пірат** (ч)	[pi'rat]
escravo (m)	**раб** (ч)	[rab]
samurai (m)	**самурай** (ч)	[samu'raj]
selvagem (m)	**дикун** (ч)	[dɨ'kun]

Desportos

132. Tipos de desportos. Desportistas

desportista (m)	спортсмен (ч)	[sportsˈmɛn]
tipo (m) de desporto	вид (ч) спорту	[wid ˈspɔrtu]
basquetebol (m)	баскетбол (ч)	[baskɛtˈbɔl]
jogador (m) de basquetebol	баскетболіст (ч)	[baskɛtboˈlist]
beisebol (m)	бейсбол (ч)	[bɛjsˈbɔl]
jogador (m) de beisebol	бейсболіст (ч)	[bɛjsboˈlist]
futebol (m)	футбол (ч)	[futˈbɔl]
futebolista (m)	футболіст (ч)	[futboˈlist]
guarda-redes (m)	воротар (ч)	[woroˈtar]
hóquei (m)	хокей (ч)	[hoˈkɛj]
jogador (m) de hóquei	хокеїст (ч)	[hokɛˈjist]
voleibol (m)	волейбол (ч)	[wolɛjˈbɔl]
jogador (m) de voleibol	волейболіст (ч)	[wolɛjboˈlist]
boxe (m)	бокс (ч)	[boks]
boxeador, pugilista (m)	боксер (ч)	[bokˈsɛr]
luta (f)	боротьба (ж)	[borotʲˈba]
lutador (m)	борець (ч)	[boˈrɛts]
karaté (m)	карате (с)	[karaˈtɛ]
karateca (m)	каратист (ч)	[karaˈtist]
judo (m)	дзюдо (с)	[dzʲuˈdɔ]
judoca (m)	дзюдоїст (ч)	[dzʲudoˈjist]
ténis (m)	теніс (ч)	[ˈtɛnis]
tenista (m)	тенісист (ч)	[tɛniˈsɨst]
natação (f)	плавання (с)	[ˈplawanʲa]
nadador (m)	плавець (ч)	[plaˈwɛts]
esgrima (f)	фехтування (с)	[fɛhtuˈwanʲa]
esgrimista (m)	фехтувальник (ч)	[fɛhtuˈwalʲnɨk]
xadrez (m)	шахи (мн)	[ˈʃahɨ]
xadrezista (m)	шахіст (ч)	[ʃaˈhist]
alpinismo (m)	альпінізм (ч)	[alʲpiˈnizm]
alpinista (m)	альпініст (ч)	[alʲpiˈnist]
corrida (f)	біг (ч)	[biɦ]

corredor (m)	бігун (ч)	[bi'ɦun]
atletismo (m)	легка атлетика (ж)	[lɛɦ'ka at'lɛtika]
atleta (m)	атлет (ч)	[at'lɛt]
hipismo (m)	кінний спорт (ч)	['kinij 'spɔrt]
cavaleiro (m)	наїзник (ч)	[na'jiznik]
patinagem (f) artística	фігурне катання (с)	[fi'ɦurnɛ ka'tanʲa]
patinador (m)	фігурист (ч)	[fiɦu'rist]
patinadora (f)	фігуристка (ж)	[fiɦu'ristka]
halterofilismo (m)	важка атлетика (ж)	[waʒ'ka at'lɛtika]
halterofilista (m)	важкоатлет (ч)	[waʒkoat'lɛt]
corrida (f) de carros	автогонки (мн)	[awto'ɦɔnki]
piloto (m)	гонщик (ч)	['ɦɔnɕik]
ciclismo (m)	велоспорт (ч)	[wɛlo'spɔrt]
ciclista (m)	велосипедист (ч)	[wɛlosipɛ'dist]
salto (m) em comprimento	стрибки (мн) в довжину	[strib'kɨ w dowʒi'nu]
salto (m) à vara	стрибки (мн) з жердиною	[strib'kɨ z ʒɛr'dinoʲu]
atleta (m) de saltos	стрибун (ч)	[stri'bun]

133. Tipos de desportos. Diversos

futebol (m) americano	американський футбол (ч)	[amɛri'kansʲkij fut'bɔl]
badminton (m)	бадмінтон (ч)	[badmin'tɔn]
biatlo (m)	біатлон (ч)	[biat'lɔn]
bilhar (m)	більярд (ч)	[bi'lʲjard]
bobsled (m)	бобслей (ч)	[bob'slɛj]
musculação (f)	бодібілдинг (ч)	[bodi'bildinɦ]
polo (m) aquático	водне поло (с)	['wɔdnɛ 'pɔlo]
andebol (m)	гандбол (ч)	[ɦand'bɔl]
golfe (m)	гольф (ч)	[ɦolʲf]
remo (m)	гребля (ч)	['ɦrɛblʲa]
mergulho (m)	дайвінг (ч)	['dajwinɦ]
corrida (f) de esqui	лижні гонки (мн)	['lɨʒni 'ɦɔnki]
ténis (m) de mesa	настільний теніс (ч)	[na'stilʲnij 'tɛnis]
vela (f)	парусний спорт (ч)	['parusnij sport]
rali (m)	ралі (с)	['rali]
râguebi (m)	регбі (с)	['rɛɦbi]
snowboard (m)	сноуборд (ч)	[snou'bɔrd]
tiro (m) com arco	стрільба (ж) з луку	[strilʲ'ba z 'luku]

134. Ginásio

barra (f)	штанга (ж)	['ʃtanɦa]
halteres (m pl)	гантелі (мн)	[ɦan'tɛli]
aparelho (m) de musculaçao	тренажер (ч)	[trɛna'ʒɛr]

bicicleta (f) ergométrica	**велотренажер** (ч)	[wɛlotrɛna'ʒɛr]
passadeira (f) de corrida	**бігова доріжка** (ж)	[biɦo'wa do'riʒka]
barra (f) fixa	**перекладина** (ж)	[pɛrɛk'ladɨna]
barras (f) paralelas	**бруси** (мн)	['brusɨ]
cavalo (m)	**кінь** (ч)	[kinʲ]
tapete (m) de ginástica	**мат** (ч)	[mat]
corda (f) de saltar	**скакалка** (ж)	[ska'kalka]
aeróbica (f)	**аеробіка** (ж)	[aɛ'rɔbika]
ioga (f)	**йога** (ж)	['jɔɦa]

135. Hóquei

hóquei (m)	**хокей** (ч)	[ho'kɛj]
jogador (m) de hóquei	**хокеїст** (ч)	[hokɛ'jɨst]
jogar hóquei	**грати в хокей**	['ɦratɨ w ho'kɛj]
gelo (m)	**лід** (ч), **крига** (ж)	[lid], ['krɨɦa]
disco (m)	**шайба** (ж)	['ʃajba]
taco (m) de hóquei	**ключка** (ж)	['klʲuʧka]
patins (m pl) de gelo	**ковзани** (мн)	[kowza'nɨ]
muro (m)	**борт** (ч)	[bort]
tiro (m)	**кидок** (ч)	[kɨ'dɔk]
guarda-redes (m)	**воротар** (ч)	[woro'tar]
golo (m)	**гол** (ч)	[ɦol]
marcar um golo	**забити гол**	[za'bitɨ ɦol]
tempo (m)	**період** (ч)	[pɛ'riod]
segundo tempo (m)	**другий період**	['druɦɨj pɛ'riod]
banco (m) de reservas	**лава** (ж) **запасних**	['lawa zapas'nɨh]

136. Futebol

futebol (m)	**футбол** (ч)	[fut'bɔl]
futebolista (m)	**футболіст** (ч)	[futbo'list]
jogar futebol	**грати в футбол**	['ɦratɨ w fut'bɔl]
Liga Principal (f)	**вища ліга** (ж)	['wɨɕa 'liɦa]
clube (m) de futebol	**футбольний клуб** (ч)	[fut'bɔlʲnɨj klub]
treinador (m)	**тренер** (ч)	['trɛnɛr]
proprietário (m)	**власник** (ч)	['wlasnɨk]
equipa (f)	**команда** (ж)	[ko'manda]
capitão (m) da equipa	**капітан** (ч) **команди**	[kapi'tan ko'mandɨ]
jogador (m)	**гравець** (ч)	[ɦra'wɛʦ]
jogador (m) de reserva	**запасний гравець** (ч)	[zapas'nɨj ɦra'wɛʦ]
atacante (m)	**нападаючий** (ч)	[napa'daʲuʧɨj]
avançado (m) centro	**центральний нападаючий** (ч)	[ʦɛn'tralʲnɨj napa'daʲuʧɨj]

marcador (m)	**бомбардир** (ч)	[bombar'dɨr]
defesa (m)	**захисник** (ч)	[zahɨs'nɨk]
médio (m)	**півзахисник** (ч)	[piwzahɨs'nɨk]
jogo (desafio)	**матч** (ч)	[matʧ]
encontrar-se (vr)	**зустрічатися**	[zustri'ʧatɨsʲa]
final (m)	**фінал** (ч)	[fi'nal]
meia-final (f)	**напівфінал** (ч)	[napiwfi'nal]
campeonato (m)	**чемпіонат** (ч)	[ʧɛmpio'nat]
tempo (m)	**тайм** (ч)	[tajm]
primeiro tempo (m)	**перший тайм** (ч)	['pɛrʃij tajm]
intervalo (m)	**перерва** (ж)	[pɛ'rɛrwa]
baliza (f)	**ворота** (мн)	[wo'rɔta]
guarda-redes (m)	**воротар** (ч)	[woro'tar]
trave (f)	**штанга** (ж)	['ʃtanɦa]
barra (f) transversal	**перекладина** (ж)	[pɛrɛk'ladɨna]
rede (f)	**сітка** (ж)	['sitka]
sofrer um golo	**пропустити гол**	[propus'tɨtɨ ɦol]
bola (f)	**м'яч** (ч)	[mʔʲatʃ]
passe (m)	**пас** (ч)	[pas]
chute (m)	**удар** (ч)	[u'dar]
chutar (vt)	**нанести удар**	[na'nɛstɨ u'dar]
tiro (m) livre	**штрафний удар** (ч)	[ʃtraf'nɨj u'dar]
canto (m)	**кутовий удар** (ч)	[ku'tɔwɨj u'dar]
ataque (m)	**атака** (ж)	[a'taka]
contra-ataque (m)	**контратака** (ж)	[kontra'taka]
combinação (f)	**комбінація** (ж)	[kombi'natsiʲa]
árbitro (m)	**арбітр** (ч)	[ar'bitr]
apitar (vi)	**свистіти**	[swɨs'titɨ]
apito (m)	**свисток** (ч)	[swɨs'tɔk]
falta (f)	**порушення** (с)	[po'ruʃɛnʲa]
cometer a falta	**порушувати**	[po'ruʃuwatɨ]
expulsar (vt)	**видалити з поля**	['wɨdalɨtɨ z 'pɔlʲa]
cartão (m) amarelo	**жовта картка** (ж)	['ʒɔwta 'kartka]
cartão (m) vermelho	**червона картка** (ж)	[ʧɛr'wɔna 'kartka]
desqualificação (f)	**дискваліфікація** (ж)	[dɨskwalifi'katsiʲa]
desqualificar (vt)	**дискваліфікувати**	[dɨskwalifiku'watɨ]
penálti (m)	**пенальті** (с)	[pɛ'nalʲti]
barreira (f)	**стінка** (ж)	['stinka]
marcar (vt)	**забити**	[za'bɨtɨ]
golo (m)	**гол** (ч)	[ɦol]
marcar um golo	**забити гол**	[za'bɨtɨ ɦol]
substituição (f)	**заміна** (ж)	[za'mina]
substituir (vt)	**замінити**	[zami'nɨtɨ]
regras (f pl)	**правила** (мн)	['prawɨla]
tática (f)	**тактика** (ж)	['taktɨka]
estádio (m)	**стадіон** (ч)	[stadi'ɔn]
bancadas (f pl)	**трибуна** (ж)	[trɨ'buna]

fã, adepto (m)	фан, вболівальник (ч)	[fan], [wboliˈwalʲnik]
gritar (vi)	кричати	[kriˈtʃati]
marcador (m)	табло (с)	[tabˈlɔ]
resultado (m)	рахунок (ч)	[raˈɦunok]
derrota (f)	поразка (ж)	[poˈrazka]
perder (vt)	програти	[proɦˈrati]
empate (m)	нічия (ж)	[nitʃiʲˈa]
empatar (vi)	зіграти внічию	[ziˈɦrati wnitʃiʲˈu]
vitória (f)	перемога (ж)	[pɛrɛˈmoɦa]
ganhar, vencer (vi, vt)	перемогти	[pɛrɛmoɦˈti]
campeão (m)	чемпіон (ч)	[tʃɛmpiˈɔn]
melhor	кращий	[ˈkraɕij]
felicitar (vt)	вітати	[wiˈtati]
comentador (m)	коментатор (ч)	[kɔmɛnˈtator]
comentar (vt)	коментувати	[kɔmɛntuˈwati]
transmissão (f)	трансляція (ж)	[transˈlʲatsiʲa]

137. Esqui alpino

esqui (m)	лижі (мн)	[ˈlɨʒi]
esquiar (vi)	кататися на лижах	[kaˈtatisʲa na ˈliʒah]
estância (f) de esqui	гірськолижній курорт (ч)	[ɦirsʲkoˈliʒnij kuˈrɔrt]
teleférico (m)	підйомник (ч)	[pidˈjɔmnik]
bastões (m pl) de esqui	палиці (мн)	[ˈpalitsi]
declive (m)	схил (ч)	[shɨl]
slalom (m)	слалом (ч)	[ˈslalɔm]

138. Ténis. Golfe

golfe (m)	гольф (ч)	[ɦolʲf]
clube (m) de golfe	гольф-клуб (ч)	[ɦolʲf klub]
jogador (m) de golfe	гравець (ч) в гольф	[ɦraˈwɛts w ɦolʲf]
buraco (m)	лунка (ж)	[ˈlunka]
taco (m)	ключка (ж)	[ˈklʲutʃka]
trolley (m)	візок (ч) для ключок	[wiˈzɔk dlʲa ˈklʲutʃok]
ténis (m)	теніс (ч)	[ˈtɛnis]
quadra (f) de ténis	тенісний корт (ч)	[ˈtɛnisnij kɔrt]
saque (m)	подача (ж)	[poˈdatʃa]
sacar (vi)	подавати	[podaˈwati]
raquete (f)	ракетка (ж)	[raˈkɛtka]
rede (f)	сітка (ж)	[ˈsitka]
bola (f)	м'яч (ч)	[mˈjatʃ]

139. Xadrez

xadrez (m)	**шахи** (мн)	['ʃahɨ]
peças (f pl) de xadrez	**шахи** (мн)	['ʃahɨ]
xadrezista (m)	**шахіст** (ч)	[ʃa'hist]
tabuleiro (m) de xadrez	**шахова дошка** (ж)	['ʃahowa 'dɔʃka]
peça (f) de xadrez	**фігура** (ж)	[fi'ɦura]
brancas (f pl)	**білі** (мн)	['bili]
pretas (f pl)	**чорні** (мн)	['ʧɔrni]
peão (m)	**пішак** (ч)	[pi'ʃak]
bispo (m)	**слон** (ч)	[slon]
cavalo (m)	**кінь** (ч)	[kinʲ]
torre (f)	**тура** (ж)	[tu'ra]
dama (f)	**ферзь** (ч)	[fɛrzʲ]
rei (m)	**король** (ч)	[ko'rɔlʲ]
vez (m)	**хід** (ч)	[hid]
mover (vt)	**ходити**	[ho'dɨtɨ]
sacrificar (vt)	**пожертвувати**	[po'ʒɛrtwuwatɨ]
roque (m)	**рокірування** (с)	[rokiru'wanʲa]
xeque (m)	**шах** (ч)	[ʃah]
xeque-mate (m)	**мат** (ч)	[mat]
torneio (m) de xadrez	**шаховий турнір** (ч)	['ʃahowɨj tur'nir]
grão-mestre (m)	**гросмейстер** (ч)	[ɦros'mɛjstɛr]
combinação (f)	**комбінація** (ж)	[kombi'natsiʲa]
partida (f)	**партія** (ж)	['partiʲa]
jogo (m) de damas	**шашки** (мн)	['ʃaʃkɨ]

140. Boxe

boxe (m)	**бокс** (ч)	[boks]
combate (m)	**бій** (ч)	[bij]
duelo (m)	**двобій** (ч)	[dwo'bij]
round (m)	**раунд** (ч)	['raund]
ringue (m)	**ринг** (ч)	[rɨnɦ]
gongo (m)	**гонг** (ч)	[ɦonɦ]
murro, soco (m)	**удар** (ч)	[u'dar]
knockdown (m)	**нокдаун** (ч)	[nok'daun]
nocaute (m)	**нокаут** (ч)	[no'kaut]
nocautear (vt)	**нокаутувати**	[nokautu'watɨ]
luva (f) de boxe	**боксерська рукавичка** (ж)	[bok'sɛrsʲka ruka'wɨʧka]
árbitro (m)	**рефері** (ч)	['rɛfɛri]
peso-leve (m)	**легка вага** (ж)	['lɛɦka wa'ɦa]
peso-médio (m)	**середня вага** (ж)	[sɛ'rɛdnʲa wa'ɦa]
peso-pesado (m)	**важка вага** (ж)	[waʒ'ka wa'ɦa]

141. Desportos. Diversos

Jogos (m pl) Olímpicos	**Олімпійські ігри** (мн)	[olim'pijsʲki 'iɦrɨ]
vencedor (m)	**переможець** (ч)	[pɛrɛ'mɔʒɛʦ]
vencer (vi)	**перемагати**	[pɛrɛma'ɦatɨ]
vencer, ganhar (vi)	**виграти**	['wɨɦratɨ]
líder (m)	**лідер** (ч)	['lidɛr]
liderar (vt)	**лідирувати**	[li'dɨruwatɨ]
primeiro lugar (m)	**перше місце** (с)	['pɛrʃɛ 'misʦɛ]
segundo lugar (m)	**друге місце** (с)	['druɦɛ 'misʦɛ]
terceiro lugar (m)	**третє місце** (с)	['trɛtɛ 'misʦɛ]
medalha (f)	**медаль** (ж)	[mɛ'dalʲ]
troféu (m)	**трофей** (ч)	[tro'fɛj]
taça (f)	**кубок** (ч)	['kubok]
prémio (m)	**приз** (ч)	[prɨz]
prémio (m) principal	**головний приз** (ч)	[ɦolow'nɨj prɨz]
recorde (m)	**рекорд** (ч)	[rɛ'kɔrd]
estabelecer um recorde	**встановлювати рекорд**	[wsta'nɔwlʲuwatɨ rɛ'kɔrd]
final (m)	**фінал** (ч)	[fi'nal]
final	**фінальний**	[fi'nalʲnɨj]
campeão (m)	**чемпіон** (ч)	[ʧɛmpi'ɔn]
campeonato (m)	**чемпіонат** (ч)	[ʧɛmpio'nat]
estádio (m)	**стадіон** (ч)	[stadi'ɔn]
bancadas (f pl)	**трибуна** (ж)	[trɨ'buna]
fã, adepto (m)	**фан, вболівальник** (ч)	[fan], [wboli'walʲnɨk]
adversário (m)	**супротивник** (ч)	[supro'tɨwnɨk]
partida (f)	**старт** (ч)	[start]
chegada, meta (f)	**фініш** (ч)	['finiʃ]
derrota (f)	**поразка** (ж)	[po'razka]
perder (vt)	**програти**	[proɦ'ratɨ]
árbitro (m)	**суддя** (ч)	[sud'dʲa]
júri (m)	**журі** (с)	[ʒu'ri]
resultado (m)	**рахунок** (ч)	[ra'hunok]
empate (m)	**нічия** (ж)	[niʧɨ'ʲa]
empatar (vi)	**зіграти внічию**	[zi'ɦratɨ wniʧɨ'ʲu]
ponto (m)	**очко** (с)	[oʧ'kɔ]
resultado (m) final	**результат** (ч)	[rɛzulʲ'tat]
tempo, período (m)	**тайм** (ч), **період** (ч)	[tajm], [pɛ'riod]
intervalo (m)	**перерва** (ж)	[pɛ'rɛrwa]
doping (m)	**допінг** (ч)	['dɔpinɦ]
penalizar (vt)	**штрафувати**	[ʃtrafu'watɨ]
desqualificar (vt)	**дискваліфікувати**	[dɨskwalifiku'watɨ]
aparelho (m)	**снаряд** (ч)	[sna'rʲad]
dardo (m)	**спис** (ч)	[spɨs]

peso (m)	ядро (с)	[jad'rɔ]
bola (f)	куля (ж)	['kulʲa]
alvo, objetivo (m)	ціль (ж)	[tsilʲ]
alvo (~ de papel)	мішень (ж)	[miˈʃɛnʲ]
atirar, disparar (vi)	стріляти	[striˈlʲati]
preciso (tiro ~)	влучний	[ˈwlutʃnij]
treinador (m)	тренер (ч)	[ˈtrɛnɛr]
treinar (vt)	тренувати	[trɛnuˈwati]
treinar-se (vr)	тренуватися	[trɛnuˈwatisʲa]
treino (m)	тренування (с)	[trɛnuˈwanʲa]
ginásio (m)	спортзал (ч)	[sportˈzal]
exercício (m)	вправа (ж)	[ˈwprawa]
aquecimento (m)	розминка (ж)	[rozˈminka]

Educação

142. Escola

escola (f)	**школа** (ж)	['ʃkɔla]
diretor (m) de escola	**директор** (ч) **школи**	[dɨ'rɛktor 'ʃkɔlɨ]
aluno (m)	**учень** (ч)	['uʧɛnʲ]
aluna (f)	**учениця** (ж)	[uʧɛ'nɨʦʲa]
escolar (m)	**школяр** (ч)	[ʃko'lʲar]
escolar (f)	**школярка** (ж)	[ʃko'lʲarka]
ensinar (vt)	**вчити**	['wʧɨtɨ]
aprender (vt)	**вивчати**	[wɨw'ʧatɨ]
aprender de cor	**вчити напам'ять**	['wʧɨtɨ na'pamˀʲatʲ]
estudar (vi)	**вчитися**	['wʧɨtɨsʲa]
andar na escola	**вчитися**	['wʧɨtɨsʲa]
ir à escola	**йти до школи**	[jtɨ do 'ʃkolɨ]
alfabeto (m)	**алфавіт** (ч)	[alfa'wit]
disciplina (f)	**предмет** (ч)	[prɛd'mɛt]
sala (f) de aula	**клас** (ч)	[klas]
lição (f)	**урок** (ч)	[u'rɔk]
recreio (m)	**перерва** (ж)	[pɛ'rɛrwa]
toque (m)	**дзвінок** (ч)	[ʣwi'nɔk]
carteira (f)	**парта** (ж)	['parta]
quadro (m) negro	**дошка** (ж)	['dɔʃka]
nota (f)	**оцінка** (ж)	[o'ʦinka]
boa nota (f)	**добра оцінка** (ж)	['dɔbra o'ʦinka]
nota (f) baixa	**погана оцінка** (ж)	[po'ɦana o'ʦinka]
dar uma nota	**ставити оцінку**	['stawɨtɨ o'ʦinku]
erro (m)	**помилка** (ж)	[po'mɨlka]
fazer erros	**робити помилки**	[ro'bɨtɨ 'pɔmɨlkɨ]
corrigir (vt)	**виправляти**	[wɨpraw'lʲatɨ]
cábula (f)	**шпаргалка** (ж)	[ʃpar'ɦalka]
dever (m) de casa	**домашнє завдання** (с)	[do'maʃnɛ zaw'danʲa]
exercício (m)	**вправа** (ж)	['wprawa]
estar presente	**бути присутнім**	['butɨ prɨ'sutnim]
estar ausente	**бути відсутнім**	['butɨ wid'sutnim]
faltar às aulas	**пропускати уроки**	[propus'katɨ u'rɔkɨ]
punir (vt)	**покарати**	[poka'ratɨ]
punição (f)	**покарання** (с)	[poka'ranʲa]
comportamento (m)	**поведінка** (ж)	[powɛ'dinka]

boletim (m) escolar	**щоденник** (ч)	[ɕo'dɛnɨk]
lápis (m)	**олівець** (ч)	[oli'wɛʦ]
borracha (f)	**гумка** (ж)	['ɦumka]
giz (m)	**крейда** (ж)	['krɛjda]
estojo (m)	**пенал** (ч)	[pɛ'nal]
pasta (f) escolar	**портфель** (ч)	[port'fɛlʲ]
caneta (f)	**ручка** (ж)	['ruʧka]
caderno (m)	**зошит** (ч)	['zɔʃɨt]
manual (m) escolar	**підручник** (ч)	[pid'ruʧnɨk]
compasso (m)	**циркуль** (ч)	['ʦɨrkulʲ]
traçar (vt)	**креслити**	['krɛslɨtɨ]
desenho (m) técnico	**креслення** (с)	['krɛslɛnʲa]
poesia (f)	**вірш** (ч)	[wirʃ]
de cor	**напам'ять**	[na'pamʔʲatʲ]
aprender de cor	**вчити напам'ять**	['wʧɨtɨ na'pamʔʲatʲ]
férias (f pl)	**канікули** (мн)	[ka'nikulɨ]
estar de férias	**бути на канікулах**	['butɨ na ka'nikulah]
passar as férias	**провести канікули**	[prowɛs'tɨ ka'nikulɨ]
teste (m)	**контрольна робота** (ж)	[kon'trɔlʲna ro'bɔta]
composição, redação (f)	**твір** (ч)	[twir]
ditado (m)	**диктант** (ч)	[dɨk'tant]
exame (m)	**іспит** (ч)	['ispɨt]
fazer exame	**складати іспити**	[skla'datɨ 'ispɨtɨ]
experiência (~ química)	**дослід** (ч)	['dɔslid]

143. Colégio. Universidade

academia (f)	**академія** (ж)	[aka'dɛmiʲa]
universidade (f)	**університет** (ч)	[uniwɛrsɨ'tɛt]
faculdade (f)	**факультет** (ч)	[fakulʲ'tɛt]
estudante (m)	**студент** (ч)	[stu'dɛnt]
estudante (f)	**студентка** (ж)	[stu'dɛntka]
professor (m)	**викладач** (ч)	[wɨkla'daʧ]
sala (f) de palestras	**аудиторія** (ж)	[audɨ'tɔriʲa]
graduado (m)	**випускник** (ч)	[wɨpusk'nɨk]
diploma (m)	**диплом** (ч)	[dɨp'lɔm]
tese (f)	**дисертація** (ж)	[dɨsɛr'taʦiʲa]
estudo (obra)	**дослідження** (с)	[do'slidʒɛnʲa]
laboratório (m)	**лабораторія** (ж)	[labora'tɔriʲa]
palestra (f)	**лекція** (ж)	['lɛkʦiʲa]
colega (m) de curso	**однокурсник** (ч)	[odno'kursnɨk]
bolsa (f) de estudos	**стипендія** (ж)	[stɨ'pɛndiʲa]
grau (m) académico	**вчений ступінь** (ч)	['wʧɛnɨj 'stupinʲ]

144. Ciências. Disciplinas

matemática (f)	**математика** (ж)	[matɛ'matɨka]
álgebra (f)	**алгебра** (ж)	['alɦɛbra]
geometria (f)	**геометрія** (ж)	[ɦɛo'mɛtrʲa]
astronomia (f)	**астрономія** (ж)	[astro'nɔmʲa]
biologia (f)	**біологія** (ж)	[bio'lɔɦʲa]
geografia (f)	**географія** (ж)	[ɦɛo'ɦrafʲa]
geologia (f)	**геологія** (ж)	[ɦɛo'lɔɦʲa]
história (f)	**історія** (ж)	[is'tɔrʲa]
medicina (f)	**медицина** (ж)	[mɛdɨ'ʦɨna]
pedagogia (f)	**педагогіка** (ж)	[pɛda'ɦɔɦika]
direito (m)	**право** (с)	['prawo]
física (f)	**фізика** (ж)	['fizɨka]
química (f)	**хімія** (ж)	['himʲa]
filosofia (f)	**філософія** (ж)	[filo'sɔfʲa]
psicologia (f)	**психологія** (ж)	[psɨho'lɔɦʲa]

145. Sistema de escrita. Ortografia

gramática (f)	**граматика** (ж)	[ɦra'matɨka]
vocabulário (m)	**лексика** (ж)	['lɛksɨka]
fonética (f)	**фонетика** (ж)	[fo'nɛtɨka]
substantivo (m)	**іменник** (ч)	[i'mɛnɨk]
adjetivo (m)	**прикметник** (ч)	[prɨk'mɛtnɨk]
verbo (m)	**дієслово** (с)	[diɛ'slɔwo]
advérbio (m)	**прислівник** (ч)	[prɨs'liwnɨk]
pronome (m)	**займенник** (ч)	[zaj'mɛnɨk]
interjeição (f)	**вигук** (ч)	['wɨɦuk]
preposição (f)	**прийменник** (ч)	[prɨj'mɛnɨk]
raiz (f) da palavra	**корінь** (ч) **слова**	['kɔrinʲ 'slɔwa]
terminação (f)	**закінчення** (с)	[za'kinʧɛnʲa]
prefixo (m)	**префікс** (ч)	['prɛfiks]
sílaba (f)	**склад** (ч)	['sklad]
sufixo (m)	**суфікс** (ч)	['sufiks]
acento (m)	**наголос** (ч)	['naɦolos]
apóstrofo (m)	**апостроф** (ч)	[a'pɔstrof]
ponto (m)	**крапка** (ж)	['krapka]
vírgula (f)	**кома** (ж)	['kɔma]
ponto e vírgula (m)	**крапка** (ж) **з комою**	['krapka z 'kɔmoʲu]
dois pontos (m pl)	**двокрапка** (ж)	[dwo'krapka]
reticências (f pl)	**три крапки** (мн)	[trɨ 'krapkɨ]
ponto (m) de interrogação	**знак** (ч) **питання**	[znak pɨ'tanʲa]
ponto (m) de exclamação	**знак** (ч) **оклику**	[znak 'ɔklɨku]

aspas (f pl)	**лапки** (мн)	[lap'kɨ]
entre aspas	**в лапках**	[w lap'kah]
parênteses (m pl)	**дужки** (мн)	[duʒ'kɨ]
entre parênteses	**в дужках**	[w duʒ'kah]
hífen (m)	**дефіс** (ч)	[dɛ'fis]
travessão (m)	**тире** (с)	[tɨ'rɛ]
espaço (m)	**пробіл** (ч)	[pro'bil]
letra (f)	**літера** (ж)	['litɛra]
letra (f) maiúscula	**велика літера** (ж)	[wɛ'lɨka 'litɛra]
vogal (f)	**голосний звук** (ч)	[ɦolos'nɨj zwuk]
consoante (f)	**приголосний** (ч)	['prɨɦolosnɨj]
frase (f)	**речення** (с)	['rɛʧɛnʲa]
sujeito (m)	**підмет** (ч)	['pidmɛt]
predicado (m)	**присудок** (ч)	['prɨsudok]
linha (f)	**рядок** (ч)	[rʲa'dɔk]
em uma nova linha	**з нового рядка**	[z no'wɔɦo rʲad'ka]
parágrafo (m)	**абзац** (ч)	[ab'zaʦ]
palavra (f)	**слово** (с)	['slɔwo]
grupo (m) de palavras	**словосполучення** (с)	[slowospo'luʧɛnʲa]
expressão (f)	**вислів** (ч)	['wɨsliw]
sinónimo (m)	**синонім** (ч)	[sɨ'nɔnim]
antónimo (m)	**антонім** (ч)	[an'tɔnim]
regra (f)	**правило** (с)	['prawɨlo]
exceção (f)	**виняток** (ч)	['wɨnʲatok]
correto	**правильний**	['prawɨlʲnɨj]
conjugação (f)	**дієвідміна** (ж)	[diɛwid'mina]
declinação (f)	**відмінювання** (с)	[wid'minʲuwanʲa]
caso (m)	**відмінок** (ч)	[wid'minok]
pergunta (f)	**питання** (с)	[pɨ'tanʲa]
sublinhar (vt)	**підкреслити**	[pid'krɛslɨtɨ]
linha (f) pontilhada	**пунктир** (ч)	[punk'tɨr]

146. Línguas estrangeiras

língua (f)	**мова** (ж)	['mɔwa]
estrangeiro	**іноземний**	[ino'zɛmnɨj]
língua (f) estrangeira	**іноземна мова** (ж)	[ino'zɛmna 'mɔwa]
estudar (vt)	**вивчати**	[wɨw'ʧatɨ]
aprender (vt)	**вчити**	['wʧɨtɨ]
ler (vt)	**читати**	[ʧɨ'tatɨ]
falar (vi)	**говорити**	[ɦowo'rɨtɨ]
compreender (vt)	**розуміти**	[rozu'mitɨ]
escrever (vt)	**писати**	[pɨ'satɨ]
rapidamente	**швидко**	['ʃwɨdko]
devagar	**повільно**	[po'wilʲno]

fluentemente	вільно	['wilʲno]
regras (f pl)	правила (мн)	['prawila]
gramática (f)	граматика (ж)	[ɦra'matika]
vocabulário (m)	лексика (ж)	['lɛksika]
fonética (f)	фонетика (ж)	[fo'nɛtika]

manual (m) escolar	підручник (ч)	[pid'rutʃnik]
dicionário (m)	словник (ч)	[slow'nik]
manual (m) de autoaprendizagem	самовчитель (ч)	[samow'tʃitɛlʲ]
guia (m) de conversação	розмовник (ч)	[roz'mɔwnik]

cassete (f)	касета (ж)	[ka'sɛta]
vídeo cassete (m)	відеокасета (ж)	['widɛo ka'sɛta]
CD (m)	CD-диск (ч)	[si'di disk]
DVD (m)	DVD (ч)	[diwi'di]

alfabeto (m)	алфавіт (ч)	[alfa'wit]
soletrar (vt)	говорити по буквах	[ɦowo'riti po 'bukwah]
pronúncia (f)	вимова (ж)	[wi'mɔwa]

sotaque (m)	акцент (ч)	[ak'tsɛnt]
com sotaque	з акцентом	[z ak'tsɛntom]
sem sotaque	без акценту	[bɛz ak'tsɛntu]

palavra (f)	слово (с)	['slɔwo]
sentido (m)	сенс (ч)	[sɛns]

cursos (m pl)	курси (мн)	['kursi]
inscrever-se (vr)	записатися	[zapi'satisʲa]
professor (m)	викладач (ч)	[wikla'datʃ]

tradução (processo)	переклад (ч)	[pɛ'rɛklad]
tradução (texto)	переклад (ч)	[pɛ'rɛklad]
tradutor (m)	перекладач (ч)	[pɛrɛkla'datʃ]
intérprete (m)	перекладач (ч)	[pɛrɛkla'datʃ]

poliglota (m)	поліглот (ч)	[poliɦ'lɔt]
memória (f)	пам'ять (ж)	['pamʲatʲ]

147. Personagens de contos de fadas

Pai (m) Natal	Санта Клаус (ч)	['santa 'klaus]
Cinderela (f)	Попелюшка (ж)	[popɛ'lʲuʃka]
sereia (f)	русалка (ж)	[ru'salka]
Neptuno (m)	Нептун	[nɛp'tun]

mago (m)	чарівник (ч)	[tʃariw'nik]
fada (f)	чарівниця (ж)	[tʃariw'nitsʲa]
mágico	чарівний	[tʃariw'nij]
varinha (f) mágica	чарівна паличка (ж)	[tʃa'riwna 'palitʃka]

conto (m) de fadas	казка (ж)	['kazka]
milagre (m)	диво (с)	['diwo]

anão (m)	**гном** (ч)	[ɦnom]
transformar-se em ...	**перетворитися на**	[pɛrɛtwo'ritisʲa na]
fantasma (m)	**примара** (ж)	[pri'mara]
espetro (m)	**привид** (ч)	['priwid]
monstro (m)	**чудовисько** (с)	[ʧu'dɔwisko]
dragão (m)	**дракон** (ч)	[dra'kɔn]
gigante (m)	**велетень** (ч)	['wɛlɛtɛnʲ]

148. Signos do Zodíaco

Carneiro	**Овен** (ч)	['ɔwɛn]
Touro	**Телець** (ч)	[tɛ'lɛʦ]
Gémeos	**Близнюки** (мн)	[blizn'u'ki]
Caranguejo	**Рак** (ч)	[rak]
Leão	**Лев** (ч)	[lɛw]
Virgem (f)	**Діва** (ж)	['diwa]
Balança	**Терези** (мн)	[tɛrɛ'zi]
Escorpião	**Скорпіон** (ч)	[skorpi'ɔn]
Sagitário	**Стрілець** (ч)	[stri'lɛʦ]
Capricórnio	**Козеріг** (ч)	[kozɛ'riɦ]
Aquário	**Водолій** (ч)	[wodo'lij]
Peixes	**Риби** (мн)	['ribi]
caráter (m)	**характер** (ч)	[ha'raktɛr]
traços (m pl) do caráter	**риси** (мн) **характеру**	['risi ha'raktɛru]
comportamento (m)	**поведінка** (ж)	[powɛ'dinka]
predizer (vt)	**ворожити**	[woro'ʒiti]
adivinha (f)	**гадалка** (ж)	[ɦa'dalka]
horóscopo (m)	**гороскоп** (ч)	[ɦoro'skɔp]

Artes

149. Teatro

teatro (m)	**театр** (ч)	[tɛ'atr]
ópera (f)	**опера** (ж)	['ɔpɛra]
opereta (f)	**оперета** (ж)	[opɛ'rɛta]
balé (m)	**балет** (ч)	[ba'lɛt]
cartaz (m)	**афіша** (ж)	[a'fiʃa]
companhia (f) teatral	**трупа** (ж)	['trupa]
turné (digressão)	**гастролі** (мн)	[ɦa'strɔli]
estar em turné	**гастролювати**	[ɦastrolʲu'watɨ]
ensaiar (vt)	**репетирувати**	[rɛpɛ'tɨruwatɨ]
ensaio (m)	**репетиція** (ж)	[rɛpɛ'tɨʦiʲa]
repertório (m)	**репертуар** (ч)	[rɛpɛrtu'ar]
apresentação (f)	**вистава** (ж)	[wɨs'tawa]
espetáculo (m)	**спектакль** (ч)	[spɛk'taklʲ]
peça (f)	**п'єса** (ж)	['pˀɛsa]
bilhete (m)	**квиток** (ч)	[kwɨ'tɔk]
bilheteira (f)	**квиткова каса** (ж)	[kwɨt'kɔwa 'kasa]
hall (m)	**хол** (ч)	[hol]
guarda-roupa (m)	**гардероб** (ч)	[ɦardɛ'rɔb]
senha (f) numerada	**номерок** (ч)	[nomɛ'rɔk]
binóculo (m)	**бінокль** (ч)	[bi'nɔklʲ]
lanterninha (m)	**контролер** (ч)	[kontro'lɛr]
plateia (f)	**партер** (ч)	[par'tɛr]
balcão (m)	**балкон** (ч)	[bal'kɔn]
primeiro balcão (m)	**бельетаж** (ч)	[bɛlʲʲɛ'taʒ]
camarote (m)	**ложа** (ж)	['lɔʒa]
fila (f)	**ряд** (ч)	[rʲad]
assento (m)	**місце** (с)	['misʦɛ]
público (m)	**публіка** (ж)	['publika]
espetador (m)	**глядач** (ч)	[ɦlʲa'daʧ]
aplaudir (vt)	**плескати**	[plɛs'katɨ]
aplausos (m pl)	**аплодисменти** (мн)	[aplodɨs'mɛntɨ]
ovação (f)	**овації** (мн)	[o'waʦijɨ]
palco (m)	**сцена** (ж)	['sʦɛna]
pano (m) de boca	**завіса** (ж)	[za'wisa]
cenário (m)	**декорація** (ж)	[dɛko'raʦiʲa]
bastidores (m pl)	**куліси** (мн)	[ku'lisɨ]
cena (f)	**дія** (ж)	['diʲa]
ato (m)	**акт** (ч)	[akt]
entreato (m)	**антракт** (ч)	[an'trakt]

150. Cinema

ator (m)	актор (ч)	[ak'tɔr]
atriz (f)	акторка (ж)	[ak'tɔrka]
cinema (m)	кіно	[ki'nɔ]
filme (m)	кіно (с)	[ki'nɔ]
episódio (m)	серія (ж)	['sɛriʲa]
filme (m) policial	детектив (ч)	[dɛtɛk'tiw]
filme (m) de ação	бойовик (ч)	[boʲo'wik]
filme (m) de aventuras	пригодницький фільм (ч)	[pri'hɔdnitskij fiʲlʲm]
filme (m) de ficção científica	фантастичний фільм (ч)	[fantas'titʃnij fiʲlʲm]
filme (m) de terror	фільм (ч) жахів	[fiʲlʲm 'ʒahiw]
comédia (f)	кінокомедія (ж)	[kinoko'mɛdiʲa]
melodrama (m)	мелодрама (ж)	[mɛlod'rama]
drama (m)	драма (ж)	['drama]
filme (m) ficcional	художній фільм (ч)	[hu'dɔʒnij fiʲlʲm]
documentário (m)	документальний фільм (ч)	[dokumɛn'talʲnij fiʲlʲm]
desenho (m) animado	мультфільм (ч)	[mulʲt'fiʲlʲm]
cinema (m) mudo	німе кіно (с)	[ni'mɛ ki'nɔ]
papel (m)	роль (ж)	[rolʲ]
papel (m) principal	головна роль (ж)	[holow'na rolʲ]
representar (vt)	грати	['hrati]
estrela (f) de cinema	кінозірка (ж)	[kino'zirka]
conhecido	відомий	[wi'dɔmij]
famoso	знаменитий	[znamɛ'nitij]
popular	популярний	[popu'lʲarnij]
argumento (m)	сценарій (ч)	[stsɛ'narij]
argumentista (m)	сценарист (ч)	[stsɛna'rist]
realizador (m)	режисер (ч)	[rɛʒi'sɛr]
produtor (m)	продюсер (ч)	[pro'dʲusɛr]
assistente (m)	асистент (ч)	[asis'tɛnt]
diretor (m) de fotografia	оператор (ч)	[opɛ'rator]
duplo (m)	каскадер (ч)	[kaska'dɛr]
duplo (m) de corpo	дублер (ч)	[dub'lɛr]
filmar (vt)	знімати фільм	[zni'mati fiʲlʲm]
audição (f)	проби (мн)	['prɔbi]
filmagem (f)	зйомки (мн)	['zʲɔmki]
equipe (f) de filmagem	знімальна група (ж)	[zni'malʲna 'hrupa]
set (m) de filmagem	знімальний майданчик (ч)	[zni'malʲnij maj'dantʃik]
câmara (f)	кінокамера (ж)	[kino'kamɛra]
cinema (m)	кінотеатр (ч)	[kinotɛ'atr]
ecrã (m), tela (f)	екран (ч)	[ɛk'ran]
exibir um filme	показувати фільм	[po'kazuwati fiʲlʲm]
pista (f) sonora	звукова доріжка (ж)	[zwuko'wa do'riʒka]
efeitos (m pl) especiais	спеціальні ефекти (мн)	[spɛtsi'alʲni ɛ'fɛkti]

legendas (f pl)	**субтитри** (мн)	[sub'tɨtrɨ]
crédito (m)	**титри** (мн)	['tɨtrɨ]
tradução (f)	**переклад** (ч)	[pɛ'rɛklad]

151. Pintura

arte (f)	**мистецтво** (с)	[mɨs'tɛʦtwo]
belas-artes (f pl)	**образотворчі мистецтва** (мн)	[obrazot'wɔrʧi mɨs'tɛʦtwa]
galeria (f) de arte	**арт-галерея** (ж)	[art ɦalɛ'rɛʲa]
exposição (f) de arte	**виставка** (ж) **картин**	['wɨstawka kar'tɨn]
pintura (f)	**живопис** (ч)	[ʒɨ'wɔpɨs]
arte (f) gráfica	**графіка** (ж)	['ɦrafika]
arte (f) abstrata	**абстракціонізм** (ч)	[abstrakʦio'nizm]
impressionismo (m)	**імпресіонізм** (ч)	[imprɛsio'nizm]
pintura (f), quadro (m)	**картина** (ж)	[kar'tɨna]
desenho (m)	**малюнок** (ч)	[ma'lʲunok]
cartaz, póster (m)	**плакат** (ч)	[pla'kat]
ilustração (f)	**ілюстрація** (ж)	[ilʲust'raʦiʲa]
miniatura (f)	**мініатюра** (ж)	[minia'tʲura]
cópia (f)	**копія** (ж)	['kɔpiʲa]
reprodução (f)	**репродукція** (ж)	[rɛpro'dukʦiʲa]
mosaico (m)	**мозаїка** (ж)	[mo'zajɨka]
vitral (m)	**вітраж** (ч)	[wit'raʒ]
fresco (m)	**фреска** (ж)	['frɛska]
gravura (f)	**гравюра** (ж)	[ɦra'wʲura]
busto (m)	**бюст** (ч)	[bʲust]
escultura (f)	**скульптура** (ж)	[skulʲp'tura]
estátua (f)	**статуя** (ж)	['statuʲa]
gesso (m)	**гіпс** (ч)	[ɦips]
em gesso	**з гіпсу**	[z 'ɦipsu]
retrato (m)	**портрет** (ч)	[port'rɛt]
autorretrato (m)	**автопортрет** (ч)	[awtopor'trɛt]
paisagem (f)	**пейзаж** (ч)	[pɛj'zaʒ]
natureza (f) morta	**натюрморт** (ч)	[natʲur'mɔrt]
caricatura (f)	**карикатура** (ж)	[karɨka'tura]
esboço (m)	**нарис** (ч)	['narɨs]
tinta (f)	**фарба** (ж)	['farba]
aguarela (f)	**акварель** (ж)	[akwa'rɛlʲ]
óleo (m)	**масло** (с)	['maslo]
lápis (m)	**олівець** (ч)	[oli'wɛʦ]
tinta da China (f)	**туш** (ж)	[tuʃ]
carvão (m)	**вугілля** (с)	[wu'ɦilʲa]
desenhar (vt)	**малювати**	[malʲu'watɨ]
pintar (vt)	**малювати**	[malʲu'watɨ]
posar (vi)	**позувати**	[pozu'watɨ]

modelo (m)	**натурник** (ч)	[na'turnɨk]
modelo (f)	**натурниця** (ж)	[na'turnɨtsʲa]
pintor (m)	**художник** (ч)	[hu'dɔʒnɨk]
obra (f)	**витвір** (ч) **мистецтва**	['wɨtwir mɨs'tɛtstwa]
obra-prima (f)	**шедевр** (ч)	[ʃɛ'dɛwr]
estúdio (m)	**майстерня** (ж)	[majs'tɛrnʲa]
tela (f)	**полотно** (с)	[polot'nɔ]
cavalete (m)	**мольберт** (ч)	[molʲ'bɛrt]
paleta (f)	**палітра** (ж)	[pa'litra]
moldura (f)	**рама** (ж)	['rama]
restauração (f)	**реставрація** (ж)	[rɛstaw'ratsʲa]
restaurar (vt)	**реставрувати**	[rɛstawru'watɨ]

152. Literatura & Poesia

literatura (f)	**література** (ж)	[litɛra'tura]
autor (m)	**автор** (ч)	['awtor]
pseudónimo (m)	**псевдонім** (ч)	[psɛwdo'nim]
livro (m)	**книга** (ж)	['knɨɦa]
volume (m)	**том** (ч)	[tɔm]
índice (m)	**зміст** (ч)	[zmist]
página (f)	**сторінка** (ж)	[sto'rinka]
protagonista (m)	**головний герой** (ч)	[ɦolow'nɨj ɦɛ'rɔj]
autógrafo (m)	**автограф** (ч)	[aw'tɔɦraf]
conto (m)	**оповідання** (с)	[opowi'danʲa]
novela (f)	**повість** (ж)	['pɔwistʲ]
romance (m)	**роман** (ч)	[ro'man]
obra (f)	**твір** (ч)	[twir]
fábula (m)	**байка** (ж)	['bajka]
romance (m) policial	**детектив** (ч)	[dɛtɛk'tɨw]
poesia (obra)	**вірш** (ч)	[wirʃ]
poesia (arte)	**поезія** (ж)	[po'ɛzʲa]
poema (m)	**поема** (ж)	[po'ɛma]
poeta (m)	**поет** (ч)	[po'ɛt]
ficção (f)	**белетристика** (ж)	[bɛlɛt'rɨstɨka]
ficção (f) científica	**наукова фантастика** (ж)	[nau'kɔwa fan'tastɨka]
aventuras (f pl)	**пригоди** (мн)	[prɨ'ɦɔdɨ]
literatura (f) didática	**учбова література** (ж)	[utʃ'bɔwa litɛra'tura]
literatura (f) infantil	**дитяча література** (ж)	[dɨ'tʲatʃa litɛra'tura]

153. Circo

circo (m) ambulante	**цирк-шапіто** (ч)	[tsɨrk ʃapi'tɔ]
programa (m)	**програма** (ж)	[proɦ'rama]
apresentação (f)	**вистава** (ж)	[wɨs'tawa]

número (m)	**номер** (ч)	['nɔmɛr]
arena (f)	**арена** (ж)	[a'rɛna]
pantomima (f)	**пантоміма** (ж)	[panto'mima]
palhaço (m)	**клоун** (ч)	['klɔun]
acrobata (m)	**акробат** (ч)	[akro'bat]
acrobacia (f)	**акробатика** (ж)	[akro'batɨka]
ginasta (m)	**гімнаст** (ч)	[ɦim'nast]
ginástica (f)	**гімнастика** (ж)	[ɦim'nastɨka]
salto (m) mortal	**сальто** (с)	['salʲto]
homem forte (m)	**атлет** (ч)	[at'lɛt]
domador (m)	**приборкувач** (ч)	[prɨ'bɔrkuwatʃ]
cavaleiro (m) equilibrista	**наїзник** (ч)	[na'jiznɨk]
assistente (m)	**асистент** (ч)	[asɨs'tɛnt]
truque (m)	**трюк** (ч)	[trʲuk]
truque (m) de mágica	**фокус** (ч)	['fɔkus]
mágico (m)	**фокусник** (ч)	['fɔkusnɨk]
malabarista (m)	**жонглер** (ч)	[ʒonɦ'lɛr]
fazer malabarismos	**жонглювати**	[ʒonɦlʲu'watɨ]
domador (m)	**дресирувальник** (ч)	[drɛsɨru'walʲnɨk]
adestramento (m)	**дресура** (ж)	[drɛ'sura]
adestrar (vt)	**дресирувати**	[drɛsɨru'watɨ]

154. Música. Música popular

música (f)	**музика** (ж)	['muzɨka]
músico (m)	**музикант** (ч)	[muzɨ'kant]
instrumento (m) musical	**музичний інструмент** (ч)	[mu'zɨtʃnɨj instru'mɛnt]
tocar ...	**грати на...**	['ɦratɨ na]
guitarra (f)	**гітара** (ж)	[ɦi'tara]
violino (m)	**скрипка** (ж)	['skrɨpka]
violoncelo (m)	**віолончель** (ж)	[wiolon'tʃɛlʲ]
contrabaixo (m)	**контрабас** (ч)	[kontra'bas]
harpa (f)	**арфа** (ж)	['arfa]
piano (m)	**піаніно** (с)	[pia'nino]
piano (m) de cauda	**рояль** (ч)	[ro'ʲalʲ]
órgão (m)	**орган** (ч)	[or'ɦan]
instrumentos (m pl) de sopro	**духові інструменти** (мн)	[duho'wi instru'mɛntɨ]
oboé (m)	**гобой** (ч)	[ɦo'bɔj]
saxofone (m)	**саксофон** (ч)	[sakso'fɔn]
clarinete (m)	**кларнет** (ч)	[klar'nɛt]
flauta (f)	**флейта** (ж)	['flɛjta]
trompete (m)	**труба** (ж)	[tru'ba]
acordeão (m)	**акордеон** (ч)	[akordɛ'ɔn]
tambor (m)	**барабан** (ч)	[bara'ban]
duo, dueto (m)	**дует** (ч)	[du'ɛt]

trio (m)	тріо (с)	['trio]
quarteto (m)	квартет (ч)	[kwar'tɛt]
coro (m)	хор (ч)	[hor]
orquestra (f)	оркестр (ч)	[or'kɛstr]
música (f) pop	поп-музика (ж)	[pop 'muzɨka]
música (f) rock	рок-музика (ж)	[rok 'muzɨka]
grupo (m) de rock	рок-група (ж)	[rok 'ɦrupa]
jazz (m)	джаз (ч)	[dʒaz]
ídolo (m)	кумир (ч)	[ku'mɨr]
fã, admirador (m)	шанувальник (ч)	[ʃanu'walʲnɨk]
concerto (m)	концерт (ч)	[kon'tsɛrt]
sinfonia (f)	симфонія (ж)	[sɨm'fonʲia]
composição (f)	твір (ч)	[twir]
compor (vt)	створити	[stwo'rɨtɨ]
canto (m)	спів (ч)	[spiw]
canção (f)	пісня (ж)	['pisnʲa]
melodia (f)	мелодія (ж)	[mɛ'lodʲia]
ritmo (m)	ритм (ч)	[rɨtm]
blues (m)	блюз (ч)	[blʲuz]
notas (f pl)	ноти (мн)	['nɔtɨ]
batuta (f)	паличка (ж)	['palɨtʃka]
arco (m)	смичок (ч)	[smɨ'tʃɔk]
corda (f)	струна (ж)	[stru'na]
estojo (m)	футляр (ч)	[fut'lʲar]

Descanso. Entretenimento. Viagens

155. Viagens

turismo (m)	**туризм** (ч)	[tu'rɨzm]
turista (m)	**турист** (ч)	[tu'rɨst]
viagem (f)	**мандрівка** (ж)	[mand'riwka]
aventura (f)	**пригода** (ж)	[prɨ'ɦɔda]
viagem (f)	**поїздка** (ж)	[po'jizdka]
férias (f pl)	**відпустка** (ж)	[wid'pustka]
estar de férias	**бути у відпустці**	['butɨ u wid'pusttsi]
descanso (m)	**відпочинок** (ч)	[widpo'tʃɨnok]
comboio (m)	**поїзд** (ч)	['pɔjizd]
de comboio (chegar ~)	**поїздом**	['pɔjizdom]
avião (m)	**літак** (ч)	[li'tak]
de avião	**літаком**	[lita'kɔm]
de carro	**автомобілем**	[awtomo'bilɛm]
de navio	**кораблем**	[korab'lɛm]
bagagem (f)	**багаж** (ч)	[ba'ɦaʒ]
mala (f)	**валіза** (ж)	[wa'liza]
carrinho (m)	**візок** (ч) **для багажу**	[wi'zɔk dlʲa baɦa'ʒu]
passaporte (m)	**паспорт** (ч)	['pasport]
visto (m)	**віза** (ж)	['wiza]
bilhete (m)	**квиток** (ч)	[kwɨ'tɔk]
bilhete (m) de avião	**авіаквиток** (ч)	[awiakwɨ'tɔk]
guia (m) de viagem	**путівник** (ч)	[putiw'nɨk]
mapa (m)	**карта** (ж)	['karta]
local (m), area (f)	**місцевість** (ж)	[mis'tsɛwistʲ]
lugar, sítio (m)	**місце** (с)	['mistsɛ]
exotismo (m)	**екзотика** (ж)	[ɛk'zɔtɨka]
exótico	**екзотичний**	[ɛkzo'tɨtʃnɨj]
surpreendente	**дивовижний**	['dɨwowɨʒnɨj]
grupo (m)	**група** (ж)	['ɦrupa]
excursão (f)	**екскурсія** (ж)	[ɛks'kursiʲa]
guia (m)	**екскурсовод** (ч)	[ɛkskurso'wɔd]

156. Hotel

hotel (m), pensão (f)	**готель** (ч)	[ɦo'tɛlʲ]
motel (m)	**мотель** (ч)	[mo'tɛlʲ]
três estrelas	**три зірки**	[trɨ 'zirkɨ]

cinco estrelas	п'ять зірок	[pʲˈatʲ ziˈrɔk]
ficar (~ num hotel)	зупинитися	[zupiˈnitisʲa]
quarto (m)	номер (ч)	[ˈnɔmɛr]
quarto (m) individual	одномісний номер (ч)	[odnoˈmisnij nomɛr]
quarto (m) duplo	двомісний номер (ч)	[dwoˈmisnij ˈnɔmɛr]
reservar um quarto	бронювати номер	[bronʲuˈwatɨ ˈnɔmɛr]
meia pensão (f)	напівпансіон (ч)	[napiwpansiˈɔn]
pensão (f) completa	повний пансіон (ч)	[ˈpownij pansiˈɔn]
com banheira	з ванною	[z ˈwanoʲu]
com duche	з душем	[z ˈduʃɛm]
televisão (m) satélite	супутникове телебачення (с)	[suˈputnikowɛ tɛlɛˈbatʃɛnʲa]
ar (m) condicionado	кондиціонер (ч)	[kondit͡sioˈnɛr]
toalha (f)	рушник (ч)	[ruʃˈnik]
chave (f)	ключ (ч)	[klʲutʃ]
administrador (m)	адміністратор (ч)	[admiˈnistrator]
camareira (f)	покоївка (ж)	[pokoˈjiwka]
bagageiro (m)	носильник (ч)	[noˈsilʲnik]
porteiro (m)	портьє (ч)	[porˈtʲɛ]
restaurante (m)	ресторан (ч)	[rɛstoˈran]
bar (m)	бар (ч)	[bar]
pequeno-almoço (m)	сніданок (ч)	[sniˈdanok]
jantar (m)	вечеря (ж)	[wɛˈtʃɛrʲa]
buffet (m)	шведський стіл (ч)	[ˈʃwɛdsʲkij stil]
hall (m) de entrada	вестибюль (ч)	[wɛstiˈbʲulʲ]
elevador (m)	ліфт (ч)	[lift]
NÃO PERTURBE	НЕ ТУРБУВАТИ	[nɛ turbuˈwati]
PROIBIDO FUMAR!	ПАЛИТИ ЗАБОРОНЕНО	[paˈliti zaboˈrɔnɛno]

157. Livros. Leitura

livro (m)	книга (ж)	[ˈkniɦa]
autor (m)	автор (ч)	[ˈawtor]
escritor (m)	письменник (ч)	[pisʲˈmɛnik]
escrever (vt)	написати	[napiˈsati]
leitor (m)	читач (ч)	[tʃiˈtatʃ]
ler (vt)	читати	[tʃiˈtati]
leitura (f)	читання (с)	[tʃiˈtanʲa]
para si	про себе	[pro ˈsɛbɛ]
em voz alta	вголос	[ˈwɦɔlos]
publicar (vt)	видавати	[widaˈwati]
publicação (f)	примірник (ч)	[priˈmirnik]
editor (m)	видавець (ч)	[widaˈwɛts]
editora (f)	видавництво (с)	[widawˈnitstwo]

sair (vi)	**вийти**	['wɨjtɨ]
lançamento (m)	**вихід** (ч)	['wɨhid]
tiragem (f)	**наклад** (ч)	['naklad]
livraria (f)	**книгарня** (ж)	[knɨ'ɦarnʲa]
biblioteca (f)	**бібліотека** (ж)	[biblio'tɛka]
novela (f)	**повість** (ж)	['pɔwistʲ]
conto (m)	**оповідання** (с)	[opowi'danʲa]
romance (m)	**роман** (ч)	[ro'man]
romance (m) policial	**детектив** (ч)	[dɛtɛk'tɨw]
memórias (f pl)	**мемуари** (мн)	[mɛmu'arɨ]
lenda (f)	**легенда** (ж)	[lɛ'ɦɛnda]
mito (m)	**міф** (ч)	[mif]
poesia (f)	**вірші** (мн)	['wirʃi]
autobiografia (f)	**автобіографія** (ж)	[awtobio'ɦrafiʲa]
obras (f pl) escolhidas	**вибрані роботи** (мн)	['wɨbrani ro'bɔtɨ]
ficção (f) científica	**наукова фантастика** (ж)	[nau'kɔwa fan'tastɨka]
título (m)	**назва** (ж)	['nazwa]
introdução (f)	**вступ** (ч)	[wstup]
folha (f) de rosto	**титульна сторінка** (ж)	['tɨtulʲna sto'rinka]
capítulo (m)	**розділ** (ч)	['rɔzdil]
excerto (m)	**уривок** (ч)	[u'rɨwok]
episódio (m)	**епізод** (ч)	[ɛpi'zɔd]
tema (m)	**сюжет** (ч)	[sʲu'ʒɛt]
conteúdo (m)	**вміст** (ч)	[wmist]
índice (m)	**зміст** (ч)	[zmist]
protagonista (m)	**головний герой** (ч)	[ɦolow'nɨj ɦɛ'rɔj]
tomo, volume (m)	**том** (ч)	[tom]
capa (f)	**обкладинка** (ж)	[ob'kladɨnka]
encadernação (f)	**палітура** (ж)	[pali'tura]
marcador (m) de livro	**закладка** (ж)	[za'kladka]
página (f)	**сторінка** (ж)	[sto'rinka]
folhear (vt)	**гортати**	[ɦor'tatɨ]
margem (f)	**поля** (мн)	[po'lʲa]
anotação (f)	**позначка** (ж)	['pɔznatʃka]
nota (f) de rodapé	**примітка** (ж)	[prɨ'mitka]
texto (m)	**текст** (ч)	[tɛkst]
fonte (f)	**шрифт** (ч)	[ʃrɨft]
gralha (f)	**помилка** (ж)	[po'mɨlka]
tradução (f)	**переклад** (ч)	[pɛ'rɛklad]
traduzir (vt)	**перекладати**	[pɛrɛkla'datɨ]
original (m)	**оригінал** (ч)	[orɨɦi'nal]
famoso	**відомий**	[wi'dɔmɨj]
desconhecido	**невідомий**	[nɛwi'dɔmɨj]
interessante	**цікавий**	[ʦi'kawɨj]

best-seller (m)	**бестселер** (ч)	[bɛst'sɛlɛr]
dicionário (m)	**словник** (ч)	[slow'nɨk]
manual (m) escolar	**підручник** (ч)	[pid'rutʃnɨk]
enciclopédia (f)	**енциклопедія** (ж)	[ɛntsɨklo'pɛdiʲa]

158. Caça. Pesca

caça (f)	**полювання** (с)	[polʲu'wanʲa]
caçar (vi)	**полювати**	[polʲu'watɨ]
caçador (m)	**мисливець** (ч)	[mɨs'lɨwɛts]
atirar (vi)	**стріляти**	[stri'lʲatɨ]
caçadeira (f)	**рушниця** (ж)	[ruʃ'nɨtsʲa]
cartucho (m)	**патрон** (ч)	[pat'rɔn]
chumbo (m) de caça	**шріт** (ч)	[ʃrit]
armadilha (f)	**капкан** (ч)	[kap'kan]
armadilha (com corda)	**пастка** (ж)	['pastka]
cair na armadilha	**потрапити в капкан**	[pot'rapɨtɨ w kap'kan]
pôr a armadilha	**ставити капкан**	['stawɨtɨ kap'kan]
caçador (m) furtivo	**браконьєр** (ч)	[brako'nʲɛr]
caça (f)	**дичина** (ж)	[dɨtʃɨ'na]
cão (m) de caça	**мисливський пес** (ч)	[mɨs'lɨwsʲkɨj pɛs]
safári (m)	**сафарі** (с)	[sa'fari]
animal (m) empalhado	**опудало** (с)	[o'pudalo]
pescador (m)	**рибалка** (ч)	[rɨ'balka]
pesca (f)	**риболовля** (ж)	[rɨbo'lɔwlʲa]
pescar (vt)	**ловити рибу**	[lo'wɨtɨ 'rɨbu]
cana (f) de pesca	**вудочка** (ж)	['wudotʃka]
linha (f) de pesca	**волосінь** (ж)	[wolo'sinʲ]
anzol (m)	**гачок** (ч)	[ɦa'tʃɔk]
boia (f)	**поплавець** (ч)	[popla'wɛts]
isca (f)	**наживка** (ж)	[na'ʒɨwka]
lançar a linha	**закинути вудочку**	[za'kɨnutɨ 'wudotʃku]
morder (vt)	**клювати**	[klʲu'watɨ]
pesca (f)	**улов** (ч)	[u'lɔw]
buraco (m) no gelo	**ополонка** (ж)	[opo'lɔnka]
rede (f)	**сітка** (ж)	['sitka]
barco (m)	**човен** (ч)	['tʃɔwɛn]
pescar com rede	**ловити**	[lo'wɨtɨ]
lançar a rede	**закидати сіті**	[zakɨ'datɨ 'siti]
puxar a rede	**витягати сіті**	[wɨtʲa'ɦatɨ 'siti]
cair nas malhas	**потрапити у сіті**	[pot'rapɨtɨ u 'siti]
baleeiro (m)	**китобій** (ч)	[kɨto'bij]
baleeira (f)	**китобійне судно** (с)	[kɨto'bijnɛ 'sudno]
arpão (m)	**гарпун** (ч)	[ɦar'pun]

159. Jogos. Bilhar

bilhar (m)	**більярд** (ч)	[bi'ljard]
sala (f) de bilhar	**більярдна** (ж)	[bi'ljardna]
bola (f) de bilhar	**більярдна куля** (ж)	[bi'ljardna 'kulʲa]
embolsar uma bola	**загнати кулю**	[za'ɦnatɨ 'kulʲu]
taco (m)	**кий** (ч)	[kɨj]
caçapa (f)	**луза** (ж)	['luza]

160. Jogos. Jogar cartas

carta (f) de jogar	**карта** (ж)	['karta]
cartas (f pl)	**карти** (мн)	['kartɨ]
baralho (m)	**колода** (ж)	[ko'lɔda]
trunfo (m)	**козир** (ч)	['kɔzɨr]
ouros (m pl)	**бубни** (мн)	['bubnɨ]
espadas (f pl)	**піки** (мн)	['pikɨ]
copas (f pl)	**черви** (мн)	['ʧɛrwɨ]
paus (m pl)	**трефи** (мн)	['trɛfɨ]
ás (m)	**туз** (ч)	[tuz]
rei (m)	**король** (ч)	[ko'rɔlʲ]
dama (f)	**дама** (ж)	['dama]
valete (m)	**валет** (ч)	[wa'lɛt]
dar, distribuir (vt)	**здавати**	[zda'watɨ]
embaralhar (vt)	**тасувати**	[tasu'watɨ]
vez, jogada (f)	**хід** (ч)	[hid]
ponto (m)	**очко** (с)	[oʧ'kɔ]
batoteiro (m)	**шулер** (ч)	['ʃulɛr]

161. Casino. Roleta

casino (m)	**казино** (с)	[kazɨ'nɔ]
roleta (f)	**рулетка** (ж)	[ru'lɛtka]
aposta (f)	**ставка** (ж)	['stawka]
apostar (vt)	**робити ставки**	[ro'bitɨ 'stawkɨ]
vermelho (m)	**червоне** (с)	[ʧɛr'wɔnɛ]
preto (m)	**чорне** (с)	['ʧɔrnɛ]
apostar no vermelho	**ставити на червоне**	['stawɨtɨ na ʧɛr'wɔnɛ]
apostar no preto	**ставити на чорне**	['stawɨtɨ na 'ʧɔrnɛ]
crupiê (m, f)	**круп'є** (ч)	[kru'pˀɛ]
girar a roda	**крутити барабан**	[kru'tɨtɨ bara'ban]
regras (f pl) do jogo	**правила** (мн) **гри**	['prawɨla ɦrɨ]
ficha (f)	**фішка** (ж)	['fiʃka]
ganhar (vi, vt)	**виграти**	['wɨɦratɨ]
ganho (m)	**виграш** (ч)	['wɨɦraʃ]

| perder (dinheiro) | програти | [proɦ'rati] |
| perda (f) | програш (ч) | ['prɔɦraʃ] |

jogador (m)	гравець (ч)	[ɦra'wɛts]
blackjack (m)	блекджек (ч)	[blɛk'dʒɛk]
jogo (m) de dados	гра (ж) в кості	[ɦra w 'kɔsti]
dados (m pl)	гральні кості (мн)	['ɦralʲni 'kɔsti]
máquina (f) de jogo	гральний автомат (ч)	['ɦralʲnij awto'mat]

162. Descanso. Jogos. Diversos

passear (vi)	прогулюватися	[pro'ɦulʲuwatisʲa]
passeio (m)	прогулянка (ж)	[pro'ɦulʲanka]
viagem (f) de carro	поїздка (ж)	[po'jizdka]
aventura (f)	пригода (ж)	[pri'ɦɔda]
piquenique (m)	пікнік (ч)	[pik'nik]

jogo (m)	гра (ж)	[ɦra]
jogador (m)	гравець (ч)	[ɦra'wɛts]
partida (f)	партія (ж)	['partiʲa]

colecionador (m)	колекціонер (ч)	[kolɛktsio'nɛr]
colecionar (vt)	колекціонувати	[kolɛktsionu'wati]
coleção (f)	колекція (ж)	[ko'lɛktsiʲa]

palavras (f pl) cruzadas	кросворд (ч)	[kros'wɔrd]
hipódromo (m)	іподром (ч)	[ipod'rɔm]
discoteca (f)	дискотека (ж)	[disko'tɛka]

| sauna (f) | сауна (ж) | ['sauna] |
| lotaria (f) | лотерея (ж) | [lotɛ'rɛʲa] |

campismo (m)	похід (ч)	[po'hid]
acampamento (m)	табір (ч)	['tabir]
campista (m)	турист (ч)	[tu'rist]
tenda (f)	намет (ч)	[na'mɛt]
bússola (f)	компас (ч)	['kɔmpas]

ver (vt), assistir à ...	дивитися	[di'witisʲa]
telespectador (m)	телеглядач (ч)	[tɛlɛɦlʲa'datʃ]
programa (m) de TV	телепередача (ж)	['tɛlɛ pɛrɛ'datʃa]

163. Fotografia

| máquina (f) fotográfica | фотоапарат (ч) | [fotoapa'rat] |
| foto, fotografia (f) | фото (с) | ['fɔto] |

fotógrafo (m)	фотограф (ч)	[fo'tɔɦraf]
estúdio (m) fotográfico	фотостудія (ж)	[foto'studiʲa]
álbum (m) de fotografias	фотоальбом (ч)	[fotoalʲ'bɔm]
objetiva (f)	об'єктив (ч)	[ob'ʲɛk'tiw]
teleobjetiva (f)	телеоб'єктив (ч)	[tɛlɛob'ʲɛk'tiw]

filtro (m)	фільтр (ч)	['fil'tr]
lente (f)	лінза (ж)	['linza]

ótica (f)	оптика (ж)	['ɔptika]
abertura (f)	діафрагма (ж)	[dia'frahma]
exposição (f)	витримка (ж)	['witrimka]
visor (m)	видошукач (ч)	[widoʃu'katʃ]

câmara (f) digital	цифрова камера (ж)	[tsifro'wa 'kamɛra]
tripé (m)	штатив (ч)	[ʃta'tiw]
flash (m)	спалах (ч)	['spalah]

fotografar (vt)	фотографувати	[fotohrafu'wati]
tirar fotos	знімати	[zni'mati]
fotografar-se	фотографуватися	[fotohrafu'watis'a]

foco (m)	різкість (ж)	['rizkist']
focar (vt)	наводити різкість	[na'wɔditi 'rizkist']
nítido	різкий	[riz'kij]
nitidez (f)	різкість (ж)	['rizkist']

contraste (m)	контраст (ч)	[kon'trast]
contrastante	контрастний	[kon'trastnij]

retrato (m)	знімок (ч)	['znimok]
negativo (m)	негатив (ч)	[nɛha'tiw]
filme (m)	фотоплівка (ж)	[foto'pliwka]
fotograma (m)	кадр (ч)	[kadr]
imprimir (vt)	друкувати	[druku'wati]

164. Praia. Natação

praia (f)	пляж (ч)	[pl'aʒ]
areia (f)	пісок (ч)	[pi'sɔk]
deserto	пустельний	[pus'tɛl'nij]

bronzeado (m)	засмага (ж)	[zas'maha]
bronzear-se (vr)	засмагати	[zasma'hati]
bronzeado	засмаглий	[zas'mahlij]
protetor (m) solar	крем (ч) для засмаги	[krɛm dl'a zas'mahi]

biquíni (m)	бікіні (мн)	[bi'kini]
fato (m) de banho	купальник (ч)	[ku'pal'nik]
calção (m) de banho	плавки (мн)	['plawki]

piscina (f)	басейн (ч)	[ba'sɛjn]
nadar (vi)	плавати	['plawati]
duche (m)	душ (ч)	[duʃ]
mudar de roupa	перевдягатися	[pɛrɛwd'a'hatis'a]
toalha (f)	рушник (ч)	[ruʃ'nik]

barco (m)	човен (ч)	['tʃowɛn]
lancha (f)	катер (ч)	['katɛr]
esqui (m) aquático	водяні лижі (мн)	[wod'a'ni 'liʒi]

barco (m) de pedais	**водяний велосипед** (ч)	[wodʲa'nij wɛlosi'pɛd]
surf (m)	**серфінг** (ч)	['sɛrfinɦ]
surfista (m)	**серфінгіст** (ч)	[sɛrfi'nɦist]
equipamento (m) de mergulho	**акваланг** (ч)	[akwa'lanɦ]
barbatanas (f pl)	**ласти** (мн)	['lastɨ]
máscara (f)	**маска** (ж)	['maska]
mergulhador (m)	**нирець** (ч)	[nɨ'rɛʦ]
mergulhar (vi)	**пірнати**	[pir'natɨ]
debaixo d'água	**під водою**	[pid wo'dɔʲu]
guarda-sol (m)	**парасолька** (ж)	[para'sɔlʲka]
espreguiçadeira (f)	**шезлонг** (ч)	[ʃɛz'lɔnɦ]
óculos (m pl) de sol	**окуляри** (мн)	[oku'lʲarɨ]
colchão (m) de ar	**плавальний матрац** (ч)	['plawalʲnɨj mat'raʦ]
brincar (vi)	**грати**	['ɦratɨ]
ir nadar	**купатися**	[ku'patisʲa]
bola (f) de praia	**м'яч** (ч)	[mʔʲaʧ]
encher (vt)	**надувати**	[nadu'watɨ]
inflável, de ar	**надувний**	[naduw'nɨj]
onda (f)	**хвиля** (ж)	['hwɨlʲa]
boia (f)	**буй** (ч)	[buj]
afogar-se (pessoa)	**тонути**	[to'nutɨ]
salvar (vt)	**рятувати**	[rʲatu'watɨ]
colete (m) salva-vidas	**рятувальний жилет** (ч)	[rʲatu'walʲnɨj ʒɨ'lɛt]
observar (vt)	**спостерігати**	[spostɛri'ɦatɨ]
nadador-salvador (m)	**рятувальник** (ч)	[rʲatu'walʲnɨk]

EQUIPAMENTO TÉCNICO. TRANSPORTES

Equipamento técnico

165. Computador

computador (m)	**комп'ютер** (ч)	[kom'pʔutɛr]
portátil (m)	**ноутбук** (ч)	[nout'buk]
ligar (vt)	**увімкнути**	[uwimk'nutɨ]
desligar (vt)	**вимкнути**	['wɨmknutɨ]
teclado (m)	**клавіатура** (ж)	[klawia'tura]
tecla (f)	**клавіша** (ж)	['klawiʃa]
rato (m)	**миша** (ж)	['mɨʃa]
tapete (m) de rato	**килимок** (ч) **для миші**	[kɨlɨ'mok dlʲa 'mɨʃi]
botão (m)	**кнопка** (ж)	['knɔpka]
cursor (m)	**курсор** (ч)	[kur'sɔr]
monitor (m)	**монітор** (ч)	[moni'tɔr]
ecrã (m)	**екран** (ч)	[ɛk'ran]
disco (m) rígido	**жорсткий диск** (ч)	[ʒor'stkɨj dɨsk]
capacidade (f) do disco rígido	**об'єм** (ч) **жорсткого диска**	[ob"ɛm ʒorst'kɔɦo 'dɨska]
memória (f)	**пам'ять** (ж)	['pamʔatʲ]
memória RAM (f)	**оперативна пам'ять** (ж)	[opɛra'tɨwna 'pamʔatʲ]
ficheiro (m)	**файл** (ч)	[fajl]
pasta (f)	**папка** (ж)	['papka]
abrir (vt)	**відкрити**	[wid'krɨtɨ]
fechar (vt)	**закрити**	[za'krɨtɨ]
guardar (vt)	**зберегти**	[zbɛrɛɦ'tɨ]
apagar, eliminar (vt)	**видалити**	['wɨdalɨtɨ]
copiar (vt)	**скопіювати**	[skopiʲu'watɨ]
ordenar (vt)	**сортувати**	[sortu'watɨ]
copiar (vt)	**переписати**	[pɛrɛpɨ'satɨ]
programa (m)	**програма** (ж)	[proɦ'rama]
software (m)	**програмне забезпечення** (с)	[proɦ'ramnɛ zabɛz'pɛʧɛnʲa]
programador (m)	**програміст** (ч)	[proɦ'ramist]
programar (vt)	**програмувати**	[proɦramu'watɨ]
hacker (m)	**хакер** (ч)	['hakɛr]
senha (f)	**пароль** (ч)	[pa'rɔlʲ]
vírus (m)	**вірус** (ч)	['wirus]
detetar (vt)	**виявити**	['wɨjawɨtɨ]

byte (m)	**байт** (ч)	[bajt]
megabyte (m)	**мегабайт** (ч)	[mɛɦa'bajt]
dados (m pl)	**дані** (мн)	['dani]
base (f) de dados	**база** (ж) **даних**	['baza 'danɨh]
cabo (m)	**кабель** (ч)	['kabɛlʲ]
desconectar (vt)	**від'єднати**	[wid'ʔɛd'natɨ]
conetar (vt)	**під'єднати**	[pid'ʔɛd'natɨ]

166. Internet. E-mail

internet (f)	**інтернет** (ч)	[intɛr'nɛt]
browser (m)	**браузер** (ч)	['brauzɛr]
motor (m) de busca	**пошуковий ресурс** (ч)	[poʃu'kɔwɨj rɛ'surs]
provedor (m)	**провайдер** (ч)	[pro'wajdɛr]
webmaster (m)	**веб-майстер** (ч)	[wɛb 'majstɛr]
website, sítio web (m)	**веб-сайт** (ч)	[wɛb 'sajt]
página (f) web	**веб-сторінка** (ж)	[wɛb sto'rinka]
endereço (m)	**адреса** (ж)	[ad'rɛsa]
livro (m) de endereços	**адресна книга** (ж)	['adrɛsna 'knɨɦa]
caixa (f) de correio	**поштова скринька** (ж)	[poʃ'tɔwa sk'rɨnʲka]
correio (m)	**пошта** (ж)	['pɔʃta]
cheia (caixa de correio)	**переповнена**	[pɛrɛ'pɔwnɛna]
mensagem (f)	**повідомлення** (с)	[powi'dɔmlɛnʲa]
mensagens (f pl) recebidas	**вхідні повідомлення**	[whid'ni powi'dɔmlɛnʲa]
mensagens (f pl) enviadas	**вихідні повідомлення**	[wɨhidni powi'dɔmlɛnʲa]
remetente (m)	**відправник** (ч)	[wid'prawnɨk]
enviar (vt)	**відправити**	[wid'prawɨtɨ]
envio (m)	**відправлення** (с)	[wid'prawlɛnʲa]
destinatário (m)	**одержувач** (ч)	[o'dɛrʒuwaʧ]
receber (vt)	**отримати**	[ot'rɨmatɨ]
correspondência (f)	**листування** (с)	[lɨstu'wanʲa]
corresponder-se (vr)	**листуватися**	[lɨstu'watɨsʲa]
ficheiro (m)	**файл** (ч)	[fajl]
fazer download, baixar	**скачати**	[ska'ʧatɨ]
criar (vt)	**створити**	[stwo'rɨtɨ]
apagar, eliminar (vt)	**видалити**	['wɨdalɨtɨ]
eliminado	**видалений**	['wɨdalɛnɨj]
conexão (f)	**зв'язок** (ч)	[zwʔʲa'zɔk]
velocidade (f)	**швидкість** (ж)	['ʃwɨdkistʲ]
modem (m)	**модем** (ч)	[mo'dɛm]
acesso (m)	**доступ** (ч)	['dɔstup]
porta (f)	**порт** (ч)	[port]
conexão (f)	**підключення** (с)	[pid'klʲuʧɛnʲa]
conetar (vi)	**підключитися**	[pidklʲu'ʧɨtɨsʲa]

escolher (vt)	**вибрати**	['wɨbratɨ]
buscar (vt)	**шукати**	[ʃu'katɨ]

167. Eletricidade

eletricidade (f)	**електрика** (ж)	[ɛ'lɛktrɨka]
elétrico	**електричний**	[ɛlɛkt'rɨʧnɨj]
central (f) elétrica	**електростанція** (ж)	[ɛlɛktro'stanʦiʲa]
energia (f)	**енергія** (ж)	[ɛ'nɛrɦiʲa]
energia (f) elétrica	**електроенергія** (ж)	[ɛlɛktroɛ'nɛrɦiʲa]
lâmpada (f)	**лампочка** (ж)	['lampoʧka]
lanterna (f)	**ліхтар** (ч)	[lih'tar]
poste (m) de iluminação	**ліхтар** (ч)	[lih'tar]
luz (f)	**світло** (с)	['switlo]
ligar (vt)	**вмикати**	[wmɨ'katɨ]
desligar (vt)	**вимикати**	[wɨmɨ'katɨ]
apagar a luz	**вимикати світло**	[wɨmɨ'katɨ 'switlo]
fundir (vi)	**перегоріти**	[pɛrɛɦo'ritɨ]
curto-circuito (m)	**коротке замикання** (с)	[ko'rɔtkɛ zamɨ'kanʲa]
rutura (f)	**обрив** (ч)	[ob'rɨw]
contacto (m)	**контакт** (ч)	[kon'takt]
interruptor (m)	**вимикач** (ч)	[wɨmɨ'kaʧ]
tomada (f)	**розетка** (ж)	[ro'zɛtka]
ficha (f)	**штепсель** (ч)	['ʃtɛpsɛlʲ]
extensão (f)	**подовжувач** (ч)	[po'dɔwʒuwaʧ]
fusível (m)	**запобіжник** (ч)	[zapo'biʒnɨk]
fio, cabo (m)	**провід** (ч)	['prɔwid]
instalação (f) elétrica	**проводка** (ж)	[pro'wɔdka]
ampere (m)	**ампер** (ч)	[am'pɛr]
amperagem (f)	**сила** (ж) **струму**	['sɨla st'rumu]
volt (m)	**вольт** (ч)	[wolʲt]
voltagem (f)	**напруга** (ж)	[na'pruɦa]
aparelho (m) elétrico	**електроприлад** (ч)	[ɛlɛktro'prɨlad]
indicador (m)	**індикатор** (ч)	[indɨ'kator]
eletricista (m)	**електрик** (ч)	[ɛ'lɛktrɨk]
soldar (vt)	**паяти**	[pa'ʲatɨ]
ferro (m) de soldar	**паяльник** (ч)	[pa'ʲalʲnɨk]
corrente (f) elétrica	**струм** (ч)	[strum]

168. Ferramentas

ferramenta (f)	**інструмент** (ч)	[instru'mɛnt]
ferramentas (f pl)	**інструменти** (мн)	[instru'mɛntɨ]
equipamento (m)	**обладнання** (с)	[ob'ladnanʲa]

Português	Українська	Pronúncia
martelo (m)	молоток (ч)	[molo'tɔk]
chave (f) de fendas	викрутка (ж)	['wikrutka]
machado (m)	сокира (ж)	[so'kira]
serra (f)	пила (ж)	['piɫa]
serrar (vt)	пиляти	[pi'lʲati]
plaina (f)	рубанок (ч)	[ru'banok]
aplainar (vt)	стругати	[stru'ɦati]
ferro (m) de soldar	паяльник (ч)	[pa'ʲalʲnik]
soldar (vt)	паяти	[pa'ʲati]
lima (f)	терпуг (ч)	[tɛr'puɦ]
tenaz (f)	обценьки (мн)	[ob'tsɛnʲki]
alicate (m)	плоскогубці (мн)	[plosko'ɦubʲtsi]
formão (m)	стамеска (ж)	[sta'mɛska]
broca (f)	свердло (с)	[swɛr'lɔ]
berbequim (f)	дриль (ч)	[drilʲ]
furar (vt)	свердлити	[swɛr'liti]
faca (f)	ніж (ч)	[niʒ]
canivete (m)	кишеньковий ніж (ч)	[kiʃɛnʲ'kɔwij niʒ]
lâmina (f)	лезо (с)	['lɛzo]
afiado	гострий	['ɦostrij]
cego	тупий	[tu'pij]
embotar-se (vr)	затупитися	[zatu'pitisʲa]
afiar, amolar (vt)	точити	[to'tʃiti]
parafuso (m)	болт (ч)	[bolt]
porca (f)	гайка (ж)	['ɦajka]
rosca (f)	різьба (ж)	[rizʲ'ba]
parafuso (m) para madeira	шуруп (ч)	[ʃu'rup]
prego (m)	цвях (ч)	[tswʲah]
cabeça (f) do prego	головка (ж)	[ɦo'lɔwka]
régua (f)	лінійка (ж)	[li'nijka]
fita (f) métrica	рулетка (ж)	[ru'lɛtka]
nível (m)	рівень (ч)	['riwɛnʲ]
lupa (f)	лупа (ж)	['lupa]
medidor (m)	вимірювальний прилад (ч)	[wi'mirʲuwalʲnij 'prilad]
medir (vt)	вимірювати	[wi'mirʲuwati]
escala (f)	шкала (ж)	[ʃka'la]
indicação (f), registo (m)	показання (с)	[poka'zanʲa]
compressor (m)	компресор (ч)	[kom'prɛsor]
microscópio (m)	мікроскоп (ч)	[mikro'skɔp]
bomba (f)	насос (ч)	[na'sɔs]
robô (m)	робот (ч)	['robot]
laser (m)	лазер (ч)	['lazɛr]
chave (f) de boca	гайковий ключ (ч)	['ɦajkowij klʲutʃ]
fita (f) adesiva	стрічка-скотч (ч)	['stritʃka skotʃ]

cola (f)	**клей** (ч)	[klɛj]
lixa (f)	**наждачний папір** (ч)	[naʒ'datʃnɨj pa'pir]
mola (f)	**пружина** (ж)	[pru'ʒɨna]
íman (m)	**магніт** (ч)	[maɦ'nit]
luvas (f pl)	**рукавички** (мн)	[ruka'wɨtʃkɨ]
corda (f)	**мотузка** (ж)	[mo'tuzka]
cordel (m)	**шнур** (ч)	[ʃnur]
fio (m)	**провід** (ч)	['prɔwid]
cabo (m)	**кабель** (ч)	['kabɛlʲ]
marreta (f)	**кувалда** (ж)	[ku'walda]
pé de cabra (m)	**лом** (ч)	[lom]
escada (f) de mão	**драбина** (ж)	[dra'bɨna]
escadote (m)	**стрем'янка** (ж)	[strɛ'mʔʲanka]
enroscar (vt)	**закручувати**	[za'krutʃuwatɨ]
desenroscar (vt)	**відкручувати**	[wid'krutʃuwatɨ]
apertar (vt)	**затискати**	[zatɨs'katɨ]
colar (vt)	**приклеїти**	[prɨk'lɛjitɨ]
cortar (vt)	**різати**	['rizatɨ]
falha (mau funcionamento)	**несправність** (ж)	[nɛ'sprawnistʲ]
conserto (m)	**ремонт** (ч)	[rɛ'mɔnt]
consertar, reparar (vt)	**ремонтувати**	[rɛmontu'watɨ]
regular, ajustar (vt)	**регулювати**	[rɛɦulʲu'watɨ]
verificar (vt)	**перевіряти**	[pɛrɛwi'rʲatɨ]
verificação (f)	**перевірка** (ж)	[pɛrɛ'wirka]
indicação (f), registo (m)	**показання** (с)	[poka'zanʲa]
seguro	**надійний**	[na'dijnɨj]
complicado	**складний**	[sklad'nɨj]
enferrujar (vi)	**іржавіти**	[irʒa'witɨ]
enferrujado	**іржавий**	[ir'ʒawɨj]
ferrugem (f)	**іржа** (ж)	[ir'ʒa]

Transportes

169. Avião

avião (m)	літак (ч)	[li'tak]
bilhete (m) de avião	авіаквиток (ч)	[awiakwi'tɔk]
companhia (f) aérea	авіакомпанія (ж)	[awiakom'paniʲa]
aeroporto (m)	аеропорт (ч)	[aɛro'pɔrt]
supersónico	надзвуковий	[nadzwuko'wij]

comandante (m) do avião	командир (ч) корабля	[koman'dir korab'lʲa]
tripulação (f)	екіпаж (ч)	[ɛki'paʒ]
piloto (m)	пілот (ч)	[pi'lɔt]
hospedeira (f) de bordo	стюардеса (ж)	[stʲuar'dɛsa]
copiloto (m)	штурман (ч)	['ʃturman]

asas (f pl)	крила (мн)	['krila]
cauda (f)	хвіст (ч)	[hwist]
cabine (f) de pilotagem	кабіна (ж)	[ka'bina]
motor (m)	двигун (ч)	[dwi'ɦun]
trem (m) de aterragem	шасі (с)	[ʃa'si]
turbina (f)	турбіна (ж)	[tur'bina]

hélice (f)	пропелер (ч)	[pro'pɛlɛr]
caixa-preta (f)	чорна скринька (ж)	['tʃɔrna 'skrinʲka]
coluna (f) de controlo	штурвал (ч)	[ʃtur'wal]
combustível (m)	пальне (с)	[palʲ'nɛ]

instruções (f pl) de segurança	інструкція (ж) з безпеки	[in'struktsiʲa z bɛz'pɛki]
máscara (f) de oxigénio	киснева маска (ж)	['kisnɛwa 'maska]
uniforme (m)	уніформа (ж)	[uni'fɔrma]

colete (m) salva-vidas	рятувальний жилет (ч)	[rʲatu'walʲnij ʒi'lɛt]
paraquedas (m)	парашут (ч)	[para'ʃut]

descolagem (f)	зліт (ч)	[zlit]
descolar (vi)	злітати	[zli'tati]
pista (f) de descolagem	злітна смуга (ж)	['zlitna 'smuɦa]

visibilidade (f)	видимість (ж)	['widimistʲ]
voo (m)	політ (ч)	[po'lit]

altura (f)	висота (ж)	[wiso'ta]
poço (m) de ar	повітряна яма (ж)	[po'witrʲana 'jama]

assento (m)	місце (с)	['mistsɛ]
auscultadores (m pl)	навушники (мн)	[na'wuʃniki]
mesa (f) rebatível	відкидний столик (ч)	[widkid'nij 'stɔlik]
vigia (f)	ілюмінатор (ч)	[ilʲumi'nator]
passagem (f)	прохід (ч)	[pro'hid]

170. Comboio

comboio (m)	поїзд (ч)	['pɔjizd]
comboio (m) suburbano	електропоїзд (ч)	[ɛlɛktro'pɔjizd]
comboio (m) rápido	швидкий поїзд (ч)	[ʃwid'kij 'pɔjizd]
locomotiva (f) diesel	тепловоз (ч)	[tɛplo'wɔz]
locomotiva (f) a vapor	паровоз (ч)	[paro'wɔz]
carruagem (f)	вагон (ч)	[wa'ɦɔn]
carruagem restaurante (f)	вагон-ресторан (ч)	[wa'ɦɔn rɛsto'ran]
carris (m pl)	рейки (мн)	['rɛjki]
caminho de ferro (m)	залізниця (ж)	[zaliz'nitsʲa]
travessa (f)	шпала (ж)	['ʃpala]
plataforma (f)	платформа (ж)	[plat'fɔrma]
linha (f)	колія (ж)	['kɔliʲa]
semáforo (m)	семафор (ч)	[sɛma'fɔr]
estação (f)	станція (ж)	['stantsʲiʲa]
maquinista (m)	машиніст (ч)	[maʃi'nist]
bagageiro (m)	носильник (ч)	[no'silʲnik]
hospedeiro, -a (da carruagem)	провідник (ч)	[prowid'nik]
passageiro (m)	пасажир (ч)	[pasa'ʒir]
revisor (m)	контролер (ч)	[kontro'lɛr]
corredor (m)	коридор (ч)	[kori'dɔr]
freio (m) de emergência	стоп-кран (ч)	[stop kran]
compartimento (m)	купе (с)	[ku'pɛ]
cama (f)	полиця (ж)	[po'litsʲa]
cama (f) de cima	полиця (ж) верхня	[po'litsʲa 'wɛrhnʲa]
cama (f) de baixo	полиця (ж) нижня	[po'litsʲa 'niʒnʲa]
roupa (f) de cama	білизна (ж)	[bi'lizna]
bilhete (m)	квиток (ч)	[kwi'tɔk]
horário (m)	розклад (ч)	['rɔzklad]
painel (m) de informação	табло (с)	[tab'lɔ]
partir (vt)	від'їжджати	[wid'jiʒ'ʑati]
partida (f)	відправлення (с)	[wid'prawlɛnʲa]
chegar (vi)	прибувати	[pribu'wati]
chegada (f)	прибуття (с)	[pribut'tʲa]
chegar de comboio	приїхати поїздом	[pri'jihati 'pɔjizdom]
apanhar o comboio	сісти на поїзд	['sisti na 'pɔjizd]
sair do comboio	зійти з поїзду	[zij'ti z 'pɔjizdu]
acidente (m) ferroviário	катастрофа (ж)	[kata'strɔfa]
descarrilar (vi)	зійти з рейок	[zij'ti z 'rɛjok]
locomotiva (f) a vapor	паровоз (ч)	[paro'wɔz]
fogueiro (m)	кочегар (ч)	[kotʃɛ'ɦar]
fornalha (f)	топка (ж)	['tɔpka]
carvão (m)	вугілля (с)	[wu'ɦilʲa]

171. Barco

navio (m)	корабель (ч)	[kora'bɛlʲ]
embarcação (f)	судно (с)	['sudno]
vapor (m)	пароплав (ч)	[paro'plaw]
navio (m)	теплохід (ч)	[tɛplo'hid]
transatlântico (m)	лайнер (ч)	['lajnɛr]
cruzador (m)	крейсер (ч)	['krɛjsɛr]
iate (m)	яхта (ж)	['ʲahta]
rebocador (m)	буксир (ч)	[buk'sir]
barcaça (f)	баржа (ж)	['barʒa]
ferry (m)	паром (ч)	[pa'rɔm]
veleiro (m)	вітрильник (ч)	[wi'trilʲnik]
bergantim (m)	бригантина (ж)	[briɦan'tina]
quebra-gelo (m)	криголам (ч)	[kriɦo'lam]
submarino (m)	підводний човен (ч)	[pid'wɔdnij 'ʧɔwɛn]
bote, barco (m)	човен (ч)	['ʧɔwɛn]
bote, dingue (m)	шлюпка (ж)	['ʃlʲupka]
bote (m) salva-vidas	шлюпка (ж) рятувальна	['ʃlʲupka rʲatu'walʲna]
lancha (f)	катер (ч)	['katɛr]
capitão (m)	капітан (ч)	[kapi'tan]
marinheiro (m)	матрос (ч)	[mat'rɔs]
marujo (m)	моряк (ч)	[mo'rʲak]
tripulação (f)	екіпаж (ч)	[ɛki'paʒ]
contramestre (m)	боцман (ч)	['bɔtsman]
grumete (m)	юнга (ч)	['ʲunɦa]
cozinheiro (m) de bordo	кок (ч)	[kok]
médico (m) de bordo	судновий лікар (ч)	['sudnowij 'likar]
convés (m)	палуба (ж)	['paluba]
mastro (m)	щогла (ж)	['ɕɔɦla]
vela (f)	вітрило (с)	[wi'trilo]
porão (m)	трюм (ч)	[trʲum]
proa (f)	ніс (ч)	[nis]
popa (f)	корма (ж)	[kor'ma]
remo (m)	весло (с)	[wɛs'lɔ]
hélice (f)	гвинт (ч)	[ɦwint]
camarote (m)	каюта (ж)	[ka'ʲuta]
sala (f) dos oficiais	кают-компанія (ж)	[ka'ʲut kom'paniʲa]
sala (f) das máquinas	машинне відділення (с)	[ma'ʃinɛ wid'dilɛnʲa]
ponte (m) de comando	капітанський місток (ч)	[kapi'tansʲkij mis'tɔk]
sala (f) de comunicações	радіорубка (ж)	[radio'rubka]
onda (f) de rádio	хвиля (ж)	['ɦwilʲa]
diário (m) de bordo	судновий журнал (ч)	['sudnowij ʒur'nal]
luneta (f)	підзорна труба (ж)	[pi'dzɔrna tru'ba]
sino (m)	дзвін (ч)	[dzwin]

bandeira (f)	**прапор** (ч)	['prapor]
cabo (m)	**канат** (ч)	[ka'nat]
nó (m)	**вузол** (ч)	['wuzol]
corrimão (m)	**поручень** (ч)	['pɔrutʃɛnʲ]
prancha (f) de embarque	**трап** (ч)	[trap]
âncora (f)	**якір** (ч)	[ʲakir]
recolher a âncora	**підняти якір**	[pid'nʲatɨ 'jakir]
lançar a âncora	**кинути якір**	['kɨnutɨ 'jakir]
amarra (f)	**якірний ланцюг** (ч)	[ʲakirnɨj lan'tsʲuɦ]
porto (m)	**порт** (ч)	[port]
cais, amarradouro (m)	**причал** (ч)	[prɨ'tʃal]
atracar (vi)	**причалювати**	[prɨ'tʃalʲuwatɨ]
desatracar (vi)	**відчалювати**	[wid'tʃalʲuwatɨ]
viagem (f)	**подорож** (ж)	['pɔdorɔʒ]
cruzeiro (m)	**круїз** (ч)	[kru'jɨz]
rumo (m), rota (f)	**курс** (ч)	[kurs]
itinerário (m)	**маршрут** (ч)	[marʃ'rut]
canal (m) navegável	**фарватер** (ч)	[far'watɛr]
banco (m) de areia	**мілина** (ж)	[milɨ'na]
encalhar (vt)	**сісти на мілину**	['sistɨ na milɨ'nu]
tempestade (f)	**буря** (ж)	['burʲa]
sinal (m)	**сигнал** (ч)	[sɨɦ'nal]
afundar-se (vr)	**тонути**	[to'nutɨ]
Homem ao mar!	**Людина за бортом!**	[lʲu'dɨna za 'bɔrtom!]
SOS	**SOS**	[sos]
boia (f) salva-vidas	**рятувальний круг** (ч)	[rʲatu'walʲnɨj 'kruɦ]

172. Aeroporto

aeroporto (m)	**аеропорт** (ч)	[aɛro'pɔrt]
avião (m)	**літак** (ч)	[li'tak]
companhia (f) aérea	**авіакомпанія** (ж)	[awiakom'panʲia]
controlador (m) de tráfego aéreo	**авіадиспетчер** (ч)	[awiadɨs'pɛtʃɛr]
partida (f)	**виліт** (ч)	['wɨlit]
chegada (f)	**приліт** (ч), **прибуття** (с)	[prɨ'lit], [prɨbu'tʲa]
chegar (~ de avião)	**прилетіти**	[prɨ'lɛtitɨ]
hora (f) de partida	**час** (ч) **вильоту**	[tʃas 'wɨlʲotu]
hora (f) de chegada	**час** (ч) **прильоту**	[tʃas prɨlʲotu]
estar atrasado	**затримуватися**	[za'trɨmuwatɨsʲa]
atraso (m) de voo	**затримка** (ж) **вильоту**	[za'trɨmka 'wɨlʲotu]
painel (m) de informação	**інформаційне табло** (с)	[informa'tsijnɛ tab'lɔ]
informação (f)	**інформація** (ж)	[infor'matsiʲa]
anunciar (vt)	**оголошувати**	[oɦo'lɔʃuwatɨ]

voo (m)	**рейс** (ч)	[rɛjs]
alfândega (f)	**митниця** (ж)	['mɨtnɨtsʲa]
funcionário (m) da alfândega	**митник** (ч)	['mɨtnɨk]
declaração (f) alfandegária	**митна декларація** (ж)	['mɨtna dɛkla'ratsiʲa]
preencher (vt)	**заповнити**	[za'pɔwnɨtɨ]
preencher a declaração	**заповнити декларацію**	[za'pɔwnɨtɨ dɛkla'ratsiʲu]
controlo (m) de passaportes	**паспортний контроль** (ч)	['pasportnɨj kon'trɔlʲ]
bagagem (f)	**багаж** (ч)	[ba'ɦaʒ]
bagagem (f) de mão	**ручний вантаж** (ж)	[rutʃ'nɨj wan'taʒ]
carrinho (m)	**візок** (ч) **для багажу**	[wi'zɔk dlʲa baɦa'ʒu]
aterragem (f)	**посадка** (ж)	[po'sadka]
pista (f) de aterragem	**посадкова смуга** (ж)	[po'sadkowa 'smuɦa]
aterrar (vi)	**сідати**	[si'datɨ]
escada (f) de avião	**трап** (ч)	[trap]
check-in (m)	**реєстрація** (ж)	[reɛ'stratsiʲa]
balcão (m) do check-in	**стійка** (ж) **реєстрації**	['stijka rɛɛ'stratsijɨ]
fazer o check-in	**зареєструватися**	[zarɛestru'watisʲa]
cartão (m) de embarque	**посадковий талон** (ч)	[po'sadkowɨj ta'lɔn]
porta (f) de embarque	**вихід** (ч)	['wɨhid]
trânsito (m)	**транзит** (ч)	[tran'zɨt]
esperar (vi, vt)	**чекати**	[tʃɛ'katɨ]
sala (f) de espera	**зал** (ч) **очікування**	['zal o'tʃikuwanʲa]
despedir-se de …	**проводжати**	[prowo'dʒatɨ]
despedir-se (vr)	**прощатися**	[pro'ɕatisʲa]

173. Bicicleta. Motocicleta

bicicleta (f)	**велосипед** (ч)	[wɛlosɨ'pɛd]
scotter, lambreta (f)	**моторолер** (ч)	[moto'rɔlɛr]
mota (f)	**мотоцикл** (ч)	[moto'tsɨkl]
ir de bicicleta	**їхати на велосипеді**	['jɨhatɨ na wɛlosɨ'pɛdi]
guiador (m)	**кермо** (с)	[kɛr'mɔ]
pedal (m)	**педаль** (ж)	[pɛ'dalʲ]
travões (m pl)	**гальма** (мн)	['ɦalʲma]
selim (m)	**сідло** (с)	[sid'lɔ]
bomba (f) de ar	**насос** (ч)	[na'sɔs]
porta-bagagens (m)	**багажник** (ч)	[ba'ɦaʒnɨk]
lanterna (f)	**ліхтар** (ч)	[lih'tar]
capacete (m)	**шолом** (ч)	[ʃo'lɔm]
roda (f)	**колесо** (с)	['kɔlɛso]
guarda-lamas (m)	**крило** (с)	[krɨ'lɔ]
aro (m)	**обвід** (ч)	['ɔbwid]
raio (m)	**спиця** (ж)	['spɨtsʲa]

Carros

174. Tipos de carros

carro, automóvel (m)	автомобіль (ч), машина (ж)	[awtomo'bilʲ], [ma'ʃina]
carro (m) desportivo	спортивний автомобіль (ч)	[spor'tiwnij awtomo'bilʲ]
limusine (f)	лімузин (ч)	[limu'zin]
todo o terreno (m)	позашляховик (ч)	[pozaʃlʲaho'wik]
descapotável (m)	кабріолет (ч)	[kabrio'lɛt]
minibus (m)	мікроавтобус (ч)	[mikroaw'tɔbus]
ambulância (f)	швидка допомога (ж)	[ʃwid'ka dopo'mɔɦa]
limpa-neve (m)	снігоприбиральна машина (ж)	[sniɦopribi'ralʲna ma'ʃina]
camião (m)	вантажівка (ж)	[wanta'ʒiwka]
camião-cisterna (m)	бензовоз (ч)	[bɛnzo'wɔz]
carrinha (f)	фургон (ч)	[fur'ɦɔn]
camião-trator (m)	тягач (ч)	[tʲa'ɦatʃ]
atrelado (m)	причіп (ч)	[pri'tʃip]
confortável	комфортабельний	[komfor'tabɛlʲnij]
usado	вживаний	['wʒiwanij]

175. Carros. Carroçaria

capô (m)	капот (ч)	[ka'pɔt]
guarda-lamas (m)	крило (с)	[kri'lɔ]
tejadilho (m)	дах (ч)	[dah]
para-brisa (m)	вітрове скло (с)	[witro'wɛ 'sklo]
espelho (m) retrovisor	дзеркало (с) заднього виду	['dzɛrkalo 'zadnʲoɦo 'widu]
lavador (m)	омивач (ч)	[omɨ'watʃ]
limpa-para-brisas (m)	склоочисники (мн)	[skloo'tʃisnɨkɨ]
vidro (m) lateral	бічне скло (с)	['bitʃnɛ 'sklo]
elevador (m) do vidro	склопідіймач (ч)	[sklopidij'matʃ]
antena (f)	антена (ж)	[an'tɛna]
teto solar (m)	люк (ч)	[lʲuk]
para-choques (m pl)	бампер (ч)	['bampɛr]
bagageira (f)	багажник (ч)	[ba'ɦaʒnik]
bagageira (f) de tejadilho	багажник	[ba'ɦaʒnik]
porta (f)	дверцята (мн)	[dwɛr'tsʲata]
maçaneta (f)	ручка (ж)	['rutʃka]

fechadura (f)	замок (ч)	[za'mɔk]
matrícula (f)	номер (ч)	['nɔmɛr]
silenciador (m)	глушник (ч)	[ɦluʃ'nik]
tanque (m) de gasolina	бензобак (ч)	[bɛnzo'bak]
tubo (m) de escape	вихлопна труба (ж)	[wiɦlop'na tru'ba]
acelerador (m)	газ (ч)	[ɦaz]
pedal (m)	педаль (ж)	[pɛ'dalʲ]
pedal (m) do acelerador	педаль (ж) газу	[pɛ'dalʲ 'ɦazu]
travão (m)	гальмо (с)	[ɦalʲ'mɔ]
pedal (m) do travão	педаль (ж) гальма	[pɛ'dalʲ ɦalʲ'ma]
travar (vt)	гальмувати	[ɦalʲmu'wati]
travão (m) de mão	стоянкове гальмо (с)	[stoʲjankowɛ ɦalʲ'mɔ]
embraiagem (f)	зчеплення (с)	['zt͡ʃɛplɛnʲa]
pedal (m) da embraiagem	педаль (ж) зчеплення	[pɛ'dalʲ 'zt͡ʃɛplɛnʲa]
disco (m) de embraiagem	диск (ч) зчеплення	['disk 'zt͡ʃiplɛnʲa]
amortecedor (m)	амортизатор (ч)	[amorti'zator]
roda (f)	колесо (с)	['kɔlɛso]
pneu (m) sobresselente	запасне колесо (с)	[zapas'nɛ 'kɔlɛso]
pneu (m)	покришка (ж), шина (ж)	[po'kriʃka], '[ʃina]
tampão (m) de roda	ковпак (ч)	[kow'pak]
rodas (f pl) motrizes	ведучі колеса (мн)	[wɛ'dut͡ʃi ko'lɛsa]
de tração dianteira	передньопривідний	[pɛrɛdnʲ'opʲriwidnij]
de tração traseira	задньопривідний	[zadnʲopriwid'nij]
de tração às 4 rodas	повнопривідний	[pownop'riwidnij]
caixa (f) de mudanças	коробка (ж) передач	[ko'rɔbka pɛrɛ'dat͡ʃ]
automático	автоматичний	[awtoma'tit͡ʃnij]
mecânico	механічний	[mɛha'nit͡ʃnij]
alavanca (f) das mudanças	важіль (ч) коробки передач	['waʒilʲ ko'rɔbki pɛrɛ'dat͡ʃ]
farol (m)	фара (ж)	['fara]
faróis, luzes	фари (мн)	['fari]
médios (m pl)	ближнє світло (с)	['bliʒnɛ 'switlo]
máximos (m pl)	дальнє світло (с)	['dalʲnɛ 'switlo]
luzes (f pl) de stop	стоп-сигнал (ч)	[stop siɦ'nal]
mínimos (m pl)	габаритні вогні (мн)	[ɦaba'ritni woɦ'ni]
luzes (f pl) de emergência	аварійні вогні (мн)	[awa'rijni woɦ'ni]
faróis (m pl) antinevoeiro	протитуманні фари (мн)	[protitu'mani 'fari]
pisca-pisca (m)	поворотник (ч)	[powo'rɔtnik]
luz (f) de marcha atrás	задній хід (ч)	['zadnij hid]

176. Carros. Habitáculo

interior (m) do carro	салон (ч)	[sa'lɔn]
de couro, de pele	шкіряний	[ʃkirʲa'nij]
de veludo	велюровий	[wɛ'lʲurowij]

estofos (m pl)	**оббивка** (ж)	[ob'bɨwka]
indicador (m)	**прилад** (ч)	['prɨlad]
painel (m) de instrumentos	**панель** (ж) **приладів**	[pa'nɛlʲ 'prɨladiw]
velocímetro (m)	**спідометр** (ч)	[spi'dɔmɛtr]
ponteiro (m)	**стрілка** (ж)	['strilka]
conta-quilómetros (m)	**лічильник** (ч) **пробігу**	[li'ʧɨlʲnɨk pro'biɦu]
sensor (m)	**датчик** (ч)	['daʧɨk]
nível (m)	**рівень** (ч)	['riwɛnʲ]
luz (f) avisadora	**лампочка** (ж)	['lampoʧka]
volante (m)	**кермо** (с)	[kɛr'mɔ]
buzina (f)	**сигнал** (ч)	[sɨɦ'nal]
botão (m)	**кнопка** (ж)	['knɔpka]
interruptor (m)	**перемикач** (ч)	[pɛrɛmɨ'kaʧ]
assento (m)	**сидіння** (с)	[sɨ'dinʲa]
costas (f pl) do assento	**спинка** (ж)	['spɨnka]
cabeceira (f)	**підголівник** (ч)	[pidɦo'liwnɨk]
cinto (m) de segurança	**ремінь** (ч) **безпеки**	['rɛminʲ bɛz'pɛkɨ]
apertar o cinto	**пристебнути ремінь**	[prɨstɛb'nutɨ 'rɛminʲ]
regulação (f)	**регулювання** (с)	[rɛɦulʲu'wanʲa]
airbag (m)	**повітряна подушка** (ж)	[po'witrʲana po'duʃka]
ar (m) condicionado	**кондиціонер** (ч)	[kondɨʦio'nɛr]
rádio (m)	**радіо** (с)	['radio]
leitor (m) de CD	**CD-програвач** (ч)	[si'di proɦra'waʧ]
ligar (vt)	**увімкнути**	[uwimk'nutɨ]
antena (f)	**антена** (ж)	[an'tɛna]
porta-luvas (m)	**бардачок** (ч)	[barda'ʧɔk]
cinzeiro (m)	**попільниця** (ж)	[popilʲ'nɨʦʲa]

177. Carros. Motor

motor (m)	**двигун, мотор** (ч)	[dwɨ'ɦun], [mo'tɔr]
diesel	**дизельний**	['dɨzɛlʲnɨj]
a gasolina	**бензиновий**	[bɛn'zɨnowɨj]
cilindrada (f)	**об'єм** (ч) **двигуна**	[o'bʔɛm dwɨɦu'na]
potência (f)	**потужність** (ж)	[po'tuʒnistʲ]
cavalo-vapor (m)	**кінська сила** (ж)	['kinsʲka 'sɨla]
pistão (m)	**поршень** (ч)	['pɔrʃɛnʲ]
cilindro (m)	**циліндр** (ч)	[ʦɨ'lindr]
válvula (f)	**клапан** (ч)	['klapan]
injetor (m)	**інжектор** (ч)	[in'ʒɛktor]
gerador (m)	**генератор** (ч)	[ɦɛnɛ'rator]
carburador (m)	**карбюратор** (ч)	[karbʲu'rator]
óleo (m) para motor	**мастило** (с) **моторне**	[mas'tɨlo mo'tɔrnɛ]
radiador (m)	**радіатор** (ч)	[radi'ator]
refrigerante (m)	**охолоджувальна рідина** (ж)	[oho'lɔʤuwalʲna ridɨ'na]

ventilador (m)	вентилятор (ч)	[wɛnti'lʲator]
dispositivo (m) de arranque	стартер (ч)	['startɛr]
ignição (f)	запалювання (с)	[za'palʲuwanʲa]
vela (f) de ignição	свічка (ж) запалювання	['switʃka za'palʲuwanʲa]
fusível (m)	запобіжник (ч)	[zapo'biʒnɨk]
bateria (f)	акумулятор (ч)	[akumu'lʲator]
borne (m)	клема (ж)	['klɛma]
borne (m) positivo	плюс (ч)	[plʲus]
borne (m) negativo	мінус (ч)	['minus]
filtro (m) de ar	повітряний фільтр (ч)	[po'witrʲanɨj 'filʲtr]
filtro (m) de óleo	масляний фільтр (ч)	['maslʲanɨj 'filʲtr]
filtro (m) de combustível	паливний фільтр (ч)	['palɨwnɨj 'filʲtr]

178. Carros. Batidas. Reparação

acidente (m) de carro	аварія (ж)	[a'warʲia]
acidente (m) rodoviário	дорожня пригода (ж)	[do'rɔʒnʲa prɨ'ɦɔda]
ir contra …	врізатися	['wrizatɨsʲa]
sofrer um acidente	розбитися	[roz'bɨtɨsʲa]
danos (m pl)	пошкодження (с)	[poʃ'kɔdʒɛnʲa]
intato	цілий	[tsi'lɨj]
avaria (no motor, etc.)	поломка (ж)	[po'lɔmka]
avariar (vi)	зламатися	[zla'matɨsʲa]
cabo (m) de reboque	буксирний трос (ч)	[buk'sɨrnɨj tros]
furo (m)	прокол (ч)	[pro'kɔl]
estar furado	спустити	[spus'tɨtɨ]
encher (vt)	накачати	[naka'tʃatɨ]
pressão (f)	тиск (ч)	[tɨsk]
verificar (vt)	перевірити	[pɛrɛ'wirɨtɨ]
reparação (f)	ремонт (ч)	[rɛ'mɔnt]
oficina (f) de reparação de carros	автосервіс (ч)	[awto'sɛrwɨs]
peça (f) sobresselente	запчастина (ж)	[zaptʃas'tɨna]
peça (f)	деталь (ж)	[dɛ'talʲ]
parafuso (m)	болт (ч)	[bolt]
parafuso (m)	гвинт (ч)	[ɦwɨnt]
porca (f)	гайка (ж)	['ɦajka]
anilha (f)	шайба (ж)	['ʃajba]
rolamento (m)	підшипник (ч)	[pid'ʃɨpnɨk]
tubo (m)	трубка (ж)	['trubka]
junta (f)	прокладка (ж)	[prok'ladka]
fio, cabo (m)	провід (ч)	['prɔwɨd]
macaco (m)	домкрат (ч)	[domk'rat]
chave (f) de boca	гайковий ключ (ч)	[ɦajko'wɨj klʲutʃ]
martelo (m)	молоток (ч)	[molo'tɔk]
bomba (f)	насос (ч)	[na'sɔs]

chave (f) de fendas	**викрутка** (ж)	['wɨkrutka]
extintor (m)	**вогнегасник** (ч)	[woɦnɛ'ɦasnɨk]
triângulo (m) de emergência	**аварійний трикутник** (ч)	[awa'rijnɨj trɨ'kutnɨk]
parar (vi) (motor)	**глохнути**	['ɦlɔɦnutɨ]
paragem (f)	**зупинка** (ж)	[zu'pɨnka]
estar quebrado	**бути зламаним**	['butɨ 'zlamanɨm]
superaquecer-se (vr)	**перегрітися**	[pɛrɛɦ'ritɨsʲa]
entupir-se (vr)	**засмітитися**	[zasmi'titɨsʲa]
congelar-se (vr)	**замерзнути**	[za'mɛrznutɨ]
rebentar (vi)	**лопнути**	['lɔpnutɨ]
pressão (f)	**тиск** (ч)	[tɨsk]
nível (m)	**рівень** (ч)	['riwɛnʲ]
frouxo	**слабкий**	[slab'kɨj]
mossa (f)	**вм'ятина** (ж)	['wmˀʲatɨna]
ruído (m)	**стукіт** (ч)	['stukit]
fissura (f)	**тріщина** (ж)	['triɕɨna]
arranhão (m)	**подряпина** (ж)	[pod'rʲapɨna]

179. Carros. Estrada

estrada (f)	**дорога** (ж)	[do'rɔɦa]
autoestrada (f)	**автомагістраль** (ж)	[awtomaɦi'stralʲ]
rodovia (f)	**шосе** (с)	[ʃo'sɛ]
direção (f)	**напрямок** (ч)	['naprʲamok]
distância (f)	**відстань** (ж)	['widstanʲ]
ponte (f)	**міст** (ч)	[mist]
parque (m) de estacionamento	**паркінг** (ч)	['parkinɦ]
praça (f)	**площа** (ж)	['plɔɕa]
nó (m) rodoviário	**розв'язка** (ж)	[roz'wˀʲazka]
túnel (m)	**тунель** (ч)	[tu'nɛlʲ]
posto (m) de gasolina	**автозаправка** (ж)	[awtoza'prawka]
parque (m) de estacionamento	**автостоянка** (ж)	[awtosto'ʲanka]
bomba (f) de gasolina	**бензоколонка** (ж)	[bɛnzoko'lɔnka]
oficina (f) de reparação de carros	**автосервіс** (ч)	[awto'sɛrwis]
abastecer (vt)	**заправити**	[za'prawɨtɨ]
combustível (m)	**паливо** (с)	['palɨwo]
bidão (m) de gasolina	**каністра** (ж)	[ka'nistra]
asfalto (m)	**асфальт** (ч)	[as'falʲt]
marcação (f) de estradas	**розмітка** (ж)	[roz'mitka]
lancil (m)	**бордюр** (ч)	[bor'dʲur]
proteção (f) guard-rail	**огорожа** (ж)	[oɦo'rɔʒa]
valeta (f)	**кювет** (ч)	[kʲu'wɛt]
berma (f) da estrada	**узбіччя** (с)	[uz'bitʃʲa]
poste (m) de luz	**стовп** (ч)	[stowp]
conduzir, guiar (vt)	**вести**	['wɛstɨ]
virar (ex. ~ à direita)	**повертати**	[powɛr'tatɨ]

dar retorno	**розвертатися**	[rozwɛr'tatisʲa]
marcha-atrás (f)	**задній хід** (ч)	['zadnij hid]
buzinar (vi)	**сигналити**	[siɦ'naliti]
buzina (f)	**звуковий сигнал** (ч)	[zwuko'wij siɦ'nal]
atolar-se (vr)	**застрягти**	[za'strʲaɦti]
patinar (na lama)	**буксувати**	[buksu'wati]
desligar (vt)	**глушити**	[ɦlu'ʃiti]
velocidade (f)	**швидкість** (ж)	['ʃwidkistʲ]
exceder a velocidade	**перевищити швидкість**	[pɛrɛ'wiɕiti 'ʃwidkistʲ]
multar (vt)	**штрафувати**	[ʃtrafu'wati]
semáforo (m)	**світлофор** (ч)	[switlo'fɔr]
carta (f) de condução	**посвідчення** (с) **водія**	[pos'widʧɛnja wodi'ʲa]
passagem (f) de nível	**переїзд** (ч)	[pɛrɛ'jizd]
cruzamento (m)	**перехрестя** (с)	[pɛrɛh'rɛstʲa]
passadeira (f)	**пішохідний перехід** (ч)	[piʃo'hidnij pɛrɛ'hid]
zona (f) pedonal	**пішохідна зона** (ж)	[piʃo'hidna 'zɔna]

180. Sinais de trânsito

código (m) da estrada	**правила** (мн) **дорожнього руху**	['prawila do'rɔʒnʲoɦo 'ruhu]
sinal (m) de trânsito	**знак** (ч)	[znak]
ultrapassagem (f)	**обгін**	[ob'ɦin]
curva (f)	**поворот**	[powo'rɔt]
inversão (f) de marcha	**розворот**	[rozwo'rɔt]
rotunda (f)	**круговий рух**	[kruɦo'wij ruh]
sentido proibido	**в'їзд заборонено**	[wʾj'izd zabo'rɔnɛno]
trânsito proibido	**рух заборонено**	[ruh zabo'rɔnɛno]
proibição de ultrapassar	**обгін заборонено**	[ob'ɦin zabo'rɔnɛno]
estacionamento proibido	**стоянку заборонено**	[sto'ʲanku zabo'rɔnɛno]
paragem proibida	**зупинку заборонено**	[zu'pinku zabo'rɔnɛno]
curva (f) perigosa	**небезпечний поворот**	[nɛbɛz'pɛʧnij powo'rɔt]
descida (f) perigosa	**крутий спуск**	[kru'tij 'spusk]
trânsito de sentido único	**односторонній рух**	[odnosto'rɔnij ruh]
passadeira (f)	**пішохідний перехід**	[piʃo'hidnij pɛrɛ'hid]
pavimento (m) escorregadio	**слизька дорога**	[slizʲ'ka do'rɔɦa]
cedência de passagem	**дати дорогу**	['dati do'rɔɦu]

PESSOAS. EVENTOS

181. Férias. Evento

festa (f)	**свято** (с)	['swʲato]
festa (f) nacional	**національне свято** (с)	[natsio'nalʲnɛ 'swʲato]
feriado (m)	**святковий день** (ч)	[swʲat'kɔwɨj dɛnʲ]
festejar (vt)	**святкувати**	[swʲatku'watɨ]
evento (festa, etc.)	**подія** (ж)	[po'dija]
evento (banquete, etc.)	**захід** (ч)	['zahid]
banquete (m)	**бенкет** (ч)	[bɛ'nkɛt]
receção (f)	**прийом** (ч)	[prɨ'jɔm]
festim (m)	**святкування** (с)	[swʲatku'wanʲa]
aniversário (m)	**річниця** (ж)	[ritʃ'nɨtsʲa]
jubileu (m)	**ювілей** (ч)	[ʲuwi'lɛj]
Ano (m) Novo	**Новий рік** (ч)	[no'wɨj rik]
Feliz Ano Novo!	**З Новим Роком!**	[z no'wɨm 'rɔkom]
Pai (m) Natal	**Санта Клаус** (ч)	['santa 'klaus]
Natal (m)	**Різдво** (с)	[rizd'wɔ]
Feliz Natal!	**Щасливого Різдва!**	[ɕas'lɨwoɦo rizd'wa]
fogo (m) de artifício	**салют** (ч)	[sa'lʲut]
boda (f)	**весілля** (с)	[wɛ'silʲa]
noivo (m)	**наречений** (ч)	[narɛ'tʃɛnɨj]
noiva (f)	**наречена** (ж)	[narɛ'tʃɛna]
convidar (vt)	**запрошувати**	[za'prɔʃuwatɨ]
convite (m)	**запрошення** (с)	[za'prɔʃɛnʲa]
convidado (m)	**гість** (ч)	[ɦistʲ]
visitar (vt)	**йти в гості**	[jtɨ w 'ɦɔsti]
receber os hóspedes	**зустрічати гостей**	[zustri'tʃatɨ ɦos'tɛj]
presente (m)	**подарунок** (ч)	[poda'runok]
oferecer (vt)	**дарувати**	[daru'watɨ]
receber presentes	**отримувати подарунки**	[ot'rɨmuwatɨ poda'runkɨ]
ramo (m) de flores	**букет** (ч)	[bu'kɛt]
felicitações (f pl)	**привітання** (с)	[prɨwi'tanʲa]
felicitar (dar os parabéns)	**вітати**	[wi'tatɨ]
cartão (m) de parabéns	**вітальна листівка** (ж)	[wi'talʲna lɨs'tiwka]
enviar um postal	**надіслати листівку**	[nadi'slatɨ lɨs'tiwku]
receber um postal	**отримати листівку**	[ot'rɨmatɨ lɨs'tiwku]
brinde (m)	**тост** (ч)	[tost]
oferecer (vt)	**пригощати**	[prɨɦo'ɕatɨ]

champanhe (m)	**шампанське** (с)	[ʃam'pansʲkɛ]
divertir-se (vr)	**веселитися**	[wɛsɛ'lɨtɨsʲa]
diversão (f)	**веселощі** (мн)	[wɛ'sɛloɕi]
alegria (f)	**радість** (ж)	['radistʲ]
dança (f)	**танець** (ч)	['tanɛʦ]
dançar (vi)	**танцювати**	[tanʦʲu'watɨ]
valsa (f)	**вальс** (ч)	[walʲs]
tango (m)	**танго** (с)	['tanɦo]

182. Funerais. Enterro

cemitério (m)	**цвинтар** (ч)	['ʦwɨntar]
sepultura (f), túmulo (m)	**могила** (ж)	[mo'ɦɨla]
cruz (f)	**хрест** (ч)	[hrɛst]
lápide (f)	**надгробок** (ч)	[nad'ɦrɔbok]
cerca (f)	**огорожа** (ж)	[oɦo'rɔʒa]
capela (f)	**каплиця** (ж)	[kap'lɨʦʲa]
morte (f)	**смерть** (ж)	[smɛrtʲ]
morrer (vi)	**померти**	[po'mɛrtɨ]
defunto (m)	**покійник** (ч)	[po'kijnɨk]
luto (m)	**траур** (ч)	['traur]
enterrar, sepultar (vt)	**ховати**	[ho'watɨ]
agência (f) funerária	**похоронне бюро** (с)	[poho'rɔnɛ bʲuro]
funeral (m)	**похорон** (ч)	['pɔhoron]
coroa (f) de flores	**вінок** (ч)	[wi'nɔk]
caixão (m)	**труна** (ж)	[tru'na]
carro (m) funerário	**катафалк** (ч)	[kata'falk]
mortalha (f)	**саван** (ч)	[sa'wan]
procissão (f) funerária	**траурна процесія** (ж)	['traurna pro'ʦɛsiʲa]
urna (f) funerária	**поховальна урна** (ж)	[poho'walʲna 'urna]
crematório (m)	**крематорій** (ч)	[krɛma'tɔrij]
obituário (m), necrologia (f)	**некролог** (ч)	[nɛkro'lɔɦ]
chorar (vi)	**плакати**	['plakatɨ]
soluçar (vi)	**ридати**	[rɨ'datɨ]

183. Guerra. Soldados

pelotão (m)	**взвод** (ч)	[wzwod]
companhia (f)	**рота** (ж)	['rɔta]
regimento (m)	**полк** (ч)	[polk]
exército (m)	**армія** (ж)	['armiʲa]
divisão (f)	**дивізія** (ж)	[dɨ'wiziʲa]
destacamento (m)	**загін** (ч)	[za'ɦin]
hoste (f)	**військо** (с)	['wijsʲko]

soldado (m)	**солдат** (ч)	[sol'dat]
oficial (m)	**офіцер** (ч)	[ofi'ʦεr]
soldado (m) raso	**рядовий** (ч)	[rʲado'wɨj]
sargento (m)	**сержант** (ч)	[sεr'ʒant]
tenente (m)	**лейтенант** (ч)	[lεjtε'nant]
capitão (m)	**капітан** (ч)	[kapi'tan]
major (m)	**майор** (ч)	[ma'jɔr]
coronel (m)	**полковник** (ч)	[pol'kɔwnɨk]
general (m)	**генерал** (ч)	[ɦεnε'ral]
marujo (m)	**моряк** (ч)	[mo'rʲak]
capitão (m)	**капітан** (ч)	[kapi'tan]
contramestre (m)	**боцман** (ч)	['bɔʦman]
artilheiro (m)	**артилерист** (ч)	[artɨlε'rɨst]
soldado (m) paraquedista	**десантник** (ч)	[dε'santnɨk]
piloto (m)	**льотчик** (ч)	[lʲotʧɨk]
navegador (m)	**штурман** (ч)	['ʃturman]
mecânico (m)	**механік** (ч)	[mε'hanik]
sapador (m)	**сапер** (ч)	[sa'pεr]
paraquedista (m)	**парашутист** (ч)	[paraʃu'tɨst]
explorador (m)	**розвідник** (ч)	[roz'widnɨk]
franco-atirador (m)	**снайпер** (ч)	['snajpεr]
patrulha (f)	**патруль** (ч)	[pat'rulʲ]
patrulhar (vt)	**патрулювати**	[patrulʲu'watɨ]
sentinela (f)	**вартовий** (ч)	[warto'wɨj]
guerreiro (m)	**воїн** (ч)	['wɔjɨn]
patriota (m)	**патріот** (ч)	[patri'ɔt]
herói (m)	**герой** (ч)	[ɦε'rɔj]
heroína (f)	**героїня** (ж)	[ɦεro'jɨnʲa]
traidor (m)	**зрадник** (ч)	['zradnɨk]
trair (vt)	**зраджувати**	['zradʒuwatɨ]
desertor (m)	**дезертир** (ч)	[dεzεr'tɨr]
desertar (vt)	**дезертирувати**	[dεzεr'tɨruwatɨ]
mercenário (m)	**найманець** (ч)	['najmanεʦ]
recruta (m)	**новобранець** (ч)	[nowo'branεʦ]
voluntário (m)	**доброволець** (ч)	[dobro'wɔlεʦ]
morto (m)	**убитий** (ч)	[u'bɨtɨj]
ferido (m)	**поранений** (ч)	[po'ranεnɨj]
prisioneiro (m) de guerra	**полонений** (ч)	[polo'nεnɨj]

184. Guerra. Ações militares. Parte 1

guerra (f)	**війна** (ж)	[wij'na]
guerrear (vt)	**воювати**	[woʲu'watɨ]
guerra (f) civil	**громадянська війна** (ж)	[ɦroma'dʲansʲka wij'na]
perfidamente	**віроломно**	[wiro'lɔmno]

declaração (f) de guerra	**оголошення** (с) **війни**	[oɦo'lɔʃɛnʲa wij'nɨ]
declarar (vt) guerra	**оголосити**	[oɦolo'sɨtɨ]
agressão (f)	**агресія** (ж)	[aɦ'rɛsiʲa]
atacar (vt)	**нападати**	[napa'datɨ]
invadir (vt)	**захоплювати**	[za'hɔplʲuwatɨ]
invasor (m)	**загарбник** (ч)	[za'ɦarbnɨk]
conquistador (m)	**завойовник** (ч)	[zawo'jɔwnɨk]
defesa (f)	**оборона** (ж)	[obo'rɔna]
defender (vt)	**обороняти**	[oboro'nʲatɨ]
defender-se (vr)	**оборонятися**	[oboro'nʲatɨsʲa]
inimigo (m)	**ворог** (ч)	['wɔroɦ]
adversário (m)	**супротивник** (ч)	[supro'tɨwnɨk]
inimigo	**ворожий**	[wo'rɔʒɨj]
estratégia (f)	**стратегія** (ж)	[stra'tɛɦiʲa]
tática (f)	**тактика** (ж)	['taktɨka]
ordem (f)	**наказ** (ч)	[na'kaz]
comando (m)	**команда** (ж)	[ko'manda]
ordenar (vt)	**наказувати**	[na'kazuwatɨ]
missão (f)	**завдання** (с)	[zaw'danʲa]
secreto	**таємний**	[ta'ɛmnɨj]
batalha (f)	**битва** (ж)	['bɨtwa]
combate (m)	**бій** (ч)	[bij]
ataque (m)	**атака** (ж)	[a'taka]
assalto (m)	**штурм** (ч)	[ʃturm]
assaltar (vt)	**штурмувати**	[ʃturmu'watɨ]
assédio, sítio (m)	**облога** (ж)	[ob'lɔɦa]
ofensiva (f)	**наступ** (ч)	['nastup]
passar à ofensiva	**наступати**	[nastu'patɨ]
retirada (f)	**відступ** (ч)	['widstup]
retirar-se (vr)	**відступати**	[widstu'patɨ]
cerco (m)	**оточення** (с)	[o'tɔʧɛnʲa]
cercar (vt)	**оточувати**	[o'tɔʧuwatɨ]
bombardeio (m)	**бомбардування** (с)	[bombardu'wanʲa]
lançar uma bomba	**скинути бомбу**	['skɨnutɨ 'bɔmbu]
bombardear (vt)	**бомбардувати**	[bombardu'watɨ]
explosão (f)	**вибух** (ч)	['wɨbuh]
tiro (m)	**постріл** (ч)	['pɔstril]
disparar um tiro	**вистрілити**	['wɨstrilɨtɨ]
tiroteio (m)	**стрілянина** (ж)	[strilʲa'nɨna]
apontar para ...	**цілитися**	['ʦilɨtɨsʲa]
apontar (vt)	**навести**	[na'wɛstɨ]
acertar (vt)	**влучити**	['wluʧɨtɨ]
afundar (um navio)	**потопити**	[poto'pɨtɨ]

brecha (f)	пробоїна (ж)	[pro'bɔjina]
afundar-se (vr)	йти на дно	[jti na dno]

frente (m)	фронт (ч)	[front]
evacuação (f)	евакуація (ж)	[ɛwaku'atsiʲa]
evacuar (vt)	евакуювати	[ɛwakuʲu'wati]

trincheira (f)	окоп (ч), траншея (ж)	[o'kɔp], [tran'ʃɛʲa]
arame (m) farpado	колючий дріт (ч)	[ko'lʲutʃij drit]
obstáculo (m) anticarro	загородження (с)	[zaɦo'rɔdʒɛnʲa]
torre (f) de vigia	вишка (ж)	['wiʃka]

hospital (m)	шпиталь (ч)	[ʃpi'talʲ]
ferir (vt)	поранити	[po'raniti]
ferida (f)	рана (ж)	['rana]
ferido (m)	поранений (ч)	[po'ranɛnij]
ficar ferido	отримати поранення	[ot'rimati po'ranɛnʲa]
grave (ferida ~)	важкий	[waʒ'kij]

185. Guerra. Ações militares. Parte 2

cativeiro (m)	полон (ч)	[po'lɔn]
capturar (vt)	взяти в полон	['wzʲati w po'lɔn]
estar em cativeiro	бути в полоні	['buti w po'lɔni]
ser aprisionado	потрапити в полон	[pot'rapiti w po'lɔn]

campo (m) de concentração	концтабір (ч)	[konts'tabir]
prisioneiro (m) de guerra	полонений (ч)	[polo'nɛnij]
escapar (vi)	тікати	[ti'kati]

trair (vt)	зрадити	['zraditi]
traidor (m)	зрадник (ч)	['zradnik]
traição (f)	зрада (ж)	['zrada]

fuzilar, executar (vt)	розстріляти	[rozstri'lʲati]
fuzilamento (m)	розстріл (ч)	['rɔzstril]

equipamento (m)	обмундирування (с)	[obmundiru'wanʲa]
platina (f)	погон (ч)	[po'ɦɔn]
máscara (f) antigás	протигаз (ч)	[proti'ɦaz]

rádio (m)	рація (ж)	['ratsiʲa]
cifra (f), código (m)	шифр (ч)	[ʃifr]
conspiração (f)	конспірація (ж)	[konspi'ratsiʲa]
senha (f)	пароль (ч)	[pa'rɔlʲ]

mina (f)	міна (ж)	['mina]
minar (vt)	мінувати	[minu'wati]
campo (m) minado	мінне поле (с)	['minɛ 'pɔlɛ]

alarme (m) aéreo	повітряна тривога (ж)	[po'witrʲana tri'wɔɦa]
alarme (m)	тривога (ж)	[tri'wɔɦa]
sinal (m)	сигнал (ч)	[siɦ'nal]
sinalizador (m)	сигнальна ракета (ж)	[siɦ'nalʲna ra'kɛta]

estado-maior (m)	**штаб** (ч)	[ʃtab]
reconhecimento (m)	**розвідка** (ж)	['rɔzwidka]
situação (f)	**обстановка** (ж)	[obsta'nɔwka]
relatório (m)	**рапорт** (ч)	['raport]
emboscada (f)	**засідка** (ж)	['zasidka]
reforço (m)	**підкріплення** (с)	[pid'kriplɛnʲa]
alvo (m)	**мішень** (ж)	[mi'ʃɛnʲ]
campo (m) de tiro	**полігон** (ч)	[poli'ɦɔn]
manobras (f pl)	**маневри** (мн)	[ma'nɛwrɨ]
pânico (m)	**паніка** (ж)	['panika]
devastação (f)	**розруха** (ж)	[roz'ruha]
ruínas (f pl)	**руйнування** (мн)	[rujnu'wanʲa]
destruir (vt)	**зруйнувати**	[zrujnu'watɨ]
sobreviver (vi)	**вижити**	['wɨʒɨtɨ]
desarmar (vt)	**обеззброїти**	[obɛz'zbrɔjɨtɨ]
manusear (vt)	**поводитися**	[po'wɔditisʲa]
Firmes!	**Струнко!**	['strunko]
Descansar!	**Вільно!**	['wilʲno]
façanha (f)	**подвиг** (ч)	['pɔdwiɦ]
juramento (m)	**клятва** (ж)	['klʲatwa]
jurar (vi)	**клястися**	['klʲastisʲa]
condecoração (f)	**нагорода** (ж)	[naɦo'rɔda]
condecorar (vt)	**нагороджувати**	[naɦo'rɔdʒuwatɨ]
medalha (f)	**медаль** (ж)	[mɛ'dalʲ]
ordem (f)	**орден** (ч)	['ɔrdɛn]
vitória (f)	**перемога** (ж)	[pɛrɛ'mɔɦa]
derrota (f)	**поразка** (ж)	[po'razka]
armistício (m)	**перемир'я** (с)	[pɛrɛ'mɨrʔʲa]
bandeira (f)	**прапор** (ч)	['prapor]
glória (f)	**слава** (ж)	['slawa]
desfile (m) militar	**парад** (ч)	[pa'rad]
marchar (vi)	**марширувати**	[marʃiru'watɨ]

186. Armas

arma (f)	**зброя** (ж)	['zbrɔʲa]
arma (f) de fogo	**вогнепальна зброя** (ж)	[woɦnɛ'palʲna 'zbrɔʲa]
arma (f) branca	**холодна зброя** (ж)	[ho'lɔdna 'zbrɔʲa]
arma (f) química	**хімічна зброя** (ж)	[hi'mitʃna 'zbrɔʲa]
nuclear	**ядерний**	['ʲadɛrnij]
arma (f) nuclear	**ядерна зброя** (ж)	['ʲadɛrna 'zbrɔʲa]
bomba (f)	**бомба** (ж)	['bɔmba]
bomba (f) atómica	**атомна бомба** (ж)	['atomna 'bɔmba]
pistola (f)	**пістолет** (ч)	[pisto'lɛt]

caçadeira (f)	**рушниця** (ж)	[ruʃnitsʲa]
pistola-metralhadora (f)	**автомат** (ч)	[awto'mat]
metralhadora (f)	**кулемет** (ч)	[kulɛ'mɛt]
boca (f)	**дуло** (с)	['dulo]
cano (m)	**ствол** (ч)	[stwol]
calibre (m)	**калібр** (ч)	[ka'libr]
gatilho (m)	**курок** (ч)	[ku'rɔk]
mira (f)	**приціл** (ч)	[pri'tsil]
carregador (m)	**магазин** (ч)	[maɦa'zin]
coronha (f)	**приклад** (ч)	[prik'lad]
granada (f) de mão	**граната** (ж)	[ɦra'nata]
explosivo (m)	**вибухівка** (ж)	[wibu'hiwka]
bala (f)	**куля** (ж)	['kulʲa]
cartucho (m)	**патрон** (ч)	[pat'rɔn]
carga (f)	**заряд** (ч)	[za'rʲad]
munições (f pl)	**боєприпаси** (мн)	[boɛpri'pasi]
bombardeiro (m)	**бомбардувальник** (ч)	[bombardu'walʲnik]
avião (m) de caça	**винищувач** (ч)	[wi'niɕuwatʃ]
helicóptero (m)	**вертоліт** (ч)	[wɛrto'lit]
canhão (m) antiaéreo	**зенітка** (ж)	[zɛ'nitka]
tanque (m)	**танк** (ч)	[tank]
canhão (de um tanque)	**гармата** (ж)	[ɦar'mata]
artilharia (f)	**артилерія** (ж)	[arti'lɛrʲia]
canhão (m)	**гармата** (ж)	[ɦar'mata]
fazer a pontaria	**навести**	[na'wɛsti]
morteiro (m)	**міномет** (ч)	[mino'mɛt]
granada (f) de morteiro	**міна** (ж)	['mina]
obus (m)	**снаряд** (ч)	[sna'rʲad]
estilhaço (m)	**осколок** (ч)	[os'kɔlok]
submarino (m)	**підводний човен** (ч)	[pid'wɔdnij 'tʃɔwɛn]
torpedo (m)	**торпеда** (ж)	[tor'pɛda]
míssil (m)	**ракета** (ж)	[ra'kɛta]
carregar (uma arma)	**заряджати**	[zarʲa'dʒati]
atirar, disparar (vi)	**стріляти**	[stri'lʲati]
apontar para ...	**цілитися**	['tsilitisʲa]
baioneta (f)	**багнет** (ч)	[baɦ'nɛt]
espada (f)	**шпага** (ж)	['ʃpaɦa]
sabre (m)	**шабля** (ж)	['ʃablʲa]
lança (f)	**спис** (ч)	[spis]
arco (m)	**лук** (ч)	[luk]
flecha (f)	**стріла** (ж)	[stri'la]
mosquete (m)	**мушкет** (ч)	[muʃ'kɛt]
besta (f)	**арбалет** (ч)	[arba'lɛt]

187. Povos da antiguidade

primitivo	**первісний**	[pɛr'wisnɨj]
pré-histórico	**доісторичний**	[doisto'rɨʧnɨj]
antigo	**стародавній**	[staro'dawnij]
Idade (f) da Pedra	**Кам'яний вік** (ч)	[kamʔja'nɨj wik]
Idade (f) do Bronze	**Бронзовий вік** (ч)	['brɔnzowɨj wik]
período (m) glacial	**льодовиковий період** (ч)	[lʲodowɨ'kɔwɨj pɛ'riod]
tribo (f)	**плем'я** (с)	['plɛmʔja]
canibal (m)	**людоїд** (ч)	[lʲudo'jɨd]
caçador (m)	**мисливець** (ч)	[mɨs'liwɛʦ]
caçar (vi)	**полювати**	[polʲu'watɨ]
mamute (m)	**мамонт** (ч)	['mamont]
caverna (f)	**печера** (ж)	[pɛ'ʧɛra]
fogo (m)	**вогонь** (ч)	[wo'ɦɔnʲ]
fogueira (f)	**багаття** (с)	[ba'ɦattʲa]
pintura (f) rupestre	**наскальний малюнок** (ч)	[na'skalʲnɨj ma'lʲunok]
ferramenta (f)	**знаряддя** (с) **праці**	[zna'rʲaddʲa 'praʦi]
lança (f)	**спис** (ч)	[spɨs]
machado (m) de pedra	**кам'яна сокира** (ж)	[kamʔja'na so'kɨra]
guerrear (vt)	**воювати**	[woʲu'watɨ]
domesticar (vt)	**приручати**	[prɨru'ʧatɨ]
ídolo (m)	**ідол** (ч)	['idol]
adorar, venerar (vt)	**поклонятися**	[poklo'nʲatɨsʲa]
superstição (f)	**забобони** (мн)	[zabo'bɔnɨ]
ritual (m)	**обряд, ритуал** (ч)	[ob'rʲad], [rɨtu'al]
evolução (f)	**еволюція** (ж)	[ɛwo'lʲuʦiʲa]
desenvolvimento (m)	**розвиток** (ч)	['rɔzwɨtok]
desaparecimento (m)	**зникнення** (с)	['znɨknɛnʲa]
adaptar-se (vr)	**пристосовуватися**	[prɨstosowu'watɨsʲa]
arqueologia (f)	**археологія** (ж)	[arhɛo'lɔɦiʲa]
arqueólogo (m)	**археолог** (ч)	[arhɛ'ɔloɦ]
arqueológico	**археологічний**	[arhɛolo'ɦiʧnɨj]
local (m) das escavações	**розкопки** (мн)	[roz'kɔpkɨ]
escavações (f pl)	**розкопки** (мн)	[roz'kɔpkɨ]
achado (m)	**знахідка** (ж)	[zna'hidka]
fragmento (m)	**фрагмент** (ч)	[fraɦ'mɛnt]

188. Idade média

povo (m)	**народ** (ч)	[na'rɔd]
povos (m pl)	**народи** (мн)	[na'rɔdɨ]
tribo (f)	**плем'я** (с)	['plɛmʔja]
tribos (f pl)	**племена** (мн)	[plɛmɛ'na]
bárbaros (m pl)	**варвари** (мн)	['warwarɨ]

gauleses (m pl)	**гали** (ч)	['ɦalɨ]
godos (m pl)	**готи** (мн)	['ɦɔtɨ]
eslavos (m pl)	**слов'яни** (мн)	[slo'w'ʲanɨ]
víquingues (m pl)	**вікінги** (мн)	['wikinɦɨ]
romanos (m pl)	**римляни** (мн)	[rɨm'lʲanɨ]
romano	**Римський Папа**	['rɨmsʲkɨj 'papa]
bizantinos (m pl)	**візантійці** (мн)	[wizan'tijʦi]
Bizâncio	**Візантія** (ж)	[wizan'tiʲa]
bizantino	**візантійський**	[wizan'tijsʲkɨj]
imperador (m)	**імператор** (ч)	[impɛ'rator]
líder (m)	**вождь** (ч)	[woʒdʲ]
poderoso	**могутній**	[mo'ɦutnij]
rei (m)	**король** (ч)	[ko'rɔlʲ]
governante (m)	**правитель** (ч)	[pra'wɨtɛlʲ]
cavaleiro (m)	**лицар** (ч)	['lɨʦar]
senhor feudal (m)	**феодал** (ч)	[fɛo'dal]
feudal	**феодальний**	[fɛo'dalʲnɨj]
vassalo (m)	**васал** (ч)	[wa'sal]
duque (m)	**герцог** (ч)	['ɦɛrʦoɦ]
conde (m)	**граф** (ч)	[ɦraf]
barão (m)	**барон** (ч)	[ba'rɔn]
bispo (m)	**єпископ** (ч)	[ɛ'piskop]
armadura (f)	**лати** (мн)	['latɨ]
escudo (m)	**щит** (ч)	[ɕɨt]
espada (f)	**меч** (ч)	[mɛʧ]
viseira (f)	**забрало** (с)	[za'bralo]
cota (f) de malha	**кольчуга** (ж)	[kolʲ'ʧuɦa]
cruzada (f)	**хрестовий похід** (ч)	[hrɛs'tɔwɨj po'hid]
cruzado (m)	**хрестоносець** (ч)	[hrɛsto'nɔsɛʦ]
território (m)	**територія** (ж)	[tɛrɨ'tɔriʲa]
atacar (vt)	**нападати**	[napa'datɨ]
conquistar (vt)	**завоювати**	[zawoʲu'watɨ]
ocupar, invadir (vt)	**захопити**	[zaho'pɨtɨ]
assédio, sítio (m)	**облога** (ж)	[ob'lɔɦa]
sitiado	**обложений**	[ob'lɔʒɛnɨj]
assediar, sitiar (vt)	**облягати**	[oblʲa'ɦatɨ]
inquisição (f)	**інквізиція** (ж)	[inkwi'zɨʦiʲa]
inquisidor (m)	**інквізитор** (ч)	[inkwi'zɨtor]
tortura (f)	**катування** (с)	[katu'wanʲa]
cruel	**жорстокий**	[ʒor'stɔkɨj]
herege (m)	**єретик** (ч)	[ɛ'rɛtɨk]
heresia (f)	**єресь** (ж)	['ɛrɛsʲ]
navegação (f) marítima	**мореплавання** (с)	[morɛ'plawanʲa]
pirata (m)	**пірат** (ч)	[pi'rat]
pirataria (f)	**піратство** (с)	[pi'raʦtwo]

abordagem (f)	**абордаж** (ч)	[abor'daʒ]
presa (f), butim (m)	**здобич** (ж)	['zdɔbɨʧ]
tesouros (m pl)	**скарби** (мн)	[skar'bɨ]
descobrimento (m)	**відкриття** (с)	[widkrɨt'tʲa]
descobrir (novas terras)	**відкрити**	[wid'krɨtɨ]
expedição (f)	**експедиція** (ж)	[ɛkspɛ'dɨʦiʲa]
mosqueteiro (m)	**мушкетер** (ч)	[muʃkɛ'tɛr]
cardeal (m)	**кардинал** (ч)	[kardɨ'nal]
heráldica (f)	**геральдика** (ж)	[ɦɛ'ralʲdɨka]
heráldico	**геральдичний**	[ɦɛralʲ'dɨʧnɨj]

189. Líder. Chefe. Autoridades

rei (m)	**король** (ч)	[ko'rɔlʲ]
rainha (f)	**королева** (ж)	[koro'lɛwa]
real	**королівський**	[koro'liwsʲkɨj]
reino (m)	**королівство** (с)	[koro'liwstwo]
príncipe (m)	**принц** (ч)	[prɨnʦ]
princesa (f)	**принцеса** (ж)	[prɨn'ʦɛsa]
presidente (m)	**президент** (ч)	[prɛzɨ'dɛnt]
vice-presidente (m)	**віце-президент** (ч)	['wiʦɛ prɛzɨ'dɛnt]
senador (m)	**сенатор** (ч)	[sɛ'nator]
monarca (m)	**монарх** (ч)	[mo'narh]
governante (m)	**правитель** (ч)	[pra'wɨtɛlʲ]
ditador (m)	**диктатор** (ч)	[dɨk'tator]
tirano (m)	**тиран** (ч)	[tɨ'ran]
magnata (m)	**магнат** (ч)	[maɦ'nat]
diretor (m)	**директор** (ч)	[dɨ'rɛktor]
chefe (m)	**шеф** (ч)	[ʃɛf]
dirigente (m)	**керівник** (ч)	[kɛriw'nɨk]
patrão (m)	**бос** (ч)	[bos]
dono (m)	**господар** (ч)	[ɦos'pɔdar]
líder, chefe (m)	**вождь** (ч), **лідер** (ч)	[woʒdʲ], ['lidɛr]
chefe (~ de delegação)	**голова** (ж)	[ɦolo'wa]
autoridades (f pl)	**влада** (ж)	['wlada]
superiores (m pl)	**керівництво** (с)	[kɛriw'nɨʦtwo]
governador (m)	**губернатор** (ч)	[ɦubɛr'nator]
cônsul (m)	**консул** (ч)	['kɔnsul]
diplomata (m)	**дипломат** (ч)	[dɨplo'mat]
Presidente (m) da Câmara	**мер** (ч)	[mɛr]
xerife (m)	**шериф** (ч)	[ʃɛ'rɨf]
imperador (m)	**імператор** (ч)	[impɛ'rator]
czar (m)	**цар** (ч)	[ʦar]
faraó (m)	**фараон** (ч)	[fara'ɔn]
cã (m)	**хан** (ч)	[han]

190. Estrada. Caminho. Direções

estrada (f)	**дорога** (ж)	[do'rɔɦa]
caminho (m)	**шлях** (ч)	[ʃlʲah]
rodovia (f)	**шосе** (с)	[ʃo'sɛ]
autoestrada (f)	**автомагістраль** (ж)	[awtomaɦi'stralʲ]
estrada (f) nacional	**національна дорога** (ж)	[nat͡sio'nalʲna do'rɔɦa]
estrada (f) principal	**головна дорога** (ж)	[ɦolow'na do'rɔɦa]
caminho (m) de terra batida	**польова дорога** (ж)	[polʲo'wa do'rɔɦa]
trilha (f)	**стежка** (ж)	['stɛʒka]
vereda (f)	**стежина** (ж)	[stɛ'ʒɨna]
Onde?	**Де?**	[dɛ]
Para onde?	**Куди?**	[ku'dɨ]
De onde?	**Звідки?**	['zwidkɨ]
direção (f)	**напрямок** (ч)	['naprʲamok]
indicar (orientar)	**вказати**	[wka'zatɨ]
para esquerda	**ліворуч**	[li'wɔrut͡ʃ]
para direita	**праворуч**	[pra'wɔrut͡ʃ]
em frente	**прямо**	['prʲamo]
para trás	**назад**	[na'zad]
curva (f)	**поворот** (ч)	[powo'rɔt]
virar (ex. ~ à direita)	**повертати**	[powɛr'tatɨ]
dar retorno	**розвертатися**	[rozwɛr'tatɨsʲa]
estar visível	**виднітися**	[wɨd'nitɨsʲa]
aparecer (vi)	**з'явитися**	[zʔa'wɨtɨsʲa]
paragem (pausa)	**зупинка** (ж)	[zu'pɨnka]
descansar (vi)	**відпочити**	[widpo't͡ʃɨtɨ]
descanso (m)	**відпочинок** (ч)	[widpo't͡ʃɨnok]
perder-se (vr)	**заблукати**	[zablu'katɨ]
conduzir (caminho)	**вести до**	['wɛstɨ do]
chegar a ...	**вийти до...**	['wɨjtɨ do]
trecho (m)	**відрізок** (ч)	[wid'rizok]
asfalto (m)	**асфальт** (ч)	[as'falʲt]
lancil (m)	**бордюр** (ч)	[bor'dʲur]
valeta (f)	**канава** (ж)	[ka'nawa]
tampa (f) de esgoto	**люк** (ч)	[lʲuk]
berma (f) da estrada	**узбіччя** (с)	[uz'bit͡ʃʲa]
buraco (m)	**яма** (ж)	['ʲama]
ir (a pé)	**йти**	[jtɨ]
ultrapassar (vt)	**обігнати**	[obiɦ'natɨ]
passo (m)	**крок** (ч)	[krok]
a pé	**пішки**	['piʃkɨ]

bloquear (vt)	**перегородити**	[pɛrɛɦoro'ditɨ]
cancela (f)	**шлагбаум** (ч)	[ʃlaɦ'baum]
beco (m) sem saída	**глухий кут** (ч)	[ɦlu'ɦij kut]

191. Viloação da lei. Criminosos. Parte 1

bandido (m)	**бандит** (ч)	[ban'dɨt]
crime (m)	**злочин** (ч)	['zlɔʧɨn]
criminoso (m)	**злочинець** (ч)	[zlo'ʧinɛʦ]
ladrão (m)	**злодій** (ч)	['zlɔdij]
roubar (vt)	**красти**	['krastɨ]
roubo (ladroagem)	**викрадення** (с)	['wɨkradɛnʲa]
furto (m)	**крадіжка** (ж)	[kra'diʒka]
raptar (ex. ~ uma criança)	**викрасти**	['wɨkrastɨ]
rapto (m)	**викрадення** (с)	['wɨkradɛnʲa]
raptor (m)	**викрадач** (ч)	[wɨkra'daʧ]
resgate (m)	**викуп** (ч)	['wɨkup]
pedir resgate	**вимагати викуп**	[wɨma'ɦatɨ 'wɨkup]
roubar (vt)	**грабувати**	[ɦrabu'watɨ]
assalto, roubo (m)	**пограбування** (с), **грабіж** (ч)	[poɦrabu'wanʲa], [ɦra'biʒ]
assaltante (m)	**грабіжник** (ч)	[ɦra'biʒnɨk]
extorquir (vt)	**вимагати**	[wɨma'ɦatɨ]
extorsionário (m)	**вимагач** (ч)	[wɨma'ɦaʧ]
extorsão (f)	**вимагання** (с)	[wɨma'ɦanʲa]
matar, assassinar (vt)	**вбити**	['wbɨtɨ]
homicídio (m)	**вбивство** (с)	['wbɨwstwo]
homicida, assassino (m)	**вбивця** (ч)	['wbɨwʦʲa]
tiro (m)	**постріл** (ч)	['pɔstril]
dar um tiro	**вистрілити**	['wɨstrilɨtɨ]
matar a tiro	**застрелити**	[za'strɛlɨtɨ]
atirar, disparar (vi)	**стріляти**	[stri'lʲatɨ]
tiroteio (m)	**стрілянина** (ж)	[strilʲa'nɨna]
incidente (m)	**подія** (ж)	[po'dija]
briga (~ de rua)	**бійка** (ж)	['bijka]
Socorro!	**Допоможіть! Врятуйте!**	[dopomo'ʒitʲ], [wrʲa'tujtɛ!]
vítima (f)	**жертва** (ж)	['ʒɛrtwa]
danificar (vt)	**пошкодити**	[poʃ'kɔdɨtɨ]
dano (m)	**шкода** (ж)	['ʃkɔda]
cadáver (m)	**труп** (ч)	[trup]
grave	**тяжкий**	[tʲaʒ'kɨj]
atacar (vt)	**напасти**	[na'pastɨ]
bater (espancar)	**бити**	['bɨtɨ]
espancar (vt)	**побити**	[po'bɨtɨ]
tirar, roubar (dinheiro)	**відібрати**	[widi'bratɨ]

esfaquear (vt)	зарізати	[za'rizati]
mutilar (vt)	покалічити	[poka'litʃiti]
ferir (vt)	поранити	[po'raniti]
chantagem (f)	шантаж (ч)	[ʃan'taʒ]
chantagear (vt)	шантажувати	[ʃantaʒu'wati]
chantagista (m)	шантажист (ч)	[ʃanta'ʒist]
extorsão	рекет (ч)	['rɛkɛt]
(em troca de proteção)		
extorsionário (m)	рекетир (ч)	[rɛkɛ'tir]
gângster (m)	гангстер (ч)	['hanhstɛr]
máfia (f)	мафія (ж)	['mafiˑa]
carteirista (m)	кишеньковий злодій (ч)	[kiʃɛnʲ'kɔwij 'zlɔdij]
assaltante, ladrão (m)	зломщик (ч)	['zlɔmɕik]
contrabando (m)	контрабанда (ж)	[kontra'banda]
contrabandista (m)	контрабандист (ч)	[kontraban'dist]
falsificação (f)	підробка (ж)	[pid'rɔbka]
falsificar (vt)	підробляти	[pidrob'lʲati]
falsificado	фальшивий	[falʲ'ʃiwij]

192. Viloação da lei. Criminosos. Parte 2

violação (f)	зґвалтування (с)	[zgwaltu'wanʲa]
violar (vt)	зґвалтувати	[zgwaltu'wati]
violador (m)	ґвалтівник (ч)	[gwaltiw'nik]
maníaco (m)	маніяк (ч)	[maniˑ'ak]
prostituta (f)	проститутка (ж)	[prosti'tutka]
prostituição (f)	проституція (ж)	[prosti'tutsiˑa]
chulo (m)	сутенер (ч)	[sutɛ'nɛr]
toxicodependente (m)	наркоман (ч)	[narko'man]
traficante (m)	наркоторговець (ч)	[narkotor'hɔwɛts]
explodir (vt)	підірвати	[pidir'wati]
explosão (f)	вибух (ч)	['wɨbuh]
incendiar (vt)	підпалити	[pidpa'liti]
incendiário (m)	підпалювач (ч)	[pid'palʲuwatʃ]
terrorismo (m)	тероризм (ч)	[tɛro'rizm]
terrorista (m)	терорист (ч)	[tɛro'rist]
refém (m)	заручник (ч)	[za'rutʃnik]
enganar (vt)	обманути	[obma'nuti]
engano (m)	обман (ч)	[ob'man]
vigarista (m)	шахрай (ч)	[ʃah'raj]
subornar (vt)	підкупити	[pidku'pɨti]
suborno (atividade)	підкуп (ч)	['pidkup]
suborno (dinheiro)	хабар (ч)	[ha'bar]
veneno (m)	отрута (ж)	[ot'ruta]

envenenar (vt)	**отруїти**	[otru'jiti]
envenenar-se (vr)	**отруїтись**	[otru'jitisʲ]
suicídio (m)	**самогубство** (с)	[samo'ɦubstwo]
suicida (m)	**самогубець** (ч)	[samo'ɦubɛtsʲ]
ameaçar (vt)	**погрожувати**	[poɦ'rɔʒuwati]
ameaça (f)	**погроза** (ж)	[poɦ'rɔza]
atentar contra a vida de ...	**вчинити замах**	[wʧi'niti 'zamah]
atentado (m)	**замах** (ч)	['zamah]
roubar (o carro)	**украсти**	[uk'rasti]
desviar (o avião)	**викрасти**	['wikrasti]
vingança (f)	**помста** (ж)	['pɔmsta]
vingar (vt)	**мстити**	['mstiti]
torturar (vt)	**катувати**	[katu'wati]
tortura (f)	**катування** (с)	[katu'wanʲa]
atormentar (vt)	**мучити**	['muʧiti]
pirata (m)	**пірат** (ч)	[pi'rat]
desordeiro (m)	**хуліган** (ч)	[huli'ɦan]
armado	**озброєний**	[oz'brɔɛnij]
violência (f)	**насильство** (с)	[na'silʲstwo]
ilegal	**нелегальний**	[nɛlɛ'ɦalʲnij]
espionagem (f)	**шпигунство** (с)	[ʃpi'ɦunstwo]
espionar (vi)	**шпигувати**	[ʃpiɦu'wati]

193. Polícia. Lei. Parte 1

justiça (f)	**правосуддя** (с)	[prawo'suddʲa]
tribunal (m)	**суд** (ч)	[sud]
juiz (m)	**суддя** (ч)	[sud'dʲa]
jurados (m pl)	**присяжні** (мн)	[pri'sʲaʒni]
tribunal (m) do júri	**суд** (ч) **присяжних**	[sud pri'sʲaʒnih]
julgar (vt)	**судити**	[su'diti]
advogado (m)	**адвокат** (ч)	[adwo'kat]
réu (m)	**підсудний** (ч)	[pid'sudnij]
banco (m) dos réus	**лава** (ж) **підсудних**	['lawa pid'sudnih]
acusação (f)	**обвинувачення** (с)	[obwinu'waʧɛnʲa]
acusado (m)	**обвинувачений** (ч)	[obwinu'waʧɛnij]
sentença (f)	**вирок** (ч)	['wirok]
sentenciar (vt)	**присудити**	[prisu'diti]
culpado (m)	**винуватець** (ч)	[winu'watɛts]
punir (vt)	**покарати**	[poka'rati]
punição (f)	**покарання** (с)	[poka'ranʲa]
multa (f)	**штраф** (ч)	[ʃtraf]

prisão (f) perpétua	довічне ув'язнення (с)	[do'witʃnɛ u'w ʲaznɛnʲa]
pena (f) de morte	смертна кара (ж)	['smɛrtna 'kara]
cadeira (f) elétrica	електричний стілець (ч)	[ɛlɛkt'ritʃnij sti'lɛts]
forca (f)	шибениця (ж)	['ʃibɛnɨtsʲa]
executar (vt)	стратити	['stratiti]
execução (f)	страта (ж)	['strata]
prisão (f)	в'язниця (ж)	[w ʲaz'nɨtsʲa]
cela (f) de prisão	камера (ж)	['kamɛra]
escolta (f)	конвой (ч)	[kon'wɔj]
guarda (m) prisional	наглядач (ч)	[nahlʲa'datʃ]
preso (m)	в'язень (ч)	['w ʲazɛnʲ]
algemas (f pl)	наручники (мн)	[na'rutʃniki]
algemar (vt)	надіти наручники	[na'diti na'rutʃniki]
fuga, evasão (f)	втеча (ж)	['wtɛtʃa]
fugir (vi)	утекти	[utɛk'ti]
desaparecer (vi)	зникнути	['zniknuti]
soltar, libertar (vt)	звільнити	[zwilʲ'niti]
amnistia (f)	амністія (ж)	[am'nistiʲa]
polícia (instituição)	поліція (ж)	[po'litsiʲa]
polícia (m)	поліцейський (ч)	[poli'tsɛjsʲkij]
esquadra (f) de polícia	поліцейський відділок (ч)	[poli'tsɛjsʲkij 'widdilok]
cassetete (m)	гумовий кийок (ч)	['ɦumowij kɨ'jɔk]
megafone (m)	рупор (ч)	['rupor]
carro (m) de patrulha	патрульна машина (ж)	[pat'rulʲna ma'ʃina]
sirene (f)	сирена (ж)	[si'rɛna]
ligar a sirene	увімкнути сирену	[uwimk'nuti si'rɛnu]
toque (m) da sirene	виття (с) сирени	[wit'tʲa si'rɛni]
cena (f) do crime	місце (с) події	['mistsɛ po'diji]
testemunha (f)	свідок (ч)	['swidok]
liberdade (f)	воля (ж)	['wolʲa]
cúmplice (m)	спільник (ч)	['spilʲnik]
escapar (vi)	зникнути	['zniknuti]
traço (não deixar ~s)	слід (ч)	[slid]

194. Polícia. Lei. Parte 2

procura (f)	розшук (ч)	['rɔzʃuk]
procurar (vt)	розшукувати	[roz'ʃukuwati]
suspeita (f)	підозра (ж)	[pi'dɔzra]
suspeito	підозрілий	[pido'zrilɨj]
parar (vt)	зупинити	[zupi'niti]
deter (vt)	затримати	[za'trimati]
caso (criminal)	справа (ж)	['sprawa]
investigação (f)	розслідування (с)	[roz'sliduwanʲa]
detetive (m)	детектив (ч)	[dɛtɛk'tiw]

investigador (m)	**слідчий** (ч)	['slidʧɨj]
versão (f)	**версія** (ж)	['wɛrsiʲa]
motivo (m)	**мотив** (ч)	[mo'tɨw]
interrogatório (m)	**допит** (ч)	['dɔpɨt]
interrogar (vt)	**допитувати**	[do'pɨtuwatɨ]
questionar (vt)	**опитувати**	[o'pɨtuwatɨ]
verificação (f)	**перевірка** (ж)	[pɛrɛ'wirka]
batida (f) policial	**облава** (ж)	[ob'lawa]
busca (f)	**обшук** (ч)	['ɔbʃuk]
perseguição (f)	**погоня** (ж)	[po'ɦɔnʲa]
perseguir (vt)	**переслідувати**	[pɛrɛs'liduwatɨ]
seguir (vt)	**слідкувати**	[slidku'watɨ]
prisão (f)	**арешт** (ч)	[a'rɛʃt]
prender (vt)	**заарештувати**	[zaarɛʃtu'watɨ]
pegar, capturar (vt)	**спіймати**	[spij'matɨ]
captura (f)	**затримання** (с)	[za'trɨmanʲa]
documento (m)	**документ** (ч)	[doku'mɛnt]
prova (f)	**доказ** (ч)	['dɔkaz]
provar (vt)	**доводити**	[do'wɔdɨtɨ]
pegada (f)	**слід** (ч)	[slid]
impressões (f pl) digitais	**відбитки** (мн) **пальців**	[wid'bɨtkɨ 'palʲʦiw]
prova (f)	**доказ** (ч)	['dɔkaz]
álibi (m)	**алібі** (с)	['alibi]
inocente	**невинний**	[nɛ'wɨnɨj]
injustiça (f)	**несправедливість** (ж)	[nɛsprawɛd'lɨwistʲ]
injusto	**несправедливий**	[nɛsprawɛd'lɨwɨj]
criminal	**кримінальний**	[krɨmi'nalʲnɨj]
confiscar (vt)	**конфіскувати**	[konfisku'watɨ]
droga (f)	**наркотик** (ч)	[nar'kɔtɨk]
arma (f)	**зброя** (ж)	['zbrɔʲa]
desarmar (vt)	**обеззброїти**	[obɛz'zbrɔjitɨ]
ordenar (vt)	**наказувати**	[na'kazuwatɨ]
desaparecer (vi)	**зникнути**	['znɨknutɨ]
lei (f)	**закон** (ч)	[za'kɔn]
legal	**законний**	[za'kɔnɨj]
ilegal	**незаконний**	[nɛza'kɔnɨj]
responsabilidade (f)	**відповідальність** (ж)	[widpowi'dalʲnistʲ]
responsável	**відповідальний**	[widpowi'dalʲnɨj]

NATUREZA

A Terra. Parte 1

195. Espaço sideral

cosmos (m)	космос (ч)	['kɔsmos]
cósmico	космічний	[kosˈmitʃnij]
espaço (m) cósmico	космічний простір (ч)	[kosˈmitʃnij ˈprɔstir]

mundo (m)	світ (ч)	[swit]
universo (m)	всесвіт (ч)	[ˈwsɛswit]
galáxia (f)	галактика (ж)	[ɦaˈlaktika]

estrela (f)	зірка (ж)	[ˈzirka]
constelação (f)	сузір'я (с)	[suˈzirʲa]
planeta (m)	планета (ж)	[plaˈnɛta]
satélite (m)	супутник (ч)	[suˈputnik]

meteorito (m)	метеорит (ч)	[mɛtɛoˈrit]
cometa (m)	комета (ж)	[koˈmɛta]
asteroide (m)	астероїд (ч)	[astɛˈrɔjid]

órbita (f)	орбіта (ж)	[orˈbita]
girar (vi)	обертатися	[obɛrˈtatisʲa]
atmosfera (f)	атмосфера (ж)	[atmosˈfɛra]

Sol (m)	Сонце (с)	[ˈsɔntsɛ]
Sistema (m) Solar	Сонячна система (ж)	[ˈsɔnʲatʃna sisˈtɛma]
eclipse (m) solar	сонячне затемнення (с)	[ˈsɔnʲatʃnɛ zaˈtɛmnɛnʲa]

Terra (f)	Земля (ж)	[zɛmˈlʲa]
Lua (f)	Місяць (ж)	[ˈmisʲatsʲ]

Marte (m)	Марс (ч)	[mars]
Vénus (f)	Венера (ж)	[wɛˈnɛra]
Júpiter (m)	Юпітер (ч)	[ʲuˈpitɛr]
Saturno (m)	Сатурн (ч)	[saˈturn]

Mercúrio (m)	Меркурій (ч)	[mɛrˈkurij]
Urano (m)	Уран (ч)	[uˈran]
Neptuno (m)	Нептун (ч)	[nɛpˈtun]
Plutão (m)	Плутон (ч)	[pluˈtɔn]

Via Láctea (f)	Чумацький Шлях (ч)	[tʃuˈmatskij ʃlʲah]
Ursa Maior (f)	Велика Ведмедиця (ж)	[wɛˈlika wɛdˈmɛditsʲa]
Estrela Polar (f)	Полярна Зірка (ж)	[poˈlʲarna ˈzirka]
marciano (m)	марсіанин (ч)	[marsiˈanin]
extraterrestre (m)	інопланетянин (ч)	[inoplanɛˈtʲanin]

alienígena (m)	**прибулець** (ч)	[pri'bulɛʦ]
disco (m) voador	**літаюча тарілка** (ж)	[li'taʲuʧa ta'rilka]
nave (f) espacial	**космічний корабель** (ч)	[kos'miʧnij kora'bɛlʲ]
estação (f) orbital	**орбітальна станція** (ж)	[orbi'talʲna 'stanʦiʲa]
lançamento (m)	**старт** (ч)	[start]
motor (m)	**двигун** (ч)	[dwɨ'ɦun]
bocal (m)	**сопло** (с)	['sɔplo]
combustível (m)	**паливо** (с)	['palɨwo]
cabine (f)	**кабіна** (ж)	[ka'bina]
antena (f)	**антена** (ж)	[an'tɛna]
vigia (f)	**ілюмінатор** (ч)	[ilʲumi'nator]
bateria (f) solar	**сонячна батарея** (ж)	['sɔnʲaʧna bata'rɛʲa]
traje (m) espacial	**скафандр** (ч)	[ska'fandr]
imponderabilidade (f)	**невагомість** (ж)	[nɛwa'ɦɔmistʲ]
oxigénio (m)	**кисень** (ч)	['kɨsɛnʲ]
acoplagem (f)	**стикування** (с)	[stɨku'wanʲa]
fazer uma acoplagem	**здійснювати стикування**	['zdijsnʲuwatɨ stɨku'wanʲa]
observatório (m)	**обсерваторія** (ж)	[obsɛrwa'tɔriʲa]
telescópio (m)	**телескоп** (ч)	[tɛlɛ'skɔp]
observar (vt)	**спостерігати**	[spostɛri'ɦatɨ]
explorar (vt)	**досліджувати**	[do'sliʤuwatɨ]

196. A Terra

Terra (f)	**Земля** (ж)	[zɛm'lʲa]
globo terrestre (Terra)	**земна куля** (ж)	[zɛm'na 'kulʲa]
planeta (m)	**планета** (ж)	[pla'nɛta]
atmosfera (f)	**атмосфера** (ж)	[atmos'fɛra]
geografia (f)	**географія** (ж)	[ɦɛo'ɦrafiʲa]
natureza (f)	**природа** (ж)	[prɨ'rɔda]
globo (mapa esférico)	**глобус** (ч)	['ɦlɔbus]
mapa (m)	**карта** (ж)	['karta]
atlas (m)	**атлас** (ч)	['atlas]
Europa (f)	**Європа** (ж)	[ɛw'rɔpa]
Ásia (f)	**Азія** (ж)	['aziʲa]
África (f)	**Африка** (ж)	['afrɨka]
Austrália (f)	**Австралія** (ж)	[aw'straliʲa]
América (f)	**Америка** (ж)	[a'mɛrɨka]
América (f) do Norte	**Північна Америка** (ж)	[piw'niʧna a'mɛrɨka]
América (f) do Sul	**Південна Америка** (ж)	[piw'dɛna a'mɛrɨka]
Antártida (f)	**Антарктида** (ж)	[antark'tɨda]
Ártico (m)	**Арктика** (ж)	['arktɨka]

197. Pontos cardeais

norte (m)	**північ** (ж)	['piwnitʃ]
para norte	**на північ**	[na 'piwnitʃ]
no norte	**на півночі**	[na 'piwnotʃi]
do norte	**північний**	[piw'nitʃnɨj]
sul (m)	**південь** (ч)	['piwdɛnʲ]
para sul	**на південь**	[na 'piwdɛnʲ]
no sul	**на півдні**	[na 'piwdni]
do sul	**південний**	[piw'dɛnɨj]
oeste, ocidente (m)	**захід** (ч)	['zahid]
para oeste	**на захід**	[na 'zahid]
no oeste	**на заході**	[na 'zahodi]
ocidental	**західний**	['zahidnɨj]
leste, oriente (m)	**схід** (ч)	[shid]
para leste	**на схід**	[na 'shid]
no leste	**на сході**	[na 'shɔdi]
oriental	**східний**	['shidnɨj]

198. Mar. Oceano

mar (m)	**море** (с)	['mɔrɛ]
oceano (m)	**океан** (ч)	[okɛ'an]
golfo (m)	**затока** (ж)	[za'tɔka]
estreito (m)	**протока** (ж)	[pro'tɔka]
terra (f) firme	**земля, суша** (ж)	[zɛm'lʲa], ['suʃa]
continente (m)	**материк** (ч)	[matɛ'rɨk]
ilha (f)	**острів** (ч)	['ɔstriw]
península (f)	**півострів** (ч)	[pi'wɔstriw]
arquipélago (m)	**архіпелаг** (ч)	[arhipɛ'laɦ]
baía (f)	**бухта** (ж)	['buhta]
porto (m)	**гавань** (ж)	['ɦawanʲ]
lagoa (f)	**лагуна** (ж)	[la'ɦuna]
cabo (m)	**мис** (ч)	[mɨs]
atol (m)	**атол** (ч)	[a'tɔl]
recife (m)	**риф** (ч)	[rɨf]
coral (m)	**корал** (ч)	[ko'ral]
recife (m) de coral	**кораловий риф** (ч)	[ko'ralowij rɨf]
profundo	**глибокий**	[ɦlɨ'bɔkɨj]
profundidade (f)	**глибина** (ж)	[ɦlɨbɨ'na]
abismo (m)	**безодня** (ж)	[bɛ'zɔdnʲa]
fossa (f) oceânica	**западина** (ж)	[za'padɨna]
corrente (f)	**течія** (ж)	['tɛtʃiʲa]
banhar (vt)	**омивати**	[omɨ'watɨ]
litoral (m)	**берег** (ч)	['bɛrɛɦ]

costa (f)	**узбережжя** (с)	[uzbɛ'rɛʑʲa]
maré (f) alta	**приплив** (ч)	[prɨp'lɨw]
refluxo (m), maré (f) baixa	**відлив** (ч)	[wid'lɨw]
restinga (f)	**мілина** (ж)	[milɨ'na]
fundo (m)	**дно** (с)	[dno]
onda (f)	**хвиля** (ж)	['hwɨlʲa]
crista (f) da onda	**гребінь** (ч) **хвилі**	['ɦrɛbinʲ 'hwɨli]
espuma (f)	**піна** (ж)	[pi'na]
tempestade (f)	**буря** (ж)	['burʲa]
furacão (m)	**ураган** (ч)	[uraɦan]
tsunami (m)	**цунамі** (с)	[ʦu'nami]
calmaria (f)	**штиль** (ч)	[ʃtɨlʲ]
calmo	**спокійний**	[spo'kijnɨj]
polo (m)	**полюс** (ч)	['pɔlʲus]
polar	**полярний**	[po'lʲarnɨj]
latitude (f)	**широта** (ж)	[ʃɨro'ta]
longitude (f)	**довгота** (ж)	[dowɦo'ta]
paralela (f)	**паралель** (ж)	[para'lɛlʲ]
equador (m)	**екватор** (ч)	[ɛk'wator]
céu (m)	**небо** (с)	['nɛbo]
horizonte (m)	**горизонт** (ч)	[ɦorɨ'zɔnt]
ar (m)	**повітря** (с)	[po'witrʲa]
farol (m)	**маяк** (ч)	[ma'ʲak]
mergulhar (vi)	**пірнати**	[pir'natɨ]
afundar-se (vr)	**затонути**	[zato'nutɨ]
tesouros (m pl)	**скарби** (мн)	[skar'bɨ]

199. Nomes de Mares e Oceanos

Oceano (m) Atlântico	**Атлантичний океан** (ч)	[atlan'tɨʧnɨj okɛ'an]
Oceano (m) Índico	**Індійський океан** (ч)	[in'dijsʲkɨj okɛ'an]
Oceano (m) Pacífico	**Тихий океан** (ч)	['tɨhɨj okɛ'an]
Oceano (m) Ártico	**Північний Льодовитий океан** (ч)	[piw'niʧnɨj lʲodo'wɨtɨj okɛ'an]
Mar (m) Negro	**Чорне море** (с)	['ʧɔrnɛ 'mɔrɛ]
Mar (m) Vermelho	**Червоне море** (с)	[ʧɛr'wɔnɛ 'mɔrɛ]
Mar (m) Amarelo	**Жовте море** (с)	['ʒɔwtɛ 'mɔrɛ]
Mar (m) Branco	**Біле море** (с)	['bilɛ 'mɔrɛ]
Mar (m) Cáspio	**Каспійське море** (с)	[kas'pijsʲkɛ 'mɔrɛ]
Mar (m) Morto	**Мертве море** (с)	['mɛrtwɛ 'mɔrɛ]
Mar (m) Mediterrâneo	**Середземне море** (с)	[sɛrɛ'ʣɛmnɛ 'mɔrɛ]
Mar (m) Egeu	**Егейське море** (с)	[ɛ'ɦɛjsʲkɛ 'mɔrɛ]
Mar (m) Adriático	**Адріатичне море** (с)	[adria'tɨʧnɛ 'mɔrɛ]
Mar (m) Arábico	**Аравійське море** (с)	[ara'wijsʲkɛ 'mɔrɛ]
Mar (m) do Japão	**Японське море** (с)	[ja'pɔnsʲkɛ 'mɔrɛ]

Mar (m) de Bering	**Берингове море** (с)	['bɛrɨnɦowɛ 'mɔrɛ]
Mar (m) da China Meridional	**Південно-Китайське море** (с)	[piw'dɛno kɨ'tajsʲkɛ 'mɔrɛ]
Mar (m) de Coral	**Коралове море** (с)	[ko'ralowɛ 'mɔrɛ]
Mar (m) de Tasman	**Тасманове море** (с)	[tas'manowɛ 'mɔrɛ]
Mar (m) do Caribe	**Карибське море** (с)	[ka'rɨbsʲkɛ 'mɔrɛ]
Mar (m) de Barents	**Баренцеве море** (с)	['barɛnʦɛwɛ 'mɔrɛ]
Mar (m) de Kara	**Карське море** (с)	['karsʲkɛ 'mɔrɛ]
Mar (m) do Norte	**Північне море** (с)	[piw'niʧnɛ 'mɔrɛ]
Mar (m) Báltico	**Балтійське море** (с)	[bal'tijsʲkɛ 'mɔrɛ]
Mar (m) da Noruega	**Норвезьке море** (с)	[nor'wɛzʲkɛ 'mɔrɛ]

200. Montanhas

montanha (f)	**гора** (ж)	[ɦo'ra]
cordilheira (f)	**гірський ланцюг** (ч)	[ɦirsʲ'kɨj lan'ʦʲuɦ]
serra (f)	**гірський хребет** (ч)	[ɦirsʲ'kɨj hrɛ'bɛt]
cume (m)	**вершина** (ж)	[wɛr'ʃɨna]
pico (m)	**шпиль** (ч)	[ʃpɨlʲ]
sopé (m)	**підніжжя** (с)	[pid'niʒʲa]
declive (m)	**схил** (ч)	[shɨl]
vulcão (m)	**вулкан** (ч)	[wul'kan]
vulcão (m) ativo	**діючий вулкан** (ч)	['diʲuʧɨj wul'kan]
vulcão (m) extinto	**згаслий вулкан** (ч)	['zɦaslɨj wul'kan]
erupção (f)	**виверження** (с)	['wɨwɛrʒɛnʲa]
cratera (f)	**кратер** (ч)	['kratɛr]
magma (m)	**магма** (ж)	['maɦma]
lava (f)	**лава** (ж)	['lawa]
fundido (lava ~a)	**розжарений**	[roz'ʒarɛnɨj]
desfiladeiro (m)	**каньйон** (ч)	[kanʲ'jɔn]
garganta (f)	**ущелина** (ж)	[u'ɕɛlɨna]
fenda (f)	**розщілина** (ж)	[roz'ɕilɨna]
precipício (m)	**прірва** (ж), **обрив** (ч)	['prirwa], [ob'rɨw]
passo, colo (m)	**перевал** (ч)	[pɛrɛ'wal]
planalto (m)	**плато** (с)	['plato]
falésia (f)	**скеля** (ж)	['skɛlʲa]
colina (f)	**пагорб** (ч)	['paɦorb]
glaciar (m)	**льодовик** (ч)	[lʲodo'wɨk]
queda (f) d'água	**водоспад** (ч)	[wodos'pad]
géiser (m)	**гейзер** (ч)	['ɦɛjzɛr]
lago (m)	**озеро** (с)	['ɔzɛro]
planície (f)	**рівнина** (ж)	[riw'nɨna]
paisagem (f)	**краєвид** (ч)	[kraɛ'wɨd]
eco (m)	**луна** (ж)	[lu'na]

alpinista (m)	**альпініст** (ч)	[alʲpi'nist]
escalador (m)	**скелелаз** (ч)	[skɛlɛ'laz]
conquistar (vt)	**підкоряти**	[pidko'rʲatɨ]
subida, escalada (f)	**підйом** (ч)	[pid'jɔm]

201. Nomes de montanhas

Alpes (m pl)	**Альпи** (мн)	['alʲpɨ]
monte Branco (m)	**Монблан** (ч)	[mon'blan]
Pirineus (m pl)	**Піренеї** (мн)	[pirɛ'nɛjɨ]
Cárpatos (m pl)	**Карпати** (мн)	[kar'patɨ]
montes (m pl) Urais	**Уральські гори** (мн)	[u'ralʲsʲki 'ɦɔrɨ]
Cáucaso (m)	**Кавказ** (ч)	[kaw'kaz]
Elbrus (m)	**Ельбрус** (ч)	[ɛlʲb'rus]
Altai (m)	**Алтай** (ч)	[al'taj]
Tian Shan (m)	**Тянь-Шань** (мн)	[tʲanʲ 'ʃanʲ]
Pamir (m)	**Памір** (ч)	[pa'mir]
Himalaias (m pl)	**Гімалаї** (мн)	[ɦima'lajɨ]
monte (m) Everest	**Еверест** (ч)	[ɛwɛ'rɛst]
Cordilheira (f) dos Andes	**Анди** (мн)	['andɨ]
Kilimanjaro (m)	**Кіліманджаро** (ж)	[kiliman'ʤaro]

202. Rios

rio (m)	**ріка** (ж)	['rika]
fonte, nascente (f)	**джерело** (с)	[ʤɛrɛ'lɔ]
leito (m) do rio	**річище** (с)	['ritʃiɕɛ]
bacia (f)	**басейн** (ч)	[ba'sɛjn]
desaguar no …	**впадати у…**	[wpa'datɨ u…]
afluente (m)	**притока** (ж)	[prɨ'tɔka]
margem (do rio)	**берег** (ч)	['bɛrɛɦ]
corrente (f)	**течія** (ж)	['tɛtʃiʲa]
rio abaixo	**вниз за течією**	[wnɨz za 'tɛtʃiɛʲu]
rio acima	**уверх за течією**	[u'wɛrh po 'tɛtʃiɛʲu]
inundação (f)	**повінь** (ж)	['pɔwinʲ]
cheia (f)	**повінь** (ж)	['pɔwinʲ]
transbordar (vi)	**розливатися**	[rozlɨ'watɨsʲa]
inundar (vt)	**затоплювати**	[za'tɔplʲuwatɨ]
banco (m) de areia	**мілина** (ж)	[milɨ'na]
rápidos (m pl)	**поріг** (ч)	[po'riɦ]
barragem (f)	**гребля** (ж)	['ɦrɛblʲa]
canal (m)	**канал** (ч)	[ka'nal]
reservatório (m) de água	**водосховище** (с)	[wodo'shɔwiɕɛ]
eclusa (f)	**шлюз** (ч)	[ʃlʲuz]

corpo (m) de água	**водойма** (ж)	[wo'dɔjma]
pântano (m)	**болото** (с)	[bo'lɔto]
tremedal (m)	**трясовина** (ж)	[trʲasowɨ'na]
remoinho (m)	**вир** (ч)	[wɨr]
arroio, regato (m)	**струмок** (ч)	[stru'mɔk]
potável	**питний**	['pɨtnɨj]
doce (água)	**прісний**	['prisnɨj]
gelo (m)	**лід** (ч), **крига** (ж)	[lid], ['krɨɦa]
congelar-se (vr)	**замерзнути**	[za'mɛrznutɨ]

203. Nomes de rios

rio Sena (m)	**Сена** (ж)	['sɛna]
rio Loire (m)	**Луара** (ж)	[lu'ara]
rio Tamisa (m)	**Темза** (ж)	['tɛmza]
rio Reno (m)	**Рейн** (ч)	[rɛjn]
rio Danúbio (m)	**Дунай** (ч)	[du'naj]
rio Volga (m)	**Волга** (ж)	['wɔlɦa]
rio Don (m)	**Дон** (ч)	[don]
rio Lena (m)	**Лена** (ж)	['lɛna]
rio Amarelo (m)	**Хуанхе** (ж)	[huan'hɛ]
rio Yangtzé (m)	**Янцзи** (ж)	[jants'zɨ]
rio Mekong (m)	**Меконг** (ч)	[mɛ'kɔnɦ]
rio Ganges (m)	**Ганг** (ч)	[ɦanɦ]
rio Nilo (m)	**Ніл** (ч)	[nil]
rio Congo (m)	**Конго** (ж)	['kɔnɦo]
rio Cubango (m)	**Окаванго** (ж)	[oka'wanɦo]
rio Zambeze (m)	**Замбезі** (ж)	[zam'bɛzi]
rio Limpopo (m)	**Лімпопо** (ж)	[limpo'pɔ]
rio Mississípi (m)	**Міссісіпі** (ж)	[misi'sipi]

204. Floresta

floresta (f), bosque (m)	**ліс** (ч)	[lis]
florestal	**лісовий**	[liso'wɨj]
mata (f) cerrada	**хаща** (ж)	['haɕa]
arvoredo (m)	**гай** (ч)	[ɦaj]
clareira (f)	**галявина** (ж)	[ɦa'lʲawɨna]
matagal (m)	**зарості** (мн)	['zarosti]
mato (m)	**чагарник** (ч)	[ʧa'ɦarnɨk]
vereda (f)	**стежина** (ж)	[stɛ'ʒɨna]
ravina (f)	**яр** (ч)	[jar]
árvore (f)	**дерево** (с)	['dɛrɛwo]

folha (f)	**листок** (ч)	[lɨs'tɔk]
folhagem (f)	**листя** (с)	['lɨstʲa]
queda (f) das folhas	**листопад** (ч)	[lɨsto'pad]
cair (vi)	**опадати**	[opa'datɨ]
topo (m)	**верхівка** (ж)	[wɛr'hiwka]
ramo (m)	**гілка** (ж)	['ɦilka]
galho (m)	**сук** (ч)	[suk]
botão, rebento (m)	**брунька** (ж)	['brunʲka]
agulha (f)	**голка** (ж)	['ɦɔlka]
pinha (f)	**шишка** (ж)	['ʃɨʃka]
buraco (m) de árvore	**дупло** (с)	[dup'lɔ]
ninho (m)	**гніздо** (с)	[ɦniz'dɔ]
tronco (m)	**стовбур** (ч)	['stɔwbur]
raiz (f)	**корінь** (ч)	['kɔrinʲ]
casca (f) de árvore	**кора** (ж)	[ko'ra]
musgo (m)	**мох** (ч)	[moh]
arrancar pela raiz	**корчувати**	[kortʃu'watɨ]
cortar (vt)	**рубати**	[ru'batɨ]
desflorestar (vt)	**вирубувати ліс**	[wɨ'rubuwatɨ lis]
toco, cepo (m)	**пень** (ч)	[pɛnʲ]
fogueira (f)	**багаття** (с)	[ba'ɦattʲa]
incêndio (m) florestal	**лісова пожежа** (ж)	[liso'wa po'ʒɛʒa]
apagar (vt)	**тушити**	[tu'ʃɨtɨ]
guarda-florestal (m)	**лісник** (ч)	[lis'nɨk]
proteção (f)	**охорона** (ж)	[oho'rɔna]
proteger (a natureza)	**охороняти**	[ohoro'nʲatɨ]
caçador (m) furtivo	**браконьєр** (ч)	[brako'nʲɛr]
armadilha (f)	**капкан** (ч)	[kap'kan]
colher (cogumelos)	**збирати**	[zbɨ'ratɨ]
colher (bagas)	**збирати**	[zbɨ'ratɨ]
perder-se (vr)	**заблукати**	[zablu'katɨ]

205. Recursos naturais

recursos (m pl) naturais	**природні ресурси** (мн)	[prɨ'rɔdni rɛ'sursɨ]
minerais (m pl)	**корисні копалини** (мн)	['kɔrisni ko'palɨnɨ]
depósitos (m pl)	**поклади** (мн)	['pɔkladɨ]
jazida (f)	**родовище** (с)	[ro'dɔwɨɕɛ]
extrair (vt)	**добувати**	[dobu'watɨ]
extração (f)	**добування** (с)	[dobu'wanʲa]
minério (m)	**руда** (ж)	[ru'da]
mina (f)	**копальня** (ж)	[ko'palʲnʲa]
poço (m) de mina	**шахта** (ж)	['ʃahta]
mineiro (m)	**шахтар** (ч)	[ʃah'tar]
gás (m)	**газ** (ч)	[ɦaz]

gasoduto (m)	газопровід (ч)	[ɦazopro'wid]
petróleo (m)	нафта (ж)	['nafta]
oleoduto (m)	нафтопровід (ч)	[nafto'prɔwid]
poço (m) de petróleo	нафтова вишка (ж)	['naftowa 'wiʃka]
torre (f) petrolífera	свердлова вежа (ж)	[swɛrd'lɔwa 'wɛʒa]
petroleiro (m)	танкер (ч)	['tankɛr]
areia (f)	пісок (ч)	[pi'sɔk]
calcário (m)	вапняк (ч)	[wap'nʲak]
cascalho (m)	гравій (ч)	['ɦrawij]
turfa (f)	торф (ч)	[torf]
argila (f)	глина (ж)	['ɦlina]
carvão (m)	вугілля (с)	[wu'ɦilʲa]
ferro (m)	залізо (с)	[za'lizo]
ouro (m)	золото (с)	['zɔloto]
prata (f)	срібло (с)	['sriblo]
níquel (m)	нікель (ч)	['nikɛlʲ]
cobre (m)	мідь (ж)	[midʲ]
zinco (m)	цинк (ч)	['tsink]
manganês (m)	марганець (ч)	['marɦanɛts]
mercúrio (m)	ртуть (ж)	[rtutʲ]
chumbo (m)	свинець (ч)	[swiˈnɛts]
mineral (m)	мінерал (ч)	[minɛ'ral]
cristal (m)	кристал (ч)	[kris'tal]
mármore (m)	мармур (ч)	['marmur]
urânio (m)	уран (ч)	[u'ran]

A Terra. Parte 2

206. Tempo

tempo (m)	**погода** (ж)	[po'ɦɔda]
previsão (f) do tempo	**прогноз** (ч) **погоди**	[proɦ'nɔz po'ɦɔdɨ]
temperatura (f)	**температура** (ж)	[tɛmpɛra'tura]
termómetro (m)	**термометр** (ч)	[tɛr'mɔmɛtr]
barómetro (m)	**барометр** (ч)	[ba'rɔmɛtr]
húmido	**вологий**	[wo'lɔɦɨj]
humidade (f)	**вологість** (ж)	[woloɦistʲ]
calor (m)	**спека** (ж)	['spɛka]
cálido	**гарячий**	[ɦa'rʲatʃɨj]
está muito calor	**спекотно**	[spɛ'kɔtno]
está calor	**тепло**	['tɛplo]
quente	**теплий**	['tɛplɨj]
está frio	**холодно**	['hɔlodno]
frio	**холодний**	[ho'lɔdnɨj]
sol (m)	**сонце** (с)	['sɔntsɛ]
brilhar (vi)	**світити**	[swi'tɨtɨ]
de sol, ensolarado	**сонячний**	['sɔnʲatʃnɨj]
nascer (vi)	**зійти**	[zij'tɨ]
pôr-se (vr)	**сісти**	['sistɨ]
nuvem (f)	**хмара** (ж)	['hmara]
nublado	**хмарний**	['hmarnɨj]
nuvem (f) preta	**хмара** (ж)	['hmara]
escuro, cinzento	**похмурий**	[poh'murɨj]
chuva (f)	**дощ** (ч)	[doɕ]
está a chover	**йде дощ**	[jdɛ doɕ]
chuvoso	**дощовий**	[doɕo'wɨj]
chuviscar (vi)	**накрапати**	[nakra'patɨ]
chuva (f) torrencial	**проливний дощ** (ч)	[prolɨw'nɨj doɕ]
chuvada (f)	**злива** (ж)	['zlɨwa]
forte (chuva)	**сильний**	['sɨlʲnɨj]
poça (f)	**калюжа** (ж)	[ka'lʲuʒa]
molhar-se (vr)	**мокнути**	['mɔknutɨ]
nevoeiro (m)	**туман** (ч)	[tu'man]
de nevoeiro	**туманний**	[tu'manɨj]
neve (f)	**сніг** (ч)	[sniɦ]
está a nevar	**йде сніг**	[jdɛ sniɦ]

207. Tempo extremo. Catástrofes naturais

trovoada (f)	**гроза** (ж)	[ɦro'za]
relâmpago (m)	**блискавка** (ж)	['blɨskawka]
relampejar (vi)	**блискати**	['blɨskatɨ]
trovão (m)	**грім** (ч)	[ɦrim]
trovejar (vi)	**гриміти**	[ɦrɨ'mitɨ]
está a trovejar	**гримить грім**	[ɦrɨ'mitʲ ɦrim]
granizo (m)	**град** (ч)	[ɦrad]
está a cair granizo	**йде град**	[jdɛ ɦrad]
inundar (vt)	**затопити**	[zato'pitɨ]
inundação (f)	**повінь** (ж)	['pɔwinʲ]
terremoto (m)	**землетрус** (ч)	[zɛmlɛt'rus]
abalo, tremor (m)	**поштовх** (ч)	['pɔʃtowh]
epicentro (m)	**епіцентр** (ч)	[ɛpi'ʦɛntr]
erupção (f)	**виверження** (с)	['wɨwɛrʒɛnʲa]
lava (f)	**лава** (ж)	['lawa]
turbilhão, tornado (m)	**смерч, торнадо** (ч)	[smɛrʧ], [tor'nado]
turbilhão (m)	**смерч** (ч)	[smɛrʧ]
tornado (m)	**торнадо** (ч)	[tor'nado]
tufão (m)	**тайфун** (ч)	[taj'fun]
furacão (m)	**ураган** (ч)	[uraɦan]
tempestade (f)	**буря** (ж)	['burʲa]
tsunami (m)	**цунамі** (с)	[ʦu'nami]
ciclone (m)	**циклон** (ч)	[ʦɨk'lɔn]
mau tempo (m)	**негода** (ж)	[nɛ'ɦɔda]
incêndio (m)	**пожежа** (ж)	[po'ʒɛʒa]
catástrofe (f)	**катастрофа** (ж)	[kata'strɔfa]
meteorito (m)	**метеорит** (ч)	[mɛtɛo'rɨt]
avalanche (f)	**лавина** (ж)	[la'wɨna]
deslizamento (m) de neve	**обвал** (ч)	[ob'wal]
nevasca (f)	**заметіль** (ж)	[zamɛ'tilʲ]
tempestade (f) de neve	**завірюха** (ж)	[zawi'rʲuha]

208. Ruídos. Sons

silêncio (m)	**тиша** (ж)	['tɨʃa]
som (m)	**звук** (ч)	[zwuk]
ruído, barulho (m)	**шум** (ч)	[ʃum]
fazer barulho	**шуміти**	[ʃu'mitɨ]
ruidoso, barulhento	**гучний**	[ɦuʧ'nɨj]
alto (adv)	**голосно**	['ɦɔlosno]
alto (adj)	**голосний**	[ɦolos'nɨj]

constante (ruído, etc.)	**постійний**	[pos'tijnɨj]
grito (m)	**крик** (ч)	[krɨk]
gritar (vi)	**кричати**	[krɨ'ʧatɨ]
sussurro (m)	**шепіт** (ч)	['ʃɛpit]
sussurrar (vt)	**шепотіти**	[ʃɛpo'titɨ]
latido (m)	**гавкіт** (ч)	['ɦawkit]
latir (vi)	**гавкати**	['ɦawkatɨ]
gemido (m)	**стогін** (ч)	['stɔɦin]
gemer (vi)	**стогнати**	[stoɦ'natɨ]
tosse (f)	**кашель** (ч)	['kaʃɛlʲ]
tossir (vi)	**кашляти**	['kaʃlʲatɨ]
assobio (m)	**свист** (ч)	[swɨst]
assobiar (vi)	**свистіти**	[swɨs'titɨ]
batida (f)	**стукіт** (ч)	['stukit]
bater (vi)	**стукати**	['stukatɨ]
estalar (vi)	**тріщати**	[tri'ɕatɨ]
estalido (m)	**тріск** (ч)	[trisk]
sirene (f)	**сирена** (ж)	[sɨ'rɛna]
apito (m)	**гудок** (ч)	[ɦu'dɔk]
apitar (vi)	**гудіти**	[ɦu'ditɨ]
buzina (f)	**сигнал** (ч)	[sɨɦ'nal]
buzinar (vi)	**сигналити**	[sɨɦ'nalɨtɨ]

209. Inverno

inverno (m)	**зима** (ж)	[zɨ'ma]
de inverno	**зимовий**	[zɨ'mɔwɨj]
no inverno	**взимку**	['wzɨmku]
neve (f)	**сніг** (ч)	[sniɦ]
está a nevar	**йде сніг**	[jdɛ sniɦ]
queda (f) de neve	**снігопад** (ч)	[sniɦo'pad]
amontoado (m) de neve	**замет** (ч)	[za'mɛt]
floco (m) de neve	**сніжинка** (ж)	[sni'ʒɨnka]
bola (f) de neve	**сніжок** (ч)	[sni'ʒok]
boneco (m) de neve	**сніговик** (ч)	[sniɦo'wɨk]
sincelo (m)	**бурулька** (ж)	[bu'rulʲka]
dezembro (m)	**грудень** (ч)	['ɦrudɛnʲ]
janeiro (m)	**січень** (ч)	['siʧɛnʲ]
fevereiro (m)	**лютий** (ч)	['lʲutɨj]
gelo (m)	**мороз** (ч)	[mo'rɔz]
gelado, glacial	**морозний**	[mo'rɔznɨj]
abaixo de zero	**нижче нуля**	['nɨʒʧɛ nu'lʲa]
geada (f)	**заморозки** (мн)	['zamorozkɨ]
geada (f) branca	**іній** (ч)	['inij]

frio (m)	**холод** (ч)	['hɔlod]
está frio	**холодно**	['hɔlodno]
casaco (m) de peles	**шуба** (ж)	['ʃuba]
mitenes (f pl)	**рукавиці** (мн)	[ruka'wiʦi]
adoecer (vi)	**захворіти**	[zahwo'riti]
constipação (f)	**застуда** (ж)	[za'studa]
constipar-se (vr)	**застудитися**	[zastu'ditisʲa]
gelo (m)	**лід** (ч), **крига** (ж)	[lid], ['kriɦa]
gelo (m) na estrada	**ожеледиця** (ж)	[oʒɛ'lɛdiʦʲa]
congelar-se (vr)	**замерзнути**	[za'mɛrznuti]
bloco (m) de gelo	**крижина** (ж)	[kri'ʒina]
esqui (m)	**лижі** (мн)	['liʒi]
esquiador (m)	**лижник** (ч)	['liʒnik]
esquiar (vi)	**кататися на лижах**	[ka'tatisʲa na 'liʒah]
patinar (vi)	**кататися на ковзанах**	[ka'tatisʲa na kowza'nah]

Fauna

210. Mamíferos. Predadores

predador (m)	**хижак** (ч)	[hɨ'ʒak]
tigre (m)	**тигр** (ч)	[tɨɦr]
leão (m)	**лев** (ч)	[lɛw]
lobo (m)	**вовк** (ч)	[wowk]
raposa (f)	**лисиця** (ж)	[lɨ'sɨʦʲa]
jaguar (m)	**ягуар** (ч)	[jaɦu'ar]
leopardo (m)	**леопард** (ч)	[lɛo'pard]
chita (f)	**гепард** (ч)	[ɦɛ'pard]
pantera (f)	**пантера** (ж)	[pan'tɛra]
puma (m)	**пума** (ж)	['puma]
leopardo-das-neves (m)	**сніговий барс** (ч)	[sniɦo'wɨj bars]
lince (m)	**рись** (ж)	[risʲ]
coiote (m)	**койот** (ч)	[ko'jɔt]
chacal (m)	**шакал** (ч)	[ʃa'kal]
hiena (f)	**гієна** (ж)	[ɦi'ɛna]

211. Animais selvagens

animal (m)	**тварина** (ж)	[twa'rɨna]
besta (f)	**звір** (ч)	[zwir]
esquilo (m)	**білка** (ж)	['bilka]
ouriço (m)	**їжак** (ч)	[jɨ'ʒak]
lebre (f)	**заєць** (ч)	['zaɛʦ]
coelho (m)	**кріль** (ч)	[krilʲ]
texugo (m)	**борсук** (ч)	[bor'suk]
guaxinim (m)	**єнот** (ч)	[ɛ'nɔt]
hamster (m)	**хом'як** (ч)	[ho'mˀʲak]
marmota (f)	**бабак** (ч)	[ba'bak]
toupeira (f)	**кріт** (ч)	[krit]
rato (m)	**миша** (ж)	['mɨʃa]
ratazana (f)	**щур** (ч)	[ɕur]
morcego (m)	**кажан** (ч)	[ka'ʒan]
arminho (m)	**горностай** (ч)	[ɦorno'staj]
zibelina (f)	**соболь** (ч)	['sɔbolʲ]
marta (f)	**куниця** (ж)	[ku'nɨʦʲa]
doninha (f)	**ласка** (ж)	['laska]
vison (m)	**норка** (ж)	['nɔrka]

castor (m)	**бобер** (ч)	[bo'bɛr]
lontra (f)	**видра** (ж)	['wɨdra]
cavalo (m)	**кінь** (ч)	[kinʲ]
alce (m)	**лось** (ч)	[losʲ]
veado (m)	**олень** (ч)	['ɔlɛnʲ]
camelo (m)	**верблюд** (ч)	[wɛr'blʲud]
bisão (m)	**бізон** (ч)	[bi'zɔn]
auroque (m)	**зубр** (ч)	[zubr]
búfalo (m)	**буйвіл** (ч)	['bujwil]
zebra (f)	**зебра** (ж)	['zɛbra]
antílope (m)	**антилопа** (ж)	[antɨ'lɔpa]
corça (f)	**косуля** (ж)	[ko'sulʲa]
gamo (m)	**лань** (ж)	[lanʲ]
camurça (f)	**сарна** (ж)	['sarna]
javali (m)	**вепр** (ч)	[wɛpr]
baleia (f)	**кит** (ч)	[kɨt]
foca (f)	**тюлень** (ч)	[tʲu'lɛnʲ]
morsa (f)	**морж** (ч)	[morʒ]
urso-marinho (m)	**котик** (ч)	['kɔtɨk]
golfinho (m)	**дельфін** (ч)	[dɛlʲ'fin]
urso (m)	**ведмідь** (ч)	[wɛd'midʲ]
urso (m) branco	**білий ведмідь** (ч)	['bilɨj wɛd'midʲ]
panda (m)	**панда** (ж)	['panda]
macaco (em geral)	**мавпа** (ж)	['mawpa]
chimpanzé (m)	**шимпанзе** (ч)	[ʃɨmpan'zɛ]
orangotango (m)	**орангутанг** (ч)	[oranɦu'tanɦ]
gorila (m)	**горила** (ж)	[ɦo'rɨla]
macaco (m)	**макака** (ж)	[ma'kaka]
gibão (m)	**гібон** (ч)	[ɦi'bɔn]
elefante (m)	**слон** (ч)	[slon]
rinoceronte (m)	**носоріг** (ч)	[noso'riɦ]
girafa (f)	**жирафа** (ж)	[ʒɨrafa]
hipopótamo (m)	**бегемот** (ч)	[bɛɦɛ'mɔt]
canguru (m)	**кенгуру** (ч)	[kɛnɦu'ru]
coala (m)	**коала** (ч)	[ko'ala]
mangusto (m)	**мангуст** (ч)	[ma'nɦust]
chinchila (m)	**шиншила** (ж)	[ʃɨn'ʃɨla]
doninha-fedorenta (f)	**скунс** (ч)	[skuns]
porco-espinho (m)	**дикобраз** (ч)	[dɨko'braz]

212. Animais domésticos

gata (f)	**кішка** (ж)	['kiʃka]
gato (m) macho	**кіт** (ч)	[kit]
cão (m)	**собака, пес** (ч)	[so'baka], [pɛs]

cavalo (m)	**кінь** (ч)	[kinʲ]
garanhão (m)	**жеребець** (ч)	[ʒɛrɛ'bɛʦ]
égua (f)	**кобила** (ж)	[ko'bɨla]
vaca (f)	**корова** (ж)	[ko'rɔwa]
touro (m)	**бик** (ч)	[bɨk]
boi (m)	**віл** (ч)	[wil]
ovelha (f)	**вівця** (ж)	[wiw'ʦʲa]
carneiro (m)	**баран** (ч)	[ba'ran]
cabra (f)	**коза** (ж)	[ko'za]
bode (m)	**козел** (ч)	[ko'zɛl]
burro (m)	**осел** (ч)	[o'sɛl]
mula (f)	**мул** (ч)	[mul]
porco (m)	**свиня** (ж)	[swɨ'nʲa]
leitão (m)	**порося** (с)	[poro'sʲa]
coelho (m)	**кріль** (ч)	[krilʲ]
galinha (f)	**курка** (ж)	['kurka]
galo (m)	**півень** (ч)	['piwɛnʲ]
pata (f)	**качка** (ж)	['kaʧka]
pato (macho)	**качур** (ч)	['kaʧur]
ganso (m)	**гусак** (ч)	[ɦu'sak]
peru (m)	**індик** (ч)	[in'dɨk]
perua (f)	**індичка** (ж)	[in'dɨʧka]
animais (m pl) domésticos	**домашні тварини** (мн)	[do'maʃni twa'rɨnɨ]
domesticado	**ручний**	[ruʧ'nɨj]
domesticar (vt)	**приручати**	[prɨru'ʧatɨ]
criar (vt)	**вирощувати**	[wɨ'rɔɕuwatɨ]
quinta (f)	**ферма** (ж)	['fɛrma]
aves (f pl) domésticas	**свійські птахи** (мн)	['swijsʲki pta'hi]
gado (m)	**худоба** (ж)	[hu'dɔba]
rebanho (m), manada (f)	**стадо** (с)	['stado]
estábulo (m)	**конюшня** (ж)	[ko'nʲuʃnʲa]
pocilga (f)	**свинарник** (ч)	[swɨ'narnɨk]
estábulo (m)	**корівник** (ч)	[ko'riwnɨk]
coelheira (f)	**крільчатник** (ч)	[krilʲ'ʧatnɨk]
galinheiro (m)	**курник** (ч)	[kur'nɨk]

213. Cães. Raças de cães

cão (m)	**собака** (ч)	[so'baka]
cão pastor (m)	**вівчарка** (ж)	[wiw'ʧarka]
pastor-alemão (m)	**німецька вівчарка** (ж)	[ni'mɛʦʲka wiw'ʧarka]
caniche (m)	**пудель** (ч)	['pudɛlʲ]
teckel (m)	**такса** (ж)	['taksa]
buldogue (m)	**бульдог** (ч)	[bulʲ'dɔɦ]

boxer (m)	**боксер** (ч)	[bok'sɛr]
mastim (m)	**мастиф** (ч)	[mas'tɨf]
rottweiler (m)	**ротвейлер** (ч)	[rot'wɛjlɛr]
dobermann (m)	**доберман** (ч)	[dobɛr'man]
basset (m)	**басет** (ч)	[ba'sɛt]
pastor inglês (m)	**бобтейл** (ч)	[bob'tɛjl]
dálmata (m)	**далматинець** (ч)	[dalma'tɨnɛʦ]
cocker spaniel (m)	**кокер-спаніель** (ч)	['kɔkɛr spani'ɛlʲ]
terra-nova (m)	**ньюфаундленд** (ч)	[njufaund'lɛnd]
são-bernardo (m)	**сенбернар** (ч)	[sɛnbɛr'nar]
husky (m)	**хаскі** (ч)	[haski]
Chow-chow (m)	**чау-чау** (ч)	[ʧau ʧau]
spitz alemão (m)	**шпіц** (ч)	[ʃpiʦ]
carlindogue (m)	**мопс** (ч)	[mops]

214. Sons produzidos pelos animais

latido (m)	**гавкіт** (ч)	['ɦawkit]
latir (vi)	**гавкати**	['ɦawkatɨ]
miar (vi)	**нявкати**	['nʲawkatɨ]
ronronar (vi)	**муркотіти**	[murko'titɨ]
mugir (vaca)	**мукати**	['mukatɨ]
bramir (touro)	**ревіти**	[rɛ'witɨ]
rosnar (vi)	**ричати**	[rɨ'ʧatɨ]
uivo (m)	**виття** (с)	[wɨt'tʲa]
uivar (vi)	**вити**	['wɨtɨ]
ganir (vi)	**скиглити**	['skɨɦlɨtɨ]
balir (vi)	**бекати**	['bɛkatɨ]
grunhir (porco)	**рохкати**	['rɔhkatɨ]
guinchar (vi)	**верещати**	[wɛrɛ'ɕatɨ]
coaxar (sapo)	**кумкати**	['kumkatɨ]
zumbir (inseto)	**дзижчати**	[ʣɨʒ'ʧatɨ]
estridular, ziziar (vi)	**стрекотати**	[strɛko'tatɨ]

215. Animais jovens

cria (f), filhote (m)	**дитинча** (с)	[dɨtɨn'ʧa]
gatinho (m)	**кошеня** (с)	[koʃɛ'nʲa]
ratinho (m)	**мишеня** (с)	[mɨʃɛ'nʲa]
cãozinho (m)	**цуценя** (с)	[ʦuʦɛ'nʲa]
filhote (m) de lebre	**зайченя** (с)	[zajʧɛ'nʲa]
coelhinho (m)	**кроленя** (с)	[krolɛ'nʲa]
lobinho (m)	**вовченя** (с)	[wowʧɛ'nʲa]
raposinho (m)	**лисеня** (с)	[lɨsɛ'nʲa]

ursinho (m)	ведмежа (c)	[wɛdmɛˈʒa]
leãozinho (m)	левеня (c)	[lɛwɛˈnʲa]
filhote (m) de tigre	тигреня (c)	[tiɦrɛˈnʲa]
filhote (m) de elefante	слоненя (c)	[slonɛˈnʲa]
leitão (m)	порося (c)	[poroˈsʲa]
bezerro (m)	теля (c)	[tɛˈlʲa]
cabrito (m)	козеня (c)	[kozɛˈnʲa]
cordeiro (m)	ягня (c)	[jaɦˈnʲa]
cria (f) de veado	оленя (c)	[olɛˈnʲa]
cria (f) de camelo	верблюденя (c)	[wɛrblʲudɛˈnʲa]
filhote (m) de serpente	змієня (c)	[zmiɛˈnʲa]
cria (f) de rã	жабеня (c)	[ʒabɛˈnʲa]
cria (f) de ave	пташеня (c)	[ptaʃɛˈnʲa]
pinto (m)	курча (c)	[kurˈtʃa]
patinho (m)	каченя (c)	[katʃɛˈnʲa]

216. Pássaros

pássaro (m), ave (f)	птах (ч)	[ptah]
pombo (m)	голуб (ч)	[ˈɦɔlub]
pardal (m)	горобець (ч)	[ɦoroˈbɛts]
chapim-real (m)	синиця (ж)	[sɨˈnɨtsʲa]
pega-rabuda (f)	сорока (ж)	[soˈrɔka]
corvo (m)	ворон (ч)	[ˈwɔron]
gralha (f) cinzenta	ворона (ж)	[woˈrɔna]
gralha-de-nuca-cinzenta (f)	галка (ж)	[ˈɦalka]
gralha-calva (f)	грак (ч)	[ɦrak]
pato (m)	качка (ж)	[ˈkatʃka]
ganso (m)	гусак (ч)	[ɦuˈsak]
faisão (m)	фазан (ч)	[faˈzan]
águia (f)	орел (ч)	[oˈrɛl]
açor (m)	яструб (ч)	[ˈʲastrub]
falcão (m)	сокіл (ч)	[ˈsɔkil]
abutre (m)	гриф (ч)	[ɦrif]
condor (m)	кондор (ч)	[ˈkɔndor]
cisne (m)	лебідь (ч)	[ˈlɛbidʲ]
grou (m)	журавель (ч)	[ʒuraˈwɛlʲ]
cegonha (f)	чорногуз (ч)	[tʃornoˈɦuz]
papagaio (m)	папуга (ч)	[paˈpuɦa]
beija-flor (m)	колібрі (ч)	[koˈlibri]
pavão (m)	пава (ж)	[ˈpawa]
avestruz (m)	страус (ч)	[ˈstraus]
garça (f)	чапля (ж)	[ˈtʃaplʲa]
flamingo (m)	фламінго (c)	[flaˈminɦo]
pelicano (m)	пелікан (ч)	[pɛliˈkan]

rouxinol (m)	**соловей** (ч)	[solo'wɛj]
andorinha (f)	**ластівка** (ж)	['lastiwka]
tordo-zornal (m)	**дрізд** (ч)	[drizd]
tordo-músico (m)	**співучий дрізд** (ч)	[spi'wuʧɨj 'drizd]
melro-preto (m)	**чорний дрізд** (ч)	['ʧɔrnɨj 'drizd]
andorinhão (m)	**стриж** (ч)	['strɨʒ]
cotovia (f)	**жайворонок** (ч)	['ʒajworonok]
codorna (f)	**перепел** (ч)	['pɛrɛpɛl]
pica-pau (m)	**дятел** (ч)	['dʲatɛl]
cuco (m)	**зозуля** (ж)	[zo'zulʲa]
coruja (f)	**сова** (ж)	[so'wa]
corujão, bufo (m)	**пугач** (ч)	[pu'ɦaʧ]
tetraz-grande (m)	**глухар** (ч)	[ɦlu'har]
tetraz-lira (m)	**тетерук** (ч)	[tɛtɛ'ruk]
perdiz-cinzenta (f)	**куріпка** (ж)	[ku'ripka]
estorninho (m)	**шпак** (ч)	[ʃpak]
canário (m)	**канарка** (ж)	[ka'narka]
galinha-do-mato (f)	**рябчик** (ч)	['rʲabʧɨk]
tentilhão (m)	**зяблик** (ч)	['zʲablɨk]
dom-fafe (m)	**снігур** (ч)	[sni'ɦur]
gaivota (f)	**чайка** (ж)	['ʧajka]
albatroz (m)	**альбатрос** (ч)	[alʲbat'rɔs]
pinguim (m)	**пінгвін** (ч)	[pinɦ'win]

217. Pássaros. Canto e sons

cantar (vi)	**співати**	[spi'watɨ]
gritar (vi)	**кричати**	[krɨ'ʧatɨ]
cantar (o galo)	**кукурікати**	[kuku'rikatɨ]
cocorocó (m)	**кукуріку**	[kukuri'ku]
cacarejar (vi)	**кудкудакати**	[kudku'dakatɨ]
crocitar (vi)	**каркати**	['karkatɨ]
grasnar (vi)	**крякати**	['krʲakatɨ]
piar (vi)	**пискотіти**	[pɨsko'titɨ]
chilrear, gorjear (vi)	**цвірінькати**	[ʦwi'rinʲkatɨ]

218. Peixes. Animais marinhos

brema (f)	**лящ** (ч)	[lʲaɕ]
carpa (f)	**короп** (ч)	['kɔrop]
perca (f)	**окунь** (ч)	['ɔkunʲ]
siluro (m)	**сом** (ч)	[som]
lúcio (m)	**щука** (ж)	['ɕuka]
salmão (m)	**лосось** (ч)	[lo'sɔsʲ]
esturjão (m)	**осетер** (ч)	[osɛ'tɛr]

arenque (m)	оселедець (ч)	[oseˈlɛdɛts]
salmão (m)	сьомга (ж)	[ˈsʲomɦa]
cavala, sarda (f)	скумбрія (ж)	[ˈskumbrʲiʲa]
solha (f)	камбала (ж)	[kambaˈla]
lúcio perca (m)	судак (ч)	[suˈdak]
bacalhau (m)	тріска (ж)	[trisˈka]
atum (m)	тунець (ч)	[tuˈnɛts]
truta (f)	форель (ж)	[foˈrɛlʲ]
enguia (f)	вугор (ч)	[wuˈɦor]
raia elétrica (f)	електричний скат (ч)	[ɛlɛktˈritʃnij skat]
moreia (f)	мурена (ж)	[muˈrɛna]
piranha (f)	піранья (ж)	[piˈranʲa]
tubarão (m)	акула (ж)	[aˈkula]
golfinho (m)	дельфін (ч)	[dɛlʲˈfin]
baleia (f)	кит (ч)	[kit]
caranguejo (m)	краб (ч)	[krab]
medusa, alforreca (f)	медуза (ж)	[mɛˈduza]
polvo (m)	восьминіг (ч)	[wosʲmiˈniɦ]
estrela-do-mar (f)	морська зірка (ж)	[morsʲka ˈzirka]
ouriço-do-mar (m)	морський їжак (ч)	[morsʲˈkij jiˈʒak]
cavalo-marinho (m)	морський коник (ч)	[morsʲˈkij ˈkɔnik]
ostra (f)	устриця (ж)	[ˈustritsʲa]
camarão (m)	креветка (ж)	[krɛˈwɛtka]
lavagante (m)	омар (ч)	[oˈmar]
lagosta (f)	лангуст (ч)	[lanˈɦust]

219. Amfíbios. Répteis

serpente, cobra (f)	змія (ж)	[zmiˈʲa]
venenoso	отруйний	[otˈrujnij]
víbora (f)	гадюка (ж)	[ɦaˈdʲuka]
cobra-capelo, naja (f)	кобра (ж)	[ˈkɔbra]
pitão (m)	пітон (ч)	[piˈtɔn]
jiboia (f)	удав (ч)	[uˈdaw]
cobra-de-água (f)	вуж (ч)	[wuʒ]
cascavel (f)	гримуча змія (ж)	[ɦriˈmutʃa zmiˈʲa]
anaconda (f)	анаконда (ж)	[anaˈkɔnda]
lagarto (m)	ящірка (ж)	[ˈʲaɕirka]
iguana (f)	ігуана (ж)	[iɦuˈana]
varano (m)	варан (ч)	[waˈran]
salamandra (f)	саламандра (ж)	[salaˈmandra]
camaleão (m)	хамелеон (ч)	[ɦamɛlɛˈɔn]
escorpião (m)	скорпіон (ч)	[skorpiˈɔn]
tartaruga (f)	черепаха (ж)	[tʃɛrɛˈpaha]
rã (f)	жаба (ж)	[ˈʒaba]

sapo (m)	**ропуха** (ж)	[ro'puha]
crocodilo (m)	**крокодил** (ч)	[kroko'dɨl]

220. Insetos

inseto (m)	**комаха** (ж)	[ko'maha]
borboleta (f)	**метелик** (ч)	[mɛ'tɛlɨk]
formiga (f)	**мураха** (ж)	[mu'raha]
mosca (f)	**муха** (ж)	['muha]
mosquito (m)	**комар** (ч)	[ko'mar]
escaravelho (m)	**жук** (ч)	[ʒuk]
vespa (f)	**оса** (ж)	[o'sa]
abelha (f)	**бджола** (ж)	[bʤo'la]
mamangava (f)	**джміль** (ч)	[ʤmilʲ]
moscardo (m)	**овід** (ч)	['ɔwid]
aranha (f)	**павук** (ч)	[pa'wuk]
teia (f) de aranha	**павутиння** (с)	[pawu'tɨnʲa]
libélula (f)	**бабка** (ж)	['babka]
gafanhoto-do-campo (m)	**коник** (ч)	['kɔnɨk]
traça (f)	**метелик** (ч)	[mɛ'tɛlɨk]
barata (f)	**тарган** (ч)	[tar'ɦan]
carraça (f)	**кліщ** (ч)	[kliɕ]
pulga (f)	**блоха** (ж)	['blɔha]
borrachudo (m)	**мошка** (ж)	['mɔʃka]
gafanhoto (m)	**сарана** (ж)	[sara'na]
caracol (m)	**равлик** (ч)	['rawlɨk]
grilo (m)	**цвіркун** (ч)	[ʦwir'kun]
pirilampo (m)	**світлячок** (ч)	[switlʲa'ʧɔk]
joaninha (f)	**сонечко** (с)	['sɔnɛʧko]
besouro (m)	**хрущ** (ч)	[hruɕ]
sanguessuga (f)	**п'явка** (ж)	['pˀʲawka]
lagarta (f)	**гусениця** (ж)	['ɦusɛnɨʦʲa]
minhoca (f)	**черв'як** (ч)	[ʧɛr'wˀʲak]
larva (f)	**личинка** (ж)	[lɨ'ʧɨnka]

221. Animais. Partes do corpo

bico (m)	**дзьоб** (ч)	[ʣʲob]
asas (f pl)	**крила** (мн)	['krɨla]
pata (f)	**лапка** (ж)	['lapka]
plumagem (f)	**пір'я** (с)	['pirˀʲa]
pena, pluma (f)	**перо** (с)	[pɛ'rɔ]
crista (f)	**чубчик** (ч)	['ʧubʧɨk]
brânquias, guelras (f pl)	**зябра** (мн)	['zʲabra]
ovas (f pl)	**ікра** (ж)	[ik'ra]

larva (f)	личинка (ж)	[liˈtʃinka]
barbatana (f)	плавець (ч)	[plaˈwɛts]
escama (f)	луска (ж)	[lusˈka]
canino (m)	ікло (с)	[ˈiklo]
pata (f)	лапа (ж)	[ˈlapa]
focinho (m)	морда (ж)	[ˈmɔrda]
boca (f)	паща (ж)	[ˈpaɕa]
cauda (f), rabo (m)	хвіст (ч)	[hwist]
bigodes (m pl)	вуса (мн)	[ˈwusa]
casco (m)	копито (с)	[koˈpito]
corno (m)	ріг (ч)	[riɦ]
carapaça (f)	панцир (ч)	[ˈpantsir]
concha (f)	мушля (ж)	[ˈmuʃlʲa]
casca (f) de ovo	шкаралупа (ж)	[ʃkaraˈlupa]
pelo (m)	шерсть (ж)	[ʃɛrstʲ]
pele (f), couro (m)	шкура (ж)	[ˈʃkura]

222. Ações dos animais

voar (vi)	літати	[liˈtati]
dar voltas	кружляти	[kruʒˈlʲati]
voar (para longe)	полетіти	[polɛˈtiti]
bater as asas	махати	[maˈhati]
bicar (vi)	клювати	[klʲuˈwati]
incubar (vt)	висиджувати яйця	[wiˈsidʒuwati ˈjajtsʲa]
sair do ovo	вилуплюватися	[wiˈluplʲuwatisʲa]
fazer o ninho	мостити гніздо	[mosˈtiti ɦnizˈdɔ]
rastejar (vi)	повзати	[ˈpɔwzati]
picar (vt)	жалити	[ˈʒaliti]
morder (vt)	кусати	[kuˈsati]
cheirar (vt)	нюхати	[ˈnʲuhati]
latir (vi)	гавкати	[ˈɦawkati]
silvar (vi)	шипіти	[ʃiˈpiti]
assustar (vt)	лякати	[lʲaˈkati]
atacar (vt)	напасти	[naˈpasti]
roer (vt)	гризти	[ˈɦrizti]
arranhar (vt)	дряпати	[ˈdrʲapati]
esconder-se (vr)	ховатися	[hoˈwatisʲa]
brincar (vi)	бавитись	[ˈbawitisʲ]
caçar (vi)	полювати	[polʲuˈwati]
hibernar (vi)	бути в сплячці	[ˈbuti w spˈlʲatʃtsi]
extinguir-se (vr)	вимерти	[ˈwimɛrti]

223. Animais. Habitats

hábitat	середовище (с) проживання	[sɛrɛ'dowɨɕɛ proʒɨ'wanʲa]
migração (f)	міграція (ж)	[miɦ'ratsʲia]
montanha (f)	гора (ж)	[ɦo'ra]
recife (m)	риф (ч)	[rif]
falésia (f)	скеля (ж)	['skɛlʲa]
floresta (f)	ліс (ч)	[lis]
selva (f)	джунглі (мн)	['dʒunɦli]
savana (f)	савана (ж)	[sa'wana]
tundra (f)	тундра (ж)	['tundra]
estepe (f)	степ (ч)	['stɛp]
deserto (m)	пустеля (ж)	[pus'tɛlʲa]
oásis (m)	оаза (ж)	[o'aza]
mar (m)	море (с)	['mɔrɛ]
lago (m)	озеро (с)	['ɔzɛro]
oceano (m)	океан (ч)	[okɛ'an]
pântano (m)	болото (с)	[bo'lɔto]
de água doce	прісноводний	[prisno'wɔdnij]
lagoa (f)	ставок (ч)	[sta'wɔk]
rio (m)	ріка (ж)	['rika]
toca (f) do urso	барліг (ч)	[bar'liɦ]
ninho (m)	гніздо (с)	[ɦniz'dɔ]
buraco (m) de árvore	дупло (с)	[dup'lɔ]
toca (f)	нора (ж)	[no'ra]
formigueiro (m)	мурашник (ч)	[muraʃ'nik]

224. Cuidados com os animais

jardim (m) zoológico	зоопарк (ч)	[zoo'park]
reserva (f) natural	заповідник (ч)	[zapo'widnɨk]
viveiro (m)	розплідник (ч)	[rozp'lidnɨk]
jaula (f) de ar livre	вольєр (ч)	[wo'ljɛr]
jaula, gaiola (f)	клітка (ж)	['klitka]
casinha (f) de cão	будка (ж)	['budka]
pombal (m)	голуб'ятня (ж)	[ɦolub'ʲatnʲa]
aquário (m)	акваріум (ч)	[ak'warium]
delfinário (m)	дельфінарій (ч)	[dɛlʲfi'narij]
criar (vt)	розводити	[roz'wɔditi]
ninhada (f)	потомство (с)	[po'tɔmstwo]
domesticar (vt)	приручати	[priru'tʃati]
adestrar (vt)	дресирувати	[drɛsiru'wati]
ração (f)	корм (ч)	[korm]

alimentar (vt)	**годувати**	[ɦodu'watɨ]
loja (f) de animais	**зоомагазин** (ч)	[zoomaɦa'zɨn]
açaime (m)	**намордник** (ч)	[na'mɔrdnɨk]
coleira (f)	**нашийник** (ч)	[na'ʃijnɨk]
nome (m)	**кличка** (ж)	['klɨʧka]
pedigree (m)	**родовід** (ч)	[rodo'wid]

225. Animais. Diversos

alcateia (f)	**зграя** (ж)	[zɦ'raʲa]
bando (pássaros)	**зграя** (ж)	[zɦ'raʲa]
cardume (peixes)	**зграя** (ж)	[zɦ'raʲa]
manada (cavalos)	**табун** (ч)	[ta'bun]
macho (m)	**самець** (ч)	[sa'mɛʦ]
fêmea (f)	**самка** (ж)	['samka]
faminto	**голодний**	[ɦo'lɔdnɨj]
selvagem	**дикий**	['dɨkɨj]
perigoso	**небезпечний**	[nɛbɛz'pɛʧnɨj]

226. Cavalos

cavalo (m)	**кінь** (ч)	[kinʲ]
raça (f)	**порода** (ж)	[po'rɔda]
potro (m)	**лоша** (с)	[lo'ʃa]
égua (f)	**кобила** (ж)	[ko'bɨla]
mustangue (m)	**мустанг** (ч)	[mus'tanɦ]
pónei (m)	**поні** (ч)	['pɔni]
cavalo (m) de tiro	**тягловий кінь** (ч)	[tʲaɦlo'wɨj kinʲ]
crina (f)	**грива** (ж)	['ɦrɨwa]
cauda (f)	**хвіст** (ч)	[hwist]
casco (m)	**копито** (с)	[ko'pɨto]
ferradura (f)	**підкова** (ж)	[pid'kɔwa]
ferrar (vt)	**підкувати**	[pidku'watɨ]
ferreiro (m)	**коваль** (ч)	[ko'walʲ]
sela (f)	**сідло** (с)	[sid'lɔ]
estribo (m)	**стремено** (с)	[strɛ'mɛno]
brida (f)	**вуздечка** (ж)	[wuz'dɛʧka]
rédeas (f pl)	**віжки** (мн)	[wiʒ'kɨ]
chicote (m)	**батіг** (ч)	[ba'tiɦ]
cavaleiro (m)	**наїзник** (ч)	[na'jiznɨk]
colocar sela	**осідлати**	[osid'latɨ]
montar no cavalo	**сісти в сідло**	['sistɨ w sid'lɔ]
galope (m)	**галоп** (ч)	[ɦa'lɔp]
galopar (vi)	**скакати галопом**	[ska'katɨ ɦa'lɔpom]

trote (m)	**клус** (ч)	[klus]
a trote	**клусом**	['klusom]
ir a trote	**трусити клусом**	[tru'sɨtɨ 'klusom]
cavalo (m) de corrida	**скаковий кінь** (ч)	[skako'wɨj kinʲ]
corridas (f pl)	**перегони** (мн)	[pɛrɛ'ɦɔnɨ]
estábulo (m)	**конюшня** (ж)	[ko'nʲuʃnʲa]
alimentar (vt)	**годувати**	[ɦodu'watɨ]
feno (m)	**сіно** (с)	['sino]
dar água	**поїти**	[po'jitɨ]
limpar (vt)	**чистити**	['ʧistɨtɨ]
carroça (f)	**віз** (ч)	[wiz]
pastar (vi)	**пастися**	['pastɨsʲa]
relinchar (vi)	**іржати**	[ir'ʒatɨ]
dar um coice	**брикнути**	[brɨk'nutɨ]

Flora

227. Árvores

árvore (f)	дерево (c)	['dɛrɛwo]
decídua	листяне	[listʲa'nɛ]
conífera	хвойне	['ɦwɔjnɛ]
perene	вічнозелене	[witʃnozɛ'lɛnɛ]
macieira (f)	яблуня (ж)	['ʲablunʲa]
pereira (f)	груша (ж)	['ɦruʃa]
cerejeira (f)	черешня (ж)	[ʧɛ'rɛʃnʲa]
ginjeira (f)	вишня (ж)	['wiʃnʲa]
ameixeira (f)	слива (ж)	['sliwa]
bétula (f)	береза (ж)	[bɛ'rɛza]
carvalho (m)	дуб (ч)	[dub]
tília (f)	липа (ж)	['lipa]
choupo-tremedor (m)	осика (ж)	[o'sika]
bordo (m)	клен (ч)	[klɛn]
espruce-europeu (m)	ялина (ж)	[ja'lina]
pinheiro (m)	сосна (ж)	[sos'na]
alerce, lariço (m)	модрина (ж)	[mod'rina]
abeto (m)	ялиця (ж)	[ja'litsʲa]
cedro (m)	кедр (ч)	[kɛdr]
choupo, álamo (m)	тополя (ж)	[to'polʲa]
tramazeira (f)	горобина (ж)	[ɦoro'bina]
salgueiro (m)	верба (ж)	[wɛr'ba]
amieiro (m)	вільха (ж)	['wilʲha]
faia (f)	бук (ч)	[buk]
ulmeiro (m)	в'яз (ч)	[wʲʲaz]
freixo (m)	ясен (ч)	['ʲasɛn]
castanheiro (m)	каштан (ч)	[kaʃ'tan]
magnólia (f)	магнолія (ж)	[maɦ'nɔliʲa]
palmeira (f)	пальма (ж)	['palʲma]
cipreste (m)	кипарис (ч)	[kipa'ris]
mangue (m)	мангрове дерево (c)	['manɦrowɛ 'dɛrɛwo]
embondeiro, baobá (m)	баобаб (ч)	[bao'bab]
eucalipto (m)	евкаліпт (ч)	[ɛwka'lipt]
sequoia (f)	секвоя (ж)	[sɛk'wɔʲa]

228. Arbustos

arbusto (m)	кущ (ч)	[kuɕ]
arbusto (m), moita (f)	чагарник (ч)	[ʧaɦar'nik]

videira (f)	**виноград** (ч)	[wɨno'ɦrad]
vinhedo (m)	**виноградник** (ч)	[wɨno'ɦradnɨk]
framboeseira (f)	**малина** (ж)	[ma'lɨna]
groselheira-preta (f)	**чорна смородина** (ж)	['ʧɔrna smo'rɔdɨna]
groselheira-vermelha (f)	**порічки** (мн)	[po'riʧkɨ]
groselheira (f) espinhosa	**аґрус** (ч)	['agrus]
acácia (f)	**акація** (ж)	[a'kaʦiʲa]
bérberis (f)	**барбарис** (ч)	[barba'rɨs]
jasmim (m)	**жасмин** (ч)	[ʒas'mɨn]
junípero (m)	**ялівець** (ч)	[jali'wɛʦ]
roseira (f)	**трояндовий кущ** (ч)	[tro'ʲandowɨj kuɕ]
roseira (f) brava	**шипшина** (ж)	[ʃɨp'ʃɨna]

229. Cogumelos

cogumelo (m)	**гриб** (ч)	[ɦrɨb]
cogumelo (m) comestível	**їстівний гриб** (ч)	[jɨs'tiwnɨj ɦrɨb]
cogumelo (m) venenoso	**отруйний гриб** (ч)	[ot'rujnɨj ɦrɨb]
chapéu (m)	**шапка** (ж)	['ʃapka]
pé, caule (m)	**ніжка** (ж)	['niʒka]
boleto (m)	**білий гриб** (ч)	['bilɨj 'ɦrɨb]
boleto (m) alaranjado	**підосичник** (ч)	[pido'sɨʧnɨk]
míscaro (m) das bétulas	**підберезник** (ч)	[pidbɛ'rɛznɨk]
cantarela (f)	**лисичка** (ж)	[lɨ'sɨʧka]
rússula (f)	**сироїжка** (ж)	[sɨro'jɨʒka]
morchella (f)	**зморшок** (ч)	['zmɔrʃok]
agário-das-moscas (m)	**мухомор** (ч)	[muho'mɔr]
cicuta (f) verde	**поганка** (ж)	[po'ɦanka]

230. Frutos. Bagas

fruta (f)	**фрукт, плід** (ч)	[frukt], [plid]
frutas (f pl)	**фрукти, плоди** (мн)	[fruktɨ], [plo'dɨ]
maçã (f)	**яблуко** (с)	['ʲabluko]
pera (f)	**груша** (ж)	['ɦruʃa]
ameixa (f)	**слива** (ж)	['slɨwa]
morango (m)	**полуниця** (ж)	[polu'nɨʦʲa]
ginja (f)	**вишня** (ж)	['wɨʃnʲa]
cereja (f)	**черешня** (ж)	[ʧɛ'rɛʃnʲa]
uva (f)	**виноград** (ч)	[wɨno'ɦrad]
framboesa (f)	**малина** (ж)	[ma'lɨna]
groselha (f) preta	**чорна смородина** (ж)	['ʧɔrna smo'rɔdɨna]
groselha (f) vermelha	**порічки** (мн)	[po'riʧkɨ]
groselha (f) espinhosa	**аґрус** (ч)	['agrus]
oxicoco (m)	**журавлина** (ж)	[ʒuraw'lɨna]

laranja (f)	апельсин (ч)	[apɛlʲ'sin]
tangerina (f)	мандарин (ч)	[manda'rin]
ananás (m)	ананас (ч)	[ana'nas]
banana (f)	банан (ч)	[ba'nan]
tâmara (f)	фінік (ч)	['finik]
limão (m)	лимон (ч)	[lɪ'mɔn]
damasco (m)	абрикос (ч)	[abri'kɔs]
pêssego (m)	персик (ч)	['pɛrsik]
kiwi (м)	ківі (ч)	['kiwi]
toranja (f)	грейпфрут (ч)	[ɦrɛjp'frut]
baga (f)	ягода (ж)	[ˈⁱaɦoda]
bagas (f pl)	ягоди (мн)	[ˈⁱaɦodi]
arando (m) vermelho	брусниця (ж)	[brus'nitsʲa]
morango-silvestre (m)	суниця (ж)	[su'nitsʲa]
mirtilo (m)	чорниця (ж)	[tʃor'nitsʲa]

231. Flores. Plantas

flor (f)	квітка (ж)	['kwitka]
ramo (m) de flores	букет (ч)	[bu'kɛt]
rosa (f)	троянда (ж)	[tro'ⁱanda]
tulipa (f)	тюльпан (ч)	[tʲulʲ'pan]
cravo (m)	гвоздика (ж)	[ɦwoz'dika]
gladíolo (m)	гладіолус (ч)	[ɦladi'ɔlus]
centáurea (f)	волошка (ж)	[wo'lɔʃka]
campânula (f)	дзвіночок (ч)	[dzwi'nɔtʃok]
dente-de-leão (m)	кульбаба (ж)	[kulʲ'baba]
camomila (f)	ромашка (ж)	[ro'maʃka]
aloé (m)	алое (с)	[a'lɔɛ]
cato (m)	кактус (ч)	['kaktus]
fícus (m)	фікус (ч)	['fikus]
lírio (m)	лілея (ж)	[li'lɛʲa]
gerânio (m)	герань (ж)	[ɦɛ'ranʲ]
jacinto (m)	гіацинт (ч)	[ɦia'tsint]
mimosa (f)	мімоза (ж)	[mi'mɔza]
narciso (m)	нарцис (ч)	[nar'tsis]
capuchinha (f)	настурція (ж)	[nas'turtsiʲa]
orquídea (f)	орхідея (ж)	[orhi'dɛʲa]
peónia (f)	півонія (ж)	[pi'wɔniʲa]
violeta (f)	фіалка (ж)	[fi'alka]
amor-perfeito (m)	братки (мн)	[brat'ki]
não-me-esqueças (m)	незабудка (ж)	[nɛza'budka]
margarida (f)	стокротки (мн)	[stok'rɔtki]
papoula (f)	мак (ч)	[mak]
cânhamo (m)	коноплі (мн)	[ko'nɔpli]

hortelã (f)	**м'ята** (ж)	['mʔʲata]
lírio-do-vale (m)	**конвалія** (ж)	[kon'waliʲa]
campânula-branca (f)	**пролісок** (ч)	['prɔlisok]
urtiga (f)	**кропива** (ж)	[kropɨ'wa]
azeda (f)	**щавель** (ч)	[ɕa'wɛlʲ]
nenúfar (m)	**латаття** (с)	[la'tattʲa]
feto (m), samambaia (f)	**папороть** (ж)	['paporotʲ]
líquen (m)	**лишайник** (ч)	[lɨ'ʃajnɨk]
estufa (f)	**оранжерея** (ж)	[oranʒɛ'rɛʲa]
relvado (m)	**газон** (ч)	[ɦa'zɔn]
canteiro (m) de flores	**клумба** (ж)	['klumba]
planta (f)	**рослина** (ж)	[ros'lɨna]
erva (f)	**трава** (ж)	[tra'wa]
folha (f) de erva	**травинка** (ж)	[tra'wɨnka]
folha (f)	**листок** (ч)	[lɨs'tɔk]
pétala (f)	**пелюстка** (ж)	[pɛ'lʲustka]
talo (m)	**стебло** (с)	[stɛb'lɔ]
tubérculo (m)	**бульба** (ж)	['bulʲba]
broto, rebento (m)	**паросток** (ч)	['parostok]
espinho (m)	**колючка** (ж)	[ko'lʲuʧka]
florescer (vi)	**цвісти**	[ʦwis'tɨ]
murchar (vi)	**в'янути**	['wʔʲanutɨ]
cheiro (m)	**запах** (ч)	['zapah]
cortar (flores)	**зрізати**	['zrizatɨ]
colher (uma flor)	**зірвати**	[zir'watɨ]

232. Cereais, grãos

grão (m)	**зерно** (с)	[zɛr'nɔ]
cereais (plantas)	**зернові рослини** (мн)	[zɛrno'wi ros'lɨnɨ]
espiga (f)	**колос** (ч)	['kɔlos]
trigo (m)	**пшениця** (ж)	[pʃɛ'nɨʦʲa]
centeio (m)	**жито** (с)	['ʒɨto]
aveia (f)	**овес** (ч)	[o'wɛs]
milho-miúdo (m)	**просо** (с)	['prɔso]
cevada (f)	**ячмінь** (ч)	[jaʧ'minʲ]
milho (m)	**кукурудза** (ж)	[kuku'rudza]
arroz (m)	**рис** (ч)	[rɨs]
trigo-sarraceno (m)	**гречка** (ж)	['ɦrɛʧka]
ervilha (f)	**горох** (ч)	[ɦo'rɔh]
feijão (m)	**квасоля** (ж)	[kwa'sɔlʲa]
soja (f)	**соя** (ж)	['sɔʲa]
lentilha (f)	**сочевиця** (ж)	[soʧɛ'wɨʦʲa]
fava (f)	**боби** (мн)	[bo'bɨ]

233. Vegetais. Verduras

legumes (m pl)	**овочі** (мн)	['ɔwoʧi]
verduras (f pl)	**зелень** (ж)	['zɛlɛnʲ]
tomate (m)	**помідор** (ч)	[pomi'dɔr]
pepino (m)	**огірок** (ч)	[oɦi'rɔk]
cenoura (f)	**морква** (ж)	['mɔrkwa]
batata (f)	**картопля** (ж)	[kar'tɔplʲa]
cebola (f)	**цибуля** (ж)	[ʦɨ'bulʲa]
alho (m)	**часник** (ч)	[ʧas'nɨk]
couve (f)	**капуста** (ж)	[ka'pusta]
couve-flor (f)	**кольорова капуста** (ж)	[kolʲo'rɔwa ka'pusta]
couve-de-bruxelas (f)	**брюссельська капуста** (ж)	[brʲu'sɛlʲsʲka ka'pusta]
brócolos (m pl)	**броколі** (ж)	['brɔkoli]
beterraba (f)	**буряк** (ч)	[bu'rʲak]
beringela (f)	**баклажан** (ч)	[bakla'ʒan]
curgete (f)	**кабачок** (ч)	[kaba'ʧɔk]
abóbora (f)	**гарбуз** (ч)	[ɦar'buz]
nabo (m)	**ріпа** (ж)	['ripa]
salsa (f)	**петрушка** (ж)	[pɛt'ruʃka]
funcho, endro (m)	**кріп** (ч)	[krip]
alface (f)	**салат** (ч)	[sa'lat]
aipo (m)	**селера** (ж)	[sɛ'lɛra]
espargo (m)	**спаржа** (ж)	['sparʒa]
espinafre (m)	**шпинат** (ч)	[ʃpɨ'nat]
ervilha (f)	**горох** (ч)	[ɦo'rɔh]
fava (f)	**боби** (мн)	[bo'bɨ]
milho (m)	**кукурудза** (ж)	[kuku'ruʣa]
feijão (m)	**квасоля** (ж)	[kwa'sɔlʲa]
pimentão (m)	**перець** (ч)	['pɛrɛʦ]
rabanete (m)	**редиска** (ж)	[rɛ'dɨska]
alcachofra (f)	**артишок** (ч)	[artɨ'ʃɔk]

GEOGRAFIA REGIONAL

234. Europa Ocidental

Português	Українська	Pronúncia
Europa (f)	Європа (ж)	[ɛw'rɔpa]
União (f) Europeia	Європейський Союз (ч)	[ɛwro'pɛjsʲkij so'ʲuz]
europeu (m)	європеєць (ч)	[ɛwro'pɛets]
europeu	європейський	[ɛwro'pɛjsʲkij]
Áustria (f)	Австрія (ж)	['awstriʲa]
austríaco (m)	австрієць (ч)	[aw'striɛts]
austríaca (f)	австрійка (ж)	[aw'strijka]
austríaco	австрійський	[aw'strijsʲkij]
Grã-Bretanha (f)	Велика Британія (ж)	[wɛ'lika bri'taniʲa]
Inglaterra (f)	Англія (ж)	['anɦliʲa]
inglês (m)	англієць (ч)	[anɦ'liɛts]
inglesa (f)	англійка (ж)	[anɦ'lijka]
inglês	англійський	[anɦ'lijsʲkij]
Bélgica (f)	Бельгія (ж)	['bɛlʲɦiʲa]
belga (m)	бельгієць (ч)	[bɛlʲ'ɦiɛts]
belga (f)	бельгійка (ж)	[bɛlʲ'ɦijka]
belga	бельгійський	[bɛlʲ'ɦijsʲkij]
Alemanha (f)	Німеччина (ж)	[ni'mɛtʃina]
alemão (m)	німець (ч)	['nimɛts]
alemã (f)	німкеня (ж)	[nim'kɛnʲa]
alemão	німецький	[ni'mɛtskij]
Países (m pl) Baixos	Нідерланди (ж)	[nidɛr'landi]
Holanda (f)	Нідерланди (мн)	[nidɛr'landi]
holandês (m)	голландець (ч)	[ɦo'landɛts]
holandesa (f)	голландка (ж)	[ɦo'landka]
holandês	голландський	[ɦo'landsʲkij]
Grécia (f)	Греція (ж)	['ɦrɛtsiʲa]
grego (m)	грек (ч)	[ɦrɛk]
grega (f)	грекиня (ж)	[ɦrɛ'kinʲa]
grego	грецький	['ɦrɛtskij]
Dinamarca (f)	Данія (ж)	['daniʲa]
dinamarquês (m)	данець (ч)	['danɛts]
dinamarquesa (f)	данка (ж)	['danka]
dinamarquês	данський	['dansʲkij]
Irlanda (f)	Ірландія (ж)	[ir'landiʲa]
irlandês (m)	ірландець (ч)	[ir'landɛts]
irlandesa (f)	ірландка (ж)	[ir'landka]
irlandês	ірландський	[ir'landsʲkij]

Islândia (f)	Ісландія (ж)	[isˈlandʲa]
islandês (m)	ісландець (ч)	[isˈlandɛts]
islandesa (f)	ісландка (ж)	[isˈlandka]
islandês	ісландський	[isˈlandsʲkij]
Espanha (f)	Іспанія (ж)	[ispaniʲa]
espanhol (m)	іспанець (ч)	[ispanɛts]
espanhola (f)	іспанка (ж)	[ispanka]
espanhol	іспанський	[ispansʲkij]
Itália (f)	Італія (ж)	[iˈtaliʲa]
italiano (m)	італієць (ч)	[itaˈliɛts]
italiana (f)	італійка (ж)	[itaˈlijka]
italiano	італійський	[itaˈlijsʲkij]
Chipre (m)	Кіпр (ч)	[kipr]
cipriota (m)	кіпріот (ч)	[kipriˈɔt]
cipriota (f)	кіпріотка (ж)	[kipriˈɔtka]
cipriota	кіпрський	[ˈkiprsʲkij]
Malta (f)	Мальта (ж)	[ˈmalʲta]
maltês (m)	мальтієць (ч)	[malʲˈtiɛts]
maltesa (f)	мальтійка (ж)	[malʲˈtijka]
maltês	мальтійський	[malʲˈtijsʲkij]
Noruega (f)	Норвегія (ж)	[norˈwɛɦiʲa]
norueguês (m)	норвежець (ч)	[norˈwɛʒɛts]
norueguesa (f)	норвежка (ж)	[norˈwɛʒka]
norueguês	норвезький	[norˈwɛzʲkij]
Portugal (m)	Португалія (ж)	[portuˈɦaliʲa]
português (m)	португалець (ч)	[portuˈɦalɛts]
portuguesa (f)	португалка (ж)	[portuˈɦalka]
português	португальський	[portuˈɦalʲsʲkij]
Finlândia (f)	Фінляндія (ж)	[finˈlʲandiʲa]
finlandês (m)	фін (ч)	[fin]
finlandesa (f)	фінка (ж)	[ˈfinka]
finlandês	фінський	[ˈfinsʲkij]
França (f)	Франція (ж)	[ˈfrantsiʲa]
francês (m)	француз (ч)	[franˈtsuz]
francesa (f)	французка (ж)	[franˈtsuzka]
francês	французький	[franˈtsuzʲkij]
Suécia (f)	Швеція (ж)	[ˈʃwɛtsiʲa]
sueco (m)	швед (ч)	[ʃwɛd]
sueca (f)	шведка (ж)	[ˈʃwɛdka]
sueco	шведський	[ˈʃwɛdsʲkij]
Suíça (f)	Швейцарія (ж)	[ʃwɛjˈtsariʲa]
suíço (m)	швейцарець (ч)	[ʃwɛjˈtsarɛts]
suíça (f)	швейцарка (ж)	[ʃwɛjˈtsarka]
suíço	швейцарський	[ʃwɛjˈtsarsʲkij]
Escócia (f)	Шотландія (ж)	[ʃotˈlandiʲa]
escocês (m)	шотландець (ч)	[ʃotˈlandɛts]

escocesa (f)	**шотландка** (ж)	[ʃot'landka]
escocês	**шотландський**	[ʃot'landsʲkɨj]
Vaticano (m)	**Ватикан** (ч)	[watɨ'kan]
Liechtenstein (m)	**Ліхтенштейн** (ч)	[lihtɛn'ʃtɛjn]
Luxemburgo (m)	**Люксембург** (ч)	[lʲuksɛm'burɦ]
Mónaco (m)	**Монако** (ж)	[mo'nako]

235. Europa Central e de Leste

Albânia (f)	**Албанія** (ж)	[al'banʲa]
albanês (m)	**албанець** (ч)	[al'banɛʦ]
albanesa (f)	**албанка** (ж)	[al'banka]
albanês	**албанський**	[al'bansʲkɨj]
Bulgária (f)	**Болгарія** (ж)	[bol'ɦarʲa]
búlgaro (m)	**болгарин** (ч)	[bol'ɦarɨn]
búlgara (f)	**болгарка** (ж)	[bol'ɦarka]
búlgaro	**болгарський**	[bol'ɦarsʲkɨj]
Hungria (f)	**Угорщина** (ж)	[u'ɦɔrɕɨna]
húngaro (m)	**угорець** (ч)	[u'ɦɔrɛʦ]
húngara (f)	**угорка** (ж)	[u'ɦɔrka]
húngaro	**угорський**	[u'ɦɔrsʲkɨj]
Letónia (f)	**Латвія** (ж)	['latwiʲa]
letão (m)	**латвієць** (ч)	[lat'wiɛʦ]
letã (f)	**латвійка** (ж)	[lat'wijka]
letão	**латиський**	[la'tɨsʲkɨj]
Lituânia (f)	**Литва** (ж)	[lɨt'wa]
lituano (m)	**литовець** (ч)	[lɨ'tɔwɛʦ]
lituana (f)	**литовка** (ж)	[lɨ'tɔwka]
lituano	**литовський**	[lɨ'tɔwsʲkɨj]
Polónia (f)	**Польща** (ж)	['pɔlʲɕa]
polaco (m)	**поляк** (ч)	[po'lʲak]
polaca (f)	**полька** (ж)	['pɔlʲka]
polaco	**польський**	['pɔlʲsʲkɨj]
Roménia (f)	**Румунія** (ж)	[ru'munʲa]
romeno (m)	**румун** (ч)	[ru'mun]
romena (f)	**румунка** (ж)	[ru'munka]
romeno	**румунський**	[ru'munsʲkɨj]
Sérvia (f)	**Сербія** (ж)	['sɛrbʲa]
sérvio (m)	**серб** (ч)	[sɛrb]
sérvia (f)	**сербка** (ж)	['sɛrbka]
sérvio	**сербський**	['sɛrbsʲkɨj]
Eslováquia (f)	**Словаччина** (ж)	[slo'waʧɨna]
eslovaco (m)	**словак** (ч)	[slo'wak]
eslovaca (f)	**словачка** (ж)	[slo'waʧka]
eslovaco	**словацький**	[slo'waʦkɨj]

Croácia (f)	Хорватія (ж)	[hor'watiʲa]
croata (m)	хорват (ч)	[hor'wat]
croata (f)	хорватка (ж)	[hor'watka]
croata	хорватський	[hor'watsʲkij]
República (f) Checa	Чехія (ж)	['tʃɛhiʲa]
checo (m)	чех (ч)	[tʃɛh]
checa (f)	чешка (ж)	['tʃɛʃka]
checo	чеський	['tʃɛsʲkij]
Estónia (f)	Естонія (ж)	[ɛs'tɔniʲa]
estónio (m)	естонець (ч)	[ɛs'tɔnɛts]
estónia (f)	естонка (ж)	[ɛs'tɔnka]
estónio	естонський	[ɛs'tɔnsʲkij]
Bósnia e Herzegovina (f)	Боснія і Герцеговина (ж)	['bɔsniʲa i hɛrtsɛɦo'wina]
Macedónia (f)	Македонія (ж)	[makɛ'dɔniʲa]
Eslovénia (f)	Словенія (ж)	[slo'wɛniʲa]
Montenegro (m)	Чорногорія (ж)	[tʃorno'ɦɔriʲa]

236. Países da ex-URSS

Azerbaijão (m)	Азербайджан (ч)	[azɛrbaj'dʒan]
azeri (m)	азербайджанець (ч)	[azɛrbaj'dʒanɛts]
azeri (f)	азербайджанка (ж)	[azɛrbaj'dʒanka]
azeri, azerbaijano	азербайджанський	[azɛrbaj'dʒansʲkij]
Arménia (f)	Вірменія (ж)	[wir'mɛniʲa]
arménio (m)	вірменин (ч)	[wirmɛ'nin]
arménia (f)	вірменка (ж)	[wir'mɛnka]
arménio	вірменський	[wir'mɛnsʲkij]
Bielorrússia (f)	Білорусь (ж)	[bilo'rusʲ]
bielorrusso (m)	білорус (ч)	[bilo'rus]
bielorrussa (f)	білоруска (ж)	[bilo'ruska]
bielorrusso	білоруський	[bilo'rusʲkij]
Geórgia (f)	Грузія (ж)	['ɦruziʲa]
georgiano (m)	грузин (ч)	[ɦru'zin]
georgiana (f)	грузинка (ж)	[ɦru'zinka]
georgiano	грузинський	[ɦru'zinsʲkij]
Cazaquistão (m)	Казахстан (ч)	[kazah'stan]
cazaque (m)	казах (ч)	[ka'zah]
cazaque (f)	казашка (ж)	[ka'zaʃka]
cazaque	казахський	[ka'zahsʲkij]
Quirguistão (m)	Киргизстан (ч)	[kirɦiz'stan]
quirguiz (m)	киргиз (ч)	[kir'ɦiz]
quirguiz (f)	киргизка (ж)	[kir'ɦizka]
quirguiz	киргизький	[kir'ɦizʲkij]
Moldávia (f)	Молдова (ж)	[mol'dɔwa]
moldavo (m)	молдованин (ч)	[moldo'wanin]

moldava (f)	молдаванка (ж)	[molda'wanka]
moldavo	молдавський	[mol'dawsʲkij]
Rússia (f)	Росія (ж)	[ro'sʲia]
russo (m)	росіянин (ч)	[rosiʲanin]
russa (f)	росіянка (ж)	[rosiʲanka]
russo	російський	[ro'sijskij]
Tajiquistão (m)	Таджикистан (ч)	[tadʒiki'stan]
tajique (m)	таджик (ч)	[ta'dʒik]
tajique (f)	таджичка (ж)	[ta'dʒitʃka]
tajique	таджицький	[ta'dʒitskij]
Turquemenistão (m)	Туркменістан (ч)	[turkmɛni'stan]
turcomeno (m)	туркмен (ч)	[turk'mɛn]
turcomena (f)	туркменка (ж)	[turk'mɛnka]
turcomeno	туркменський	[turk'mɛnsʲkij]
Uzbequistão (f)	Узбекистан (ч)	[uzbɛki'stan]
uzbeque (m)	узбек (ч)	[uz'bɛk]
uzbeque (f)	узбечка (ж)	[uz'bɛtʃka]
uzbeque	узбецький	[uz'bɛtskij]
Ucrânia (f)	Україна (ж)	[ukra'jina]
ucraniano (m)	українець (ч)	[ukra'jinɛts]
ucraniana (f)	українка (ж)	[ukra'jinka]
ucraniano	український	[ukra'jinsʲkij]

237. Asia

Ásia (f)	Азія (ж)	['azʲia]
asiático	азіатський	[azi'atsʲkij]
Vietname (m)	В'єтнам (ч)	[wʲɛt'nam]
vietnamita (m)	в'єтнамець (ч)	[wʲɛt'namɛts]
vietnamita (f)	в'єтнамка (ж)	[wʲɛt'namka]
vietnamita	в'єтнамський	[wʲɛt'namsʲkij]
Índia (f)	Індія (ж)	['indʲia]
indiano (m)	індієць (ч)	[in'dʲiɛts]
indiana (f)	індійка (ж)	[in'dijka]
indiano	індійський	[in'dijsʲkij]
Israel (m)	Ізраїль (ч)	[iz'rajilʲ]
israelita (m)	ізраїльтянин (ч)	[izrajilʲ'tʲanin]
israelita (f)	ізраїльтянка (ж)	[izrajilʲ'tʲanka]
israelita	ізраїльський	[iz'rajilʲsʲkij]
judeu (m)	єврей (ч)	[ɛw'rɛj]
judia (f)	єврейка (ж)	[ɛw'rɛjka]
judeu	єврейський	[ɛw'rɛjsʲkij]
China (f)	Китай (ч)	[ki'taj]
chinês (m)	китаєць (ч)	[ki'taɛts]

chinesa (f)	китаянка (ж)	[kitaʲˈanka]
chinês	китайський	[kiˈtajsʲkij]
Coreia do Sul (f)	Південна Корея (ж)	[piwˈdɛna koˈrɛʲa]
Coreia do Norte (f)	Північна Корея (ж)	[piwˈnitʃna koˈrɛʲa]
coreano (m)	кореєць (ч)	[koˈrɛɛts]
coreana (f)	кореянка (ж)	[korɛʲˈanka]
coreano	корейський	[koˈrɛjsʲkij]
Líbano (m)	Ліван (ч)	[liˈwan]
libanês (m)	ліванець (ч)	[liˈwanɛts]
libanesa (f)	ліванка (ж)	[liˈwanka]
libanês	ліванський	[liˈwansʲkij]
Mongólia (f)	Монголія (ж)	[monˈɦoliʲa]
mongol (m)	монгол (ч)	[monˈɦol]
mongol (f)	монголка (ж)	[monˈɦolka]
mongol	монгольський	[monˈɦolʲsʲkij]
Malásia (f)	Малайзія (ж)	[maˈlajziʲa]
malaio (m)	малаєць (ч)	[maˈlaɛts]
malaia (f)	малайка (ж)	[maˈlajka]
malaio	малайський	[maˈlajsʲkij]
Paquistão (m)	Пакистан (ч)	[pakiˈstan]
paquistanês (m)	пакистанець (ч)	[pakiˈstanɛts]
paquistanesa (f)	пакистанка (ж)	[pakiˈstanka]
paquistanês	пакистанський	[pakiˈstansʲkij]
Arábia (f) Saudita	Саудівська Аравія (ж)	[saˈudiwsʲka aˈrawiʲa]
árabe (ч)	араб (ч)	[aˈrab]
árabe (f)	арабка (ж)	[aˈrabka]
árabe	арабський	[aˈrabsʲkij]
Tailândia (f)	Таїланд (ч)	[tajiˈland]
tailandês (m)	таєць (ч)	[ˈtaɛts]
tailandesa (f)	тайка (ж)	[ˈtajka]
tailandês	тайський	[ˈtajsʲkij]
Taiwan (m)	Тайвань (ч)	[tajˈwanʲ]
taiwanês (m)	тайванець (ч)	[tajˈwanɛts]
taiwanesa (f)	тайванка (ж)	[tajˈwanka]
taiwanês	тайванський	[tajwansʲkij]
Turquia (f)	Туреччина (ж)	[tuˈrɛtʃina]
turco (m)	турок (ч)	[ˈturok]
turca (f)	туркеня (ж)	[turˈkɛnʲa]
turco	турецький	[tuˈrɛtskij]
Japão (m)	Японія (ж)	[jaˈponiʲa]
japonês (m)	японець (ч)	[jaˈponɛts]
japonesa (f)	японка (ж)	[jaˈponka]
japonês	японський	[jaˈponsʲkij]
Afeganistão (m)	Афганістан (ч)	[afɦaniˈstan]
Bangladesh (m)	Бангладеш (ч)	[banɦlaˈdɛʃ]

Indonésia (f)	**Індонезія** (ж)	[indo'nɛzi^ja]
Jordânia (f)	**Йорданія** (ж)	[ʲor'daniʲa]
Iraque (m)	**Ірак** (ч)	[i'rak]
Irão (m)	**Іран** (ч)	[i'ran]
Camboja (f)	**Камбоджа** (ж)	[kam'bɔʤa]
Kuwait (m)	**Кувейт** (ч)	[ku'wɛjt]
Laos (m)	**Лаос** (ч)	[la'ɔs]
Myanmar (m), Birmânia (f)	**М'янма** (ж)	['mˀʲanma]
Nepal (m)	**Непал** (ч)	[nɛ'pal]
Emirados Árabes Unidos	**Об'єднані Арабські емірати** (мн)	[o'bˀɛdnani a'rabsʲki ɛmi'ratɨ]
Síria (f)	**Сирія** (ж)	['sɨriʲa]
Palestina (f)	**Палестина** (ж)	[palɛ'stɨna]

238. América do Norte

Estados Unidos da América	**Сполучені Штати Америки** (мн)	[spo'luʧɛni 'ʃtatɨ a'mɛrɨkɨ]
americano (m)	**американець** (ч)	[amɛrɨ'kanɛʦ]
americana (f)	**американка** (ж)	[amɛrɨ'kanka]
americano	**американський**	[amɛrɨ'kansʲkɨj]
Canadá (m)	**Канада** (ж)	[ka'nada]
canadiano (m)	**канадець** (ч)	[ka'nadɛʦ]
canadiana (f)	**канадка** (ж)	[ka'nadka]
canadiano	**канадський**	[ka'nadsʲkɨj]
México (m)	**Мексика** (ж)	['mɛksɨka]
mexicano (m)	**мексиканець** (ч)	[mɛksɨ'kanɛʦ]
mexicana (f)	**мексиканка** (ж)	[mɛksɨ'kanka]
mexicano	**мексиканський**	[mɛksɨ'kansʲkɨj]

239. América Central do Sul

Argentina (f)	**Аргентина** (ж)	[arɦɛn'tɨna]
argentino (m)	**аргентинець** (ч)	[arɦɛn'tɨnɛʦ]
argentina (f)	**аргентинка** (ж)	[arɦɛn'tɨnka]
argentino	**аргентинський**	[arɦɛn'tɨnsʲkɨj]
Brasil (m)	**Бразилія** (ж)	[bra'zɨliʲa]
brasileiro (m)	**бразилець** (ч)	[bra'zɨlɛʦ]
brasileira (f)	**бразилійка** (ж)	[brazɨ'lijka]
brasileiro	**бразильський**	[bra'zɨlʲsʲkɨj]
Colômbia (f)	**Колумбія** (ж)	[ko'lumbiʲa]
colombiano (m)	**колумбієць** (ч)	[kolum'biɛʦ]
colombiana (f)	**колумбійка** (ж)	[kolum'bijka]
colombiano	**колумбійський**	[kolum'bijsʲkɨj]
Cuba (f)	**Куба** (ж)	['kuba]

cubano (m)	**кубинець** (ч)	[ku'bɨnɛʦ]
cubana (f)	**кубинка** (ж)	[ku'bɨnka]
cubano	**кубинський**	[ku'bɨnsʲkɨj]
Chile (m)	**Чилі** (ж)	['ʧɨli]
chileno (m)	**чилієць** (ч)	[ʧɨ'liɛʦ]
chilena (f)	**чилійка** (ж)	[ʧɨ'lijka]
chileno	**чилійський**	[ʧɨ'lijsʲkɨj]
Bolívia (f)	**Болівія** (ж)	[bo'liwiʲa]
Venezuela (f)	**Венесуела** (ж)	[wɛnɛsu'ɛla]
Paraguai (m)	**Парагвай** (ч)	[paraɦ'waj]
Peru (m)	**Перу** (ж)	[pɛ'ru]
Suriname (m)	**Суринам** (ч)	[surɨ'nam]
Uruguai (m)	**Уругвай** (ч)	[uruɦ'waj]
Equador (m)	**Еквадор** (ч)	[ɛkwa'dɔr]
Bahamas (f pl)	**Багамські острови** (мн)	[ba'ɦamsʲki ostro'wɨ]
Haiti (m)	**Гаїті** (ч)	[ɦa'jiti]
República (f) Dominicana	**Домініканська республіка** (ж)	[domini'kansʲka rɛs'publika]
Panamá (m)	**Панама** (ж)	[pa'nama]
Jamaica (f)	**Ямайка** (ж)	[ja'majka]

240. Africa

Egito (m)	**Єгипет** (ч)	[ɛ'ɦɨpɛt]
egípcio (m)	**єгиптянин** (ч)	[ɛɦɨp'tʲanɨn]
egípcia (f)	**єгиптянка** (ж)	[ɛɦɨp'tʲanka]
egípcio	**єгипетський**	[ɛ'ɦɨpɛʦʲkɨj]
Marrocos	**Марокко** (ж)	[ma'rɔkko]
marroquino (m)	**марокканець** (ч)	[maro'kanɛʦ]
marroquina (f)	**марокканка** (ж)	[maro'kanka]
marroquino	**марокканський**	[maro'kansʲkɨj]
Tunísia (f)	**Туніс** (ч)	[tu'nis]
tunisino (m)	**тунісець** (ч)	[tu'nisɛʦ]
tunisina (f)	**туніска** (ж)	[tu'niska]
tunisino	**туніський**	[tu'nisʲkɨj]
Gana (f)	**Гана** (ж)	['ɦana]
Zanzibar (m)	**Занзібар** (ч)	[zanzi'bar]
Quénia (f)	**Кенія** (ж)	['kɛniʲa]
Líbia (f)	**Лівія** (ж)	['liwiʲa]
Madagáscar (m)	**Мадагаскар** (ч)	[madaɦa'skar]
Namíbia (f)	**Намібія** (ж)	[na'mibiʲa]
Senegal (m)	**Сенегал** (ч)	[sɛnɛ'ɦal]
Tanzânia (f)	**Танзанія** (ж)	[tan'zaniʲa]
África do Sul (f)	**Південно-Африканська Республіка** (ж)	[piw'dɛno afrɨ'kansʲka rɛs'publika]
africano (m)	**африканець** (ч)	[afrɨ'kanɛʦ]

africana (f)	**африканка** (ж)	[afrɨ'kanka]
africano	**африканський**	[afrɨ'kansʲkɨj]

241. Austrália. Oceania

Austrália (f)	**Австралія** (ж)	[aw'stralʲa]
australiano (m)	**австралієць** (ч)	[awstra'liɛʦ]
australiana (f)	**австралійка** (ж)	[awstra'lijka]
australiano	**австралійський**	[awstra'lijsʲkɨj]
Nova Zelândia (f)	**Нова Зеландія** (ж)	[no'wa zɛ'landiʲa]
neozelandês (m)	**новозеландець** (ч)	[nowozɛ'landɛʦ]
neozelandesa (f)	**новозеландка** (ж)	[nowozɛ'landka]
neozelandês	**новозеландський**	[nowozɛ'landsʲkɨj]
Tasmânia (f)	**Тасманія** (ж)	[tas'maniʲa]
Polinésia Francesa (f)	**Французька Полінезія** (ж)	[fran'ʦuzʲka poli'nɛziʲa]

242. Cidades

Amesterdão	**Амстердам** (ч)	[amstɛr'dam]
Ancara	**Анкара** (ж)	[anka'ra]
Atenas	**Афіни** (мн)	[a'finɨ]
Bagdade	**Багдад** (ч)	[baɦ'dad]
Banguecoque	**Бангкок** (ч)	[banɦ'kɔk]
Barcelona	**Барселона** (ж)	[barsɛ'lɔna]
Beirute	**Бейрут** (ч)	['bɛjrut]
Berlim	**Берлін** (ч)	[bɛr'lin]
Bombaim	**Бомбей** (ч)	[bom'bɛj]
Bona	**Бонн** (ч)	[bon]
Bordéus	**Бордо** (с)	[bor'dɔ]
Bratislava	**Братислава** (ж)	[bratɨ'slawa]
Bruxelas	**Брюссель** (ч)	[brʲu'sɛlʲ]
Bucareste	**Бухарест** (ч)	[buha'rɛst]
Budapeste	**Будапешт** (ч)	[buda'pɛʃt]
Cairo	**Каїр** (ч)	[ka'jɨr]
Calcutá	**Калькутта** (ж)	[kalʲ'kutta]
Chicago	**Чикаго** (с)	[ʧɨ'kaɦo]
Cidade do México	**Мехіко** (с)	['mɛhiko]
Copenhaga	**Копенгаген** (ч)	[kopɛ'nɦaɦɛn]
Dar es Salaam	**Дар-ес-Салам** (ч)	[dar ɛs sa'lam]
Deli	**Делі** (с)	['dɛli]
Dubai	**Дубаї** (мн)	[du'bajɨ]
Dublin, Dublim	**Дублін** (ч)	['dublin]
Düsseldorf	**Дюссельдорф** (ч)	[dʲusɛlʲ'dɔrf]
Estocolmo	**Стокгольм** (ч)	[stok'ɦɔlʲm]
Florença	**Флоренція** (ж)	[flo'rɛnʦiʲa]
Frankfurt	**Франкфурт** (ч)	['frankfurt]

Genebra	**Женева** (ж)	[ʒɛ'nɛwa]
Haia	**Гаага** (ж)	[ɦa'aɦa]
Hamburgo	**Гамбург** (ч)	['ɦamburɦ]
Hanói	**Ханой** (ч)	[ha'nɔj]
Havana	**Гавана** (ж)	[ɦa'wana]
Helsínquia	**Гельсінкі** (с)	['ɦɛlʲsinki]
Hiroshima	**Хіросіма** (ж)	[hiro'sima]
Hong Kong	**Гонконг** (ч)	[ɦon'kɔnɦ]
Istambul	**Стамбул** (ч)	[stam'bul]
Jerusalém	**Єрусалим** (ч)	[ɛrusa'lɨm]
Kiev	**Київ** (ч)	[kɨ'jɨw]
Kuala Lumpur	**Куала-Лумпур** (ч)	[ku'ala lum'pur]
Lisboa	**Лісабон** (ч)	[lisa'bɔn]
Londres	**Лондон** (ч)	['lɔndon]
Los Angeles	**Лос-Анджелес** (ч)	[los 'andʒɛlɛs]
Lion	**Ліон** (ч)	[li'ɔn]
Madrid	**Мадрид** (ч)	[mad'rɨd]
Marselha	**Марсель** (ч)	[mar'sɛlʲ]
Miami	**Маямі** (с)	[ma'ʲami]
Montreal	**Монреаль** (ч)	[monrɛ'alʲ]
Moscovo	**Москва** (ж)	[mosk'wa]
Munique	**Мюнхен** (ч)	['mʲunhɛn]
Nairóbi	**Найробі** (с)	[naj'rɔbi]
Nápoles	**Неаполь** (ч)	[nɛ'apolʲ]
Nice	**Ніцца** (ж)	['nitsa]
Nova York	**Нью-Йорк** (ч)	[nju 'jɔrk]
Oslo	**Осло** (с)	['ɔslo]
Ottawa	**Оттава** (ж)	[ot'tawa]
Paris	**Париж** (ч)	[pa'rɨʒ]
Pequim	**Пекін** (ч)	[pɛ'kin]
Praga	**Прага** (ж)	['praɦa]
Rio de Janeiro	**Ріо-де-Жанейро** (с)	['rio dɛ ʒa'nɛjro]
Roma	**Рим** (ч)	[rɨm]
São Petersburgo	**Санкт-Петербург** (ч)	[sankt pɛtɛr'burɦ]
Seul	**Сеул** (ч)	[sɛ'ul]
Singapura	**Сінгапур** (ч)	[sinɦa'pur]
Sydney	**Сідней** (ч)	['sidnɛj]
Taipé	**Тайбей** (ч)	[taj'bɛj]
Tóquio	**Токіо** (с)	['tɔkio]
Toronto	**Торонто** (с)	[to'rɔnto]
Varsóvia	**Варшава** (ж)	[war'ʃawa]
Veneza	**Венеція** (ж)	[wɛ'nɛtsiʲa]
Viena	**Відень** (ч)	['widɛnʲ]
Washington	**Вашингтон** (ч)	[waʃɨnɦ'tɔn]
Xangai	**Шанхай** (ч)	[ʃan'haj]

243. Política. Governo. Parte 1

política (f)	**політика** (ж)	[po'litɨka]
político	**політичний**	[poli'tɨtʃnɨj]
político (m)	**політик** (ч)	[po'litɨk]
estado (m)	**держава** (ж)	[dɛr'ʒawa]
cidadão (m)	**громадянин** (ч)	[ɦromadʲa'nin]
cidadania (f)	**громадянство** (с)	[ɦroma'dʲanstwo]
brasão (m) de armas	**національний герб** (ч)	[natsio'nalʲnɨj 'ɦɛrb]
hino (m) nacional	**державний гімн** (ч)	[dɛr'ʒawnɨj ɦimn]
governo (m)	**уряд** (ч)	['urʲad]
Chefe (m) de Estado	**керівник** (ч) **країни**	[kɛriw'nɨk kra'jinɨ]
parlamento (m)	**парламент** (ч)	[par'lamɛnt]
partido (m)	**партія** (ж)	['partiʲa]
capitalismo (m)	**капіталізм** (ч)	[kapita'lizm]
capitalista	**капіталістичний**	[kapitalis'tɨtʃnɨj]
socialismo (m)	**соціалізм** (ч)	[sotsia'lizm]
socialista	**соціалістичний**	[sotsialis'tɨtʃnɨj]
comunismo (m)	**комунізм** (ч)	[komu'nizm]
comunista	**комуністичний**	[komunis'tɨtʃnɨj]
comunista (m)	**комуніст** (ч)	[komu'nist]
democracia (f)	**демократія** (ж)	[dɛmok'ratiʲa]
democrata (m)	**демократ** (ч)	[dɛmok'rat]
democrático	**демократичний**	[dɛmokra'tɨtʃnɨj]
Partido (m) Democrático	**демократична партія** (ж)	[dɛmokra'tɨtʃna 'partiʲa]
liberal (m)	**ліберал** (ч)	[libɛ'ral]
liberal	**ліберальний**	[libɛ'ralʲnɨj]
conservador (m)	**консерватор** (ч)	[konsɛr'wator]
conservador	**консервативний**	[konsɛrwa'tɨwnɨj]
república (f)	**республіка** (ж)	[rɛs'publika]
republicano (m)	**республіканець** (ч)	[rɛspubli'kanɛts]
Partido (m) Republicano	**республіканська партія** (ж)	[rɛspubli'kansʲka 'partiʲa]
eleições (f pl)	**вибори** (мн)	['wɨborɨ]
eleger (vt)	**обирати**	[obɨ'ratɨ]
eleitor (m)	**виборець** (ч)	['wɨborɛts]
campanha (f) eleitoral	**виборча компанія** (ж)	['wɨbortʃa kom'paniʲa]
votação (f)	**голосування** (с)	[ɦolosu'wanʲa]
votar (vi)	**голосувати**	[ɦolosu'watɨ]
direito (m) de voto	**право** (с) **голосу**	['prawo 'ɦɔlosu]
candidato (m)	**кандидат** (ч)	[kandɨ'dat]
candidatar-se (vi)	**балотуватися**	[balotu'watɨsʲa]
campanha (f)	**кампанія** (ж)	[kam'paniʲa]

da oposição	**опозиційний**	[opozɨ'ʦijnɨj]
oposição (f)	**опозиція** (ж)	[opo'zɨʦiʲa]
visita (f)	**візит** (ч)	[wi'zɨt]
visita (f) oficial	**офіційний візит** (ч)	[ofi'ʦijnɨj wi'zɨt]
internacional	**міжнародний**	[miʒna'rɔdnɨj]
negociações (f pl)	**переговори** (мн)	[pɛrɛɦo'wɔrɨ]
negociar (vi)	**вести переговори**	['wɛstɨ pɛrɛɦo'wɔrɨ]

244. Política. Governo. Parte 2

sociedade (f)	**суспільство** (с)	[sus'pilʲstwo]
constituição (f)	**конституція** (ж)	[konstɨ'tuʦiʲa]
poder (ir para o ~)	**влада** (ж)	['wlada]
corrupção (f)	**корупція** (ж)	[ko'rupʦiʲa]
lei (f)	**закон** (ч)	[za'kɔn]
legal	**законний**	[za'kɔnɨj]
justiça (f)	**справедливість** (ж)	[sprawɛd'lɨwistʲ]
justo	**справедливий**	[sprawɛd'lɨwɨj]
comité (m)	**комітет** (ч)	[komi'tɛt]
projeto-lei (m)	**законопроект** (ч)	[zakonopro'ɛkt]
orçamento (m)	**бюджет** (ч)	[bʲu'ʤɛt]
política (f)	**політика** (ж)	[po'litɨka]
reforma (f)	**реформа** (ж)	[rɛ'fɔrma]
radical	**радикальний**	[radɨ'kalʲnɨj]
força (f)	**сила** (ж)	['sɨla]
poderoso	**могутній**	[mo'ɦutnij]
partidário (m)	**прибічник** (ч)	[prɨ'biʧnɨk]
influência (f)	**вплив** (ч)	[wplɨw]
regime (m)	**режим** (ч)	[rɛ'ʒɨm]
conflito (m)	**конфлікт** (ч)	[kon'flikt]
conspiração (f)	**змова** (ж)	['zmɔwa]
provocação (f)	**провокація** (ж)	[prowo'kaʦiʲa]
derrubar (vt)	**скинути**	['skɨnutɨ]
derrube (m), queda (f)	**повалення** (с)	[po'walɛnʲa]
revolução (f)	**революція** (ж)	[rɛwo'lʲuʦiʲa]
golpe (m) de Estado	**переворот** (ч)	[pɛrɛwo'rɔt]
golpe (m) militar	**військовий переворот** (ч)	[wijsʲ'kɔwɨj pɛrɛwo'rɔt]
crise (f)	**криза** (ж)	['krɨza]
recessão (f) económica	**економічний спад** (ч)	[ɛkono'miʧnɨj spad]
manifestante (m)	**демонстрант** (ч)	[dɛmon'strant]
manifestação (f)	**демонстрація** (ж)	[dɛmon'straʦiʲa]
lei (f) marcial	**воєнний стан** (ч)	[wo'ɛnɨj stan]
base (f) militar	**військова база** (ж)	[wijsʲ'kɔwa 'baza]
estabilidade (f)	**стабільність** (ж)	[sta'bilʲnistʲ]

estável	**стабільний**	[sta'bilʲnɨj]
exploração (f)	**експлуатація** (ж)	[ɛksplua'tatsʲa]
explorar (vt)	**експлуатувати**	[ɛkspluatu'watɨ]
racismo (m)	**расизм** (ч)	[ra'sɨzm]
racista (m)	**расист** (ч)	[ra'sɨst]
fascismo (m)	**фашизм** (ч)	[fa'ʃɨzm]
fascista (m)	**фашист** (ч)	[fa'ʃɨst]

245. Países. Diversos

estrangeiro (m)	**іноземець** (ч)	[ino'zɛmɛts]
estrangeiro	**іноземний**	[ino'zɛmnɨj]
no estrangeiro	**за кордоном**	[za kor'dɔnom]
emigrante (m)	**емігрант** (ч)	[ɛmiɦ'rant]
emigração (f)	**еміграція** (ж)	[ɛmiɦ'ratsʲa]
emigrar (vi)	**емігрувати**	[ɛmiɦru'watɨ]
Ocidente (m)	**Захід** (ч)	['zahid]
Oriente (m)	**Схід** (ч)	[shid]
Extremo Oriente (m)	**Далекий Схід** (ч)	[da'lɛkɨj shid]
civilização (f)	**цивілізація** (ж)	[tsɨwili'zatsʲa]
humanidade (f)	**людство** (с)	['lʲudstwo]
mundo (m)	**світ** (ч)	[swit]
paz (f)	**мир** (ч)	[mɨr]
mundial	**світовий**	[swito'wɨj]
pátria (f)	**батьківщина** (ж)	[batʲkiw'ɕɨna]
povo (m)	**народ** (ч)	[na'rɔd]
população (f)	**населення** (с)	[na'sɛlɛnʲa]
gente (f)	**люди** (мн)	['lʲudɨ]
nação (f)	**нація** (ж)	['natsʲa]
geração (f)	**покоління** (с)	[poko'linʲa]
território (m)	**територія** (ж)	[tɛrɨ'tɔrʲa]
região (f)	**регіон** (ч)	[rɛɦi'ɔn]
estado (m)	**штат** (ч)	[ʃtat]
tradição (f)	**традиція** (ч)	[tra'dɨtsʲa]
costume (m)	**звичай** (ч)	['zwɨʧaj]
ecologia (f)	**екологія** (ж)	[ɛko'lɔɦʲa]
índio (m)	**індіанець** (ч)	[indi'anɛts]
cigano (m)	**циган** (ч)	[tsɨ'ɦan]
cigana (f)	**циганка** (ж)	[tsɨ'ɦanka]
cigano	**циганський**	[tsɨ'ɦansʲkɨj]
império (m)	**імперія** (ж)	[im'pɛrʲa]
colónia (f)	**колонія** (ж)	[ko'lɔnʲa]
escravidão (f)	**рабство** (с)	['rabstwo]
invasão (f)	**навала** (ж)	[na'wala]
fome (f)	**голодомор** (ч)	[ɦolodo'mɔr]

246. Grupos religiosos mais importantes. Confissões

religião (f)	**релігія** (ж)	[rɛ'liɦiʲa]
religioso	**релігійний**	[rɛli'ɦijnɨj]
crença (f)	**віра** (ж)	['wira]
crer (vt)	**вірити**	['wiritɨ]
crente (m)	**віруючий** (ч)	['wiruʲutʃɨj]
ateísmo (m)	**атеїзм** (ч)	[atɛ'jɨzm]
ateu (m)	**атеїст** (ч)	[atɛ'jɨst]
cristianismo (m)	**християнство** (с)	[hrɨstɨ'ʲanstwo]
cristão (m)	**християнин** (ч)	[hrɨstɨ'ʲanɨn]
cristão	**християнський**	[hrɨstɨ'ʲansʲkɨj]
catolicismo (m)	**Католицизм** (ч)	[katolɨ'ʦɨzm]
católico (m)	**католик** (ч)	[ka'tɔlɨk]
católico	**католицький**	[kato'lɨʦkɨj]
protestantismo (m)	**Протестантство** (с)	[protɛs'tanʦtwo]
Igreja (f) Protestante	**Протестантська церква** (ж)	[protɛs'tanʦʲka 'ʦɛrkwa]
protestante (m)	**протестант** (ч)	[protɛs'tant]
ortodoxia (f)	**Православ'я** (с)	[prawo'slawʔʲa]
Igreja (f) Ortodoxa	**Православна церква** (ж)	[prawos'lawna 'ʦɛrkwa]
ortodoxo (m)	**православний** (ч)	[prawo'slawnɨj]
presbiterianismo (m)	**Пресвітеріанство** (с)	[prɛswitɛri'anstwo]
Igreja (f) Presbiteriana	**Пресвітеріанська церква** (ж)	[prɛswitɛri'ansʲka 'ʦɛrkwa]
presbiteriano (m)	**пресвітеріанин** (ч)	[prɛswitɛri'anɨn]
Igreja (f) Luterana	**Лютеранська церква** (ж)	[lʲutɛ'ransʲka 'ʦɛrkwa]
luterano (m)	**лютеранин** (ч)	[lʲutɛ'ranɨn]
Igreja (f) Batista	**Баптизм** (ч)	[bap'tɨzm]
batista (m)	**баптист** (ч)	[bap'tɨst]
Igreja (f) Anglicana	**Англіканська церква** (ж)	[anɦli'kansʲka 'ʦɛrkwa]
anglicano (m)	**англіканець** (ч)	[anɦli'kanɛʦʲ]
mormonismo (m)	**Мормонство** (с)	[mor'mɔnstwo]
mórmon (m)	**мормон** (ч)	[mor'mɔn]
Judaísmo (m)	**Іудаїзм** (ч)	[iuda'jɨzm]
judeu (m)	**іудей** (ч)	[iu'dɛj]
budismo (m)	**Буддизм** (ч)	[bud'dɨzm]
budista (m)	**буддист** (ч)	[bud'dɨst]
hinduísmo (m)	**Індуїзм** (ч)	[indu'jɨzm]
hindu (m)	**індуїст** (ч)	[indu'jɨst]
Islão (m)	**Іслам** (ч)	[is'lam]
muçulmano (m)	**мусульманин** (ч)	[musulʲ'manɨn]

muçulmano	**мусульманський**	[musulʲ'mansʲkɨj]
Xiismo (m)	**Шиїзм** (ч)	[ʃɨ'jɨzm]
xiita (m)	**шиїт** (ч)	[ʃɨ'jɨt]
sunismo (m)	**Сунізм** (ч)	[su'nizm]
sunita (m)	**суніт** (ч)	[su'nit]

247. Religiões. Padres

padre (m)	**священик** (ч)	[swʲa'ɕɛnɨk]
Papa (m)	**Папа Римський**	['papa 'rɨmsʲkɨj]
monge (m)	**чернець** (ч)	[ʧɛr'nɛʦ]
freira (f)	**черниця** (ж)	[ʧɛr'nɨʦʲa]
pastor (m)	**пастор** (ч)	['pastor]
abade (m)	**абат** (ч)	[a'bat]
vigário (m)	**вікарій** (ч)	[wi'karij]
bispo (m)	**єпископ** (ч)	[ɛ'pɨskop]
cardeal (m)	**кардинал** (ч)	[kardɨ'nal]
pregador (m)	**проповідник** (ч)	[propo'widnɨk]
sermão (m)	**проповідь** (ж)	['prɔpowidʲ]
paroquianos (pl)	**парафіяни** (мн)	[parafi'ʲanɨ]
crente (m)	**віруючий** (ч)	['wiruʲuʧɨj]
ateu (m)	**атеїст** (ч)	[atɛ'jɨst]

248. Fé. Cristianismo. Islão

Adão	**Адам** (ч)	[a'dam]
Eva	**Єва** (ж)	['ɛwa]
Deus (m)	**Бог** (ч)	[boɦ]
Senhor (m)	**Господь** (ч)	[ɦos'pɔdʲ]
Todo Poderoso (m)	**Всесильний** (ч)	[wsɛ'sɨlʲnɨj]
pecado (m)	**гріх** (ч)	[ɦrih]
pecar (vi)	**грішити**	[ɦri'ʃɨtɨ]
pecador (m)	**грішник** (ч)	['ɦriʃnɨk]
pecadora (f)	**грішниця** (ж)	['ɦriʃnɨʦʲa]
inferno (m)	**пекло** (с)	['pɛklo]
paraíso (m)	**рай** (ч)	[raj]
Jesus	**Ісус** (ч)	[i'sus]
Jesus Cristo	**Ісус Христос** (ч)	[i'sus hrɨs'tɔs]
Espírito (m) Santo	**Святий Дух** (ч)	[swʲa'tɨj duh]
Salvador (m)	**Спаситель** (ч)	[spa'sɨtɛlʲ]
Virgem Maria (f)	**Богородиця** (ж)	[boɦo'rɔdɨʦʲa]
Diabo (m)	**диявол** (ч)	[dɨ'ʲawol]

diabólico	**диявольський**	[di'ʲawolʲsʲkij]
Satanás (m)	**Сатана** (ч)	[sata'na]
satânico	**сатанинський**	[sata'nɨnsʲkɨj]
anjo (m)	**ангел** (ч)	['anɦɛl]
anjo (m) da guarda	**ангел-охоронець** (ч)	['anɦɛl oho'rɔnɛʦ]
angélico	**ангельський**	['anɦɛlʲsʲkij]
apóstolo (m)	**апостол** (ч)	[a'pɔstol]
arcanjo (m)	**архангел** (ч)	[ar'hanɦɛl]
anticristo (m)	**антихрист** (ч)	[an'tɨhrist]
Igreja (f)	**церква** (ж)	['ʦɛrkwa]
Bíblia (f)	**Біблія** (ж)	['biblʲa]
bíblico	**біблійний**	[bib'lijnij]
Velho Testamento (m)	**Старий Завіт** (ч)	[sta'rij za'wit]
Novo Testamento (m)	**Новий Завіт** (ч)	[no'wij za'wit]
Evangelho (m)	**Євангеліє** (с)	[ɛ'wanɦɛliɛ]
Sagradas Escrituras (f pl)	**Священне Писання** (с)	[swʲa'ɕɛnɛ pɨ'sanʲa]
Céu (m)	**Небо** (с)	['nɛbo]
mandamento (m)	**заповідь** (ж)	['zapowidʲ]
profeta (m)	**пророк** (ч)	[pro'rɔk]
profecia (f)	**пророцтво** (с)	[pro'rɔʦtwo]
Alá	**Аллах** (ч)	[a'lah]
Maomé	**Магомет** (ч)	[maɦo'mɛt]
Corão, Alcorão (m)	**Коран** (ч)	[ko'ran]
mesquita (f)	**мечеть** (ж)	[mɛ'ʧɛtʲ]
mulá (m)	**мула** (ч)	[mu'la]
oração (f)	**молитва** (ж)	[mo'lɨtwa]
rezar, orar (vi)	**молитися**	[mo'lɨtɨsʲa]
peregrinação (f)	**паломництво** (с)	[pa'lɔmnɨʦtwo]
peregrino (m)	**паломник** (ч)	[pa'lɔmnɨk]
Meca (f)	**Мекка** (ж)	['mɛkka]
igreja (f)	**церква** (ж)	['ʦɛrkwa]
templo (m)	**храм** (ч)	[hram]
catedral (f)	**собор** (ч)	[so'bɔr]
gótico	**готичний**	[ɦo'tɨʧnɨj]
sinagoga (f)	**синагога** (ж)	[sɨna'ɦɔɦa]
mesquita (f)	**мечеть** (ж)	[mɛ'ʧɛtʲ]
capela (f)	**каплиця** (ж)	[kap'lɨʦʲa]
abadia (f)	**абатство** (с)	[a'baʦtwo]
convento (m)	**монастир** (ч)	[monas'tɨr]
mosteiro (m)	**монастир** (ч)	[monas'tɨr]
sino (m)	**дзвін** (ч)	[ʣwin]
campanário (m)	**дзвіниця** (ж)	[ʣwi'nɨʦʲa]
repicar (vi)	**дзвонити**	[ʣwo'nɨtɨ]
cruz (f)	**хрест** (ч)	[hrɛst]
cúpula (f)	**купол** (ч)	['kupol]

ícone (m)	**ікона** (ж)	[i'kɔna]
alma (f)	**душа** (ж)	[du'ʃa]
destino (m)	**доля** (ж)	['dɔlʲa]
mal (m)	**зло** (с)	[zlo]
bem (m)	**добро** (с)	[dob'rɔ]

vampiro (m)	**вампір** (ч)	[wam'pir]
bruxa (f)	**відьма** (ж)	['widʲma]
demónio (m)	**демон** (ч)	['dɛmon]
espírito (m)	**дух** (ч)	[duh]

redenção (f)	**спокута** (ж)	[spo'kuta]
redimir (vt)	**спокутувати**	[spo'kutuwatɨ]

missa (f)	**служба** (ж)	['sluʒba]
celebrar a missa	**служити**	[slu'ʒitɨ]
confissão (f)	**сповідь** (ж)	['spɔwidʲ]
confessar-se (vr)	**сповідатися**	[spowi'datɨsʲa]

santo (m)	**святий** (ч)	[swʲa'tɨj]
sagrado	**священний**	[swʲa'ɕɛnɨj]
água (f) benta	**свята вода** (ж)	[swʲa'ta wo'da]

ritual (m)	**ритуал** (ч)	[rɨtu'al]
ritual	**ритуальний**	[rɨtu'alʲnɨj]
sacrifício (m)	**жертвування** (с)	['ʒɛrtwuwanʲa]

superstição (f)	**забобони** (мн)	[zabo'bɔnɨ]
supersticioso	**забобонний**	[zabo'bɔnɨj]
vida (f) depois da morte	**загробне життя** (с)	[zaɦ'rɔbnɛ ʒɨt'tʲa]
vida (f) eterna	**вічне життя** (с)	['witʃnɛ ʒɨt'tʲa]

TEMAS DIVERSOS

249. Várias palavras úteis

ajuda (f)	допомога (ж)	[dopoˈmɔɦa]
barreira (f)	перепона (ж)	[pɛrɛˈpɔna]
base (f)	база (ж)	[ˈbaza]
categoria (f)	категорія (ж)	[katɛˈhɔriʲa]
causa (f)	причина (ж)	[prɪˈtʃɪna]
coincidência (f)	збіг (ч)	[zbiɦ]
coisa (f)	річ (ж)	[ritʃ]
começo (m)	початок (ч)	[poˈtʃatok]
cómodo (ex. poltrona ~a)	зручний	[zrutʃˈnɪj]
comparação (f)	порівняння (c)	[poriwˈnʲanʲa]
compensação (f)	компенсація (ж)	[kompɛnˈsatsiʲa]
crescimento (m)	зростання (c)	[zrosˈtanʲa]
desenvolvimento (m)	розвиток (ч)	[ˈrɔzwitok]
diferença (f)	різниця (ж)	[rizˈnɪtsʲa]
efeito (m)	ефект (ч)	[ɛˈfɛkt]
elemento (m)	елемент (ч)	[ɛlɛˈmɛnt]
equilíbrio (m)	баланс (ч)	[baˈlans]
erro (m)	помилка (ж)	[poˈmɪlka]
esforço (m)	зусилля (c)	[zuˈsɪlʲa]
estilo (m)	стиль (ч)	[stɪlʲ]
exemplo (m)	приклад (ч)	[ˈprɪklad]
facto (m)	факт (ч)	[fakt]
fim (m)	закінчення (c)	[zaˈkintʃɛnʲa]
forma (f)	форма (ж)	[ˈfɔrma]
frequente	приватний	[prɪˈwatnɪj]
fundo (ex. ~ verde)	фон (ч)	[fon]
género (tipo)	вид (ч)	[wid]
grau (m)	ступінь (ч)	[ˈstupinʲ]
ideal (m)	ідеал (ч)	[idɛˈal]
labirinto (m)	лабіринт (ч)	[labiˈrɪnt]
modo (m)	спосіб (ч)	[ˈspɔsib]
momento (m)	момент (ч)	[moˈmɛnt]
objeto (m)	об'єкт (ч)	[oˈbˀɛkt]
obstáculo (m)	перешкода (ж)	[pɛrɛʃˈkɔda]
original (m)	оригінал (ч)	[orɪɦiˈnal]
padrão	стандартний	[stanˈdartnɪj]
padrão (m)	стандарт (ч)	[stanˈdart]
paragem (pausa)	перерва (ж)	[pɛˈrɛrwa]
parte (f)	частина (ж)	[tʃasˈtɪna]

partícula (f)	частка, частина (ж)	['tʃastka], [tʃas'tina]
pausa (f)	пауза (ж)	['pauza]
posição (f)	позиція (ж)	[po'zitsiʲa]
princípio (m)	принцип (ч)	['printsip]
problema (m)	проблема (ж)	[prob'lɛma]
processo (m)	процес (ч)	[pro'tsɛs]
progresso (m)	прогрес (ч)	[proɦ'rɛs]
propriedade (f)	властивість (ж)	[wlas'tiwistʲ]
reação (f)	реакція (ж)	[rɛ'aktsiʲa]
risco (m)	ризик (ч)	['rizɨk]
ritmo (m)	темп (ч)	[tɛmp]
segredo (m)	таємниця (ж), секрет (ч)	[taɛm'nitsʲa], [sɛk'rɛt]
série (f)	серія (ж)	['sɛriʲa]
sistema (m)	система (ж)	[sis'tɛma]
situação (f)	ситуація (ж)	[situ'atsiʲa]
solução (f)	рішення (с)	['riʃɛnʲa]
tabela (f)	таблиця (ж)	[tab'litsʲa]
termo (ex. ~ técnico)	термін (ч)	['tɛrmin]
tipo (m)	тип (ч)	[tip]
urgente	терміновий	[tɛrmi'nɔwij]
urgentemente	терміново	[tɛrmi'nɔwo]
utilidade (f)	користь (ж)	['kɔristʲ]
variante (f)	варіант (ч)	[wari'ant]
variedade (f)	вибір (ч)	['wɨbir]
verdade (f)	істина (ж)	['istina]
vez (f)	черга (ж)	['tʃɛrɦa]
zona (f)	зона (ж)	['zɔna]

250. Modificadores. Adjetivos. Parte 1

aberto	відкритий	[wid'kritij]
afiado	гострий	['ɦostrij]
agradável	приємний	[pri'ɛmnij]
agradecido	вдячний	['wdʲatʃnij]
alegre	веселий	[wɛ'sɛlij]
alto (ex. voz ~a)	гучний	[ɦutʃ'nij]
amargo	гіркий	[ɦir'kij]
amplo	просторий	[pros'tɔrij]
antigo	давній	['dawnij]
apertado (sapatos ~s)	тісний	[tis'nij]
apropriado	придатний	[pri'datnij]
arriscado	ризикований	[rizi'kɔwanij]
artificial	штучний	['ʃtutʃnij]
azedo	кислий	['kislij]
baixo (voz ~a)	тихий	['tiɦij]
barato	дешевий	[dɛ'ʃɛwij]

belo	**красивий**	[kra'siwij]
bom	**хороший**	[ho'rɔʃij]
bondoso	**добрий**	['dɔbrij]
bonito	**гарний**	['ɦarnɨj]
bronzeado	**засмаглий**	[zas'maɦlɨj]
burro, estúpido	**дурний**	[dur'nɨj]
calmo	**спокійний**	[spo'kijnɨj]
cansado	**втомлений**	['wtɔmlɛnɨj]
cansativo	**утомливий**	[u'tɔmlɨwɨj]
carinhoso	**турботливий**	[tur'bɔtlɨwɨj]
caro	**дорогий**	[doro'ɦɨj]
cego	**сліпий**	[sli'pɨj]
central	**центральний**	[ʦɛn'tralʲnɨj]
cerrado (ex. nevoeiro ~)	**густий**	[ɦus'tɨj]
cheio (ex. copo ~)	**повний**	['pɔwnɨj]
civil	**громадянський**	[ɦroma'dʲansʲkɨj]
clandestino	**підпільний**	[pid'pilʲnɨj]
claro	**світлий**	['switlɨj]
claro (explicação ~a)	**зрозумілий**	[zrozu'milɨj]
compatível	**сумісний**	[su'misnɨj]
comum, normal	**звичайний**	[zwɨ'ʧajnɨj]
congelado	**заморожений**	[zamo'rɔʒɛnɨj]
conjunto	**спільний**	['spilʲnɨj]
considerável	**значний**	[znaʧ'nɨj]
contente	**вдоволений**	[wdo'wɔlɛnɨj]
contínuo	**тривалий**	[trɨ'walɨj]
contrário (ex. o efeito ~)	**протилежний**	[protɨ'lɛʒnɨj]
correto (resposta ~a)	**вірний**	['wirnɨj]
cru (não cozinhado)	**сирий**	[sɨ'rɨj]
curto	**короткий**	[ko'rɔtkɨj]
de curta duração	**короткочасний**	[korotko'ʧasnɨj]
de sol, ensolarado	**сонячний**	['sɔnʲaʧnɨj]
de trás	**задній**	['zadnij]
denso (fumo, etc.)	**щільний**	['ɕilʲnɨj]
desanuviado	**безхмарний**	[bɛz'hmarnɨj]
descuidado	**недбалий**	[nɛd'balɨj]
diferente	**різний**	['riznɨj]
difícil	**складний**	[sklad'nɨj]
difícil, complexo	**складний**	[sklad'nɨj]
direito	**правий**	['prawɨj]
distante	**далекий**	[da'lɛkɨj]
diverso	**різноманітний**	[riznoma'nitnɨj]
doce (açucarado)	**солодкий**	[so'lɔdkɨj]
doce (água)	**прісний**	['prisnɨj]
doente	**хворий**	['hwɔrɨj]
duro (material ~)	**твердий**	[twɛr'dɨj]
educado	**ввічливий**	['wwiʧlɨwɨj]

encantador	**милий**	['mɨlɨj]
enigmático	**загадковий**	[zaɦad'kɔwɨj]
enorme	**величезний**	[wɛlɨ'ʧɛznɨj]
escuro (quarto ~)	**темний**	['tɛmnɨj]
especial	**спеціальний**	[spɛʦi'alʲnɨj]
esquerdo	**лівий**	['liwɨj]
estrangeiro	**іноземний**	[ino'zɛmnɨj]
estreito	**вузький**	[wuzʲ'kɨj]
exato	**точний**	['tɔʧnɨj]
excelente	**відмінний**	[wid'minɨj]
excessivo	**надмірний**	[nad'mirnɨj]
externo	**зовнішній**	['zɔwniʃnij]
fácil	**легкий**	[lɛɦ'kɨj]
faminto	**голодний**	[ɦo'lɔdnɨj]
fechado	**закритий**	[za'krɨtɨj]
feliz	**щасливий**	[ɕas'lɨwɨj]
fértil (terreno ~)	**родючий**	[ro'dʲuʧɨj]
forte (pessoa ~)	**сильний**	['sɨlʲnɨj]
fraco (luz ~a)	**тьмяний**	[tʲ'mʲanɨj]
frágil	**крихкий**	[krɨh'kɨj]
fresco	**прохолодний**	[proho'lɔdnɨj]
fresco (pão ~)	**свіжий**	['swiʒɨj]
frio	**холодний**	[ho'lɔdnɨj]
gordo	**жирний**	['ʒɨrnɨj]
gostoso	**смачний**	[smaʧ'nɨj]
grande	**великий**	[wɛ'lɨkɨj]
gratuito, grátis	**безкоштовний**	[bɛzkoʃ'tɔwnɨj]
grosso (camada ~a)	**товстий**	[tows'tɨj]
hostil	**ворожий**	[wo'rɔʒɨj]
húmido	**вологий**	[wo'lɔɦɨj]

251. Modificadores. Adjetivos. Parte 2

igual	**однаковий**	[od'nakowɨj]
imóvel	**нерухомий**	[nɛru'hɔmɨj]
importante	**важливий**	[waʒ'lɨwɨj]
impossível	**неможливий**	[nɛmoʒ'lɨwɨj]
incompreensível	**незрозумілий**	[nɛzrozu'milɨj]
indigente	**нужденний**	[nuʒ'dɛnɨj]
indispensável	**необхідний**	[nɛob'hidnɨj]
inexperiente	**недосвідчений**	[nɛdos'widʧɛnɨj]
infantil	**дитячий**	[dɨ'tʲaʧɨj]
ininterrupto	**безперервний**	[bɛzpɛ'rɛrwnɨj]
insignificante	**незначний**	[nɛznaʧ'nɨj]
inteiro (completo)	**цілий**	[ʦi'lɨj]
inteligente	**розумний**	[ro'zumnɨj]

interno	**внутрішній**	['wnutriʃnij]
jovem	**молодий**	[molo'dij]
largo (caminho ~)	**широкий**	[ʃi'rɔkij]
legal	**законний**	[za'kɔnij]
leve	**легкий**	[lɛɦ'kij]
limitado	**обмежений**	[ob'mɛʒɛnij]
limpo	**чистий**	['ʧistij]
líquido	**рідкий**	[rid'kij]
liso	**гладкий**	['ɦladkij]
liso (superfície ~a)	**рівний**	['riwnij]
livre	**вільний**	['wilʲnij]
longo (ex. cabelos ~s)	**довгий**	['dɔwɦij]
maduro (ex. fruto ~)	**дозрілий**	[do'zrilij]
magro	**худий**	[hu'dij]
magro (pessoa)	**худорлявий**	[hudor'lʲawij]
mais próximo	**найближчий**	[naj'bliʒʧij]
mais recente	**минулий**	[mi'nulij]
mate, baço	**матовий**	['matowij]
mau	**поганий**	[po'ɦanij]
meticuloso	**охайний**	[o'hajnij]
míope	**короткозорий**	[korotko'zɔrij]
mole	**м'який**	[mʔʲa'kij]
molhado	**мокрий**	['mɔkrij]
moreno	**смаглявий**	[smaɦ'lʲawij]
morto	**мертвий**	['mɛrtwij]
não difícil	**неважкий**	[nɛwaʒ'kij]
não é clara	**невизначений**	[nɛ'wiznaʧɛnij]
não muito grande	**невеликий**	[nɛwɛ'likij]
natal (país ~)	**рідний**	['ridnij]
necessário	**потрібний**	[pot'ribnij]
negativo	**негативний**	[nɛɦa'tiwnij]
nervoso	**нервовий**	[nɛr'wɔwij]
normal	**нормальний**	[nor'malʲnij]
novo	**новий**	[no'wij]
o mais importante	**найважливіший**	[najwaʒli'wiʃij]
obrigatório	**обов'язковий**	[obowʔʲaz'kɔwij]
original	**оригінальний**	[oriɦi'nalʲnij]
passado	**останній**	[os'tanij]
pequeno	**малий**	[ma'lij]
perigoso	**небезпечний**	[nɛbɛz'pɛʧnij]
permanente	**постійний**	[pos'tijnij]
perto	**ближній**	['bliʒnij]
pesado	**важкий**	[waʒ'kij]
pessoal	**персональний**	[pɛrso'nalʲnij]
plano (ex. ecrã ~ a)	**плаский**	['plaskij]
pobre	**бідний**	['bidnij]
pontual	**пунктуальний**	[punktu'alʲnij]

possível	**можливий**	[moʒ'lɨwɨj]
pouco fundo	**мілкий**	[mil'kɨj]
presente (ex. momento ~)	**поточний**	[po'tɔʧnɨj]
prévio	**попередній**	[popɛ'rɛdnij]
primeiro (principal)	**основний**	[osnow'nɨj]
principal	**головний**	[ɦolow'nɨj]
privado	**особистий**	[oso'bɨstɨj]
provável	**імовірний**	[imo'wirnɨj]
próximo	**близький**	[blɨzʲ'kɨj]
público	**громадський**	[ɦro'madsʲkɨj]
quente (cálido)	**гарячий**	[ɦa'rʲaʧɨj]
quente (morno)	**теплий**	['tɛplɨj]
rápido	**швидкий**	[ʃwɨd'kɨj]
raro	**рідкісний**	['ridkisnɨj]
remoto, longínquo	**далекий**	[da'lɛkɨj]
reto	**прямий**	[prʲa'mɨj]
salgado	**солоний**	[so'lɔnɨj]
satisfeito	**задоволений**	[zado'wɔlɛnɨj]
seco	**сухий**	[su'hɨj]
seguinte	**наступний**	[na'stupnɨj]
seguro	**безпечний**	[bɛz'pɛʧnɨj]
similar	**схожий**	['shɔʒɨj]
simples	**простий**	[pros'tɨj]
soberbo	**чудовий**	[ʧu'dɔwɨj]
sólido	**міцний**	[miʦ'nɨj]
sombrio	**похмурий**	[poh'murɨj]
sujo	**брудний**	[brud'nɨj]
superior	**вищий**	['wɨɕɨj]
suplementar	**додатковий**	[dodat'kɔwɨj]
terno, afetuoso	**ніжний**	['niʒnɨj]
tranquilo	**тихий**	['tɨhɨj]
transparente	**прозорий**	[pro'zɔrɨj]
triste (pessoa)	**сумний**	[sum'nɨj]
triste (um ar ~)	**сумний**	[sum'nɨj]
último	**останній**	[os'tanij]
único	**унікальний**	[uni'kalʲnɨj]
usado	**уживаний**	[u'ʒɨwanɨj]
vazio (meio ~)	**порожній**	[po'rɔʒnij]
velho	**старий**	[sta'rɨj]
vizinho	**сусідній**	[su'sidnij]

500 VERBOS PRINCIPAIS

252. Verbos A-B

aborrecer-se (vr)	**нудьгувати**	[nudʲɦu'watɨ]
abraçar (vt)	**обіймати**	[obij'matɨ]
abrir (~ a janela)	**відчинити**	[widʧɨ'nɨtɨ]
acalmar (vt)	**заспокоювати**	[zaspo'kɔʲuwatɨ]
acariciar (vt)	**гладити**	['ɦladɨtɨ]
acenar (vt)	**махати**	[ma'hatɨ]
acender (~ uma fogueira)	**запалити**	[zapa'lɨtɨ]
achar (vt)	**думати**	['dumatɨ]
acompanhar (vt)	**супроводжувати**	[supro'wɔdʒuwatɨ]
aconselhar (vt)	**радити**	['radɨtɨ]
acordar (despertar)	**будити**	[bu'dɨtɨ]
acrescentar (vt)	**додавати**	[doda'watɨ]
acusar (vt)	**звинувачувати**	[zwɨnu'waʧuwatɨ]
adestrar (vt)	**дресирувати**	[drɛsɨru'watɨ]
adivinhar (vt)	**відгадати**	[widɦa'datɨ]
admirar (vt)	**захоплюватися**	[za'hɔplʲuwatɨsʲa]
advertir (vt)	**попереджувати**	[popɛ'rɛdʒuwatɨ]
afirmar (vt)	**стверджувати**	['stwɛrdʒuwatɨ]
afogar-se (pessoa)	**тонути**	[to'nutɨ]
afugentar (vt)	**прогнати**	[proɦ'natɨ]
agir (vi)	**діяти**	['diʲatɨ]
agitar, sacudir (objeto)	**трясти**	[trʲas'tɨ]
agradecer (vt)	**дякувати**	['dʲakuwatɨ]
ajudar (vt)	**допомагати**	[dopoma'ɦatɨ]
alcançar (objetivos)	**досягати**	[dosʲa'ɦatɨ]
alimentar (dar comida)	**годувати**	[ɦodu'watɨ]
almoçar (vi)	**обідати**	[o'bidatɨ]
alugar (~ o barco, etc.)	**наймати**	[naj'matɨ]
alugar (~ um apartamento)	**зняти**	['znʲatɨ]
amar (pessoa)	**кохати**	[ko'hatɨ]
amarrar (vt)	**зв'язувати**	['zwˀʲazuwatɨ]
ameaçar (vt)	**погрожувати**	[poɦ'rɔʒuwatɨ]
amputar (vt)	**ампутувати**	[amputu'watɨ]
anotar (escrever)	**позначити**	[poz'naʧɨtɨ]
anular, cancelar (vt)	**скасувати**	[skasu'watɨ]
apagar (com apagador, etc.)	**стерти**	['stɛrtɨ]
apagar (um incêndio)	**гасити**	[ɦa'sɨtɨ]
apaixonar-se de ...	**закохатися**	[zako'hatɨsʲa]

aparecer (vi)	**з'являтися**	[z'ʲaw'lʲatisʲa]
aplaudir (vi)	**аплодувати**	[aplodu'watɨ]
apoiar (vt)	**підтримати**	[pid'trɨmatɨ]
apontar para ...	**цілитися**	['ʦilitisʲa]
apresentar (alguém a alguém)	**знайомити**	[zna'jɔmitɨ]
apresentar (Gostaria de ~)	**рекомендувати**	[rɛkomɛndu'watɨ]
apressar (vt)	**квапити**	['kwapɨtɨ]
apressar-se (vr)	**поспішати**	[pospi'ʃatɨ]
aproximar-se (vr)	**підходити**	[pid'hɔdɨtɨ]
aquecer (vt)	**нагрівати**	[naɦri'watɨ]
arrancar (vt)	**відірвати**	[widir'watɨ]
arranhar (gato, etc.)	**дряпати**	['drʲapatɨ]
arrepender-se (vr)	**жалкувати**	[ʒalku'watɨ]
arriscar (vt)	**ризикувати**	[rɨzɨku'watɨ]
arrumar, limpar (vt)	**прибирати**	[prɨbɨ'ratɨ]
aspirar a ...	**прагнути**	['praɦnutɨ]
assinar (vt)	**підписувати**	[pid'pɨsuwatɨ]
assistir (vt)	**асистувати**	[asɨstu'watɨ]
atacar (vt)	**атакувати**	[ataku'watɨ]
atar (vt)	**прив'язувати**	[prɨ'w'ʲazuwatɨ]
atirar (vi)	**стріляти**	[stri'lʲatɨ]
atracar (vi)	**причалювати**	[prɨ'ʧalʲuwatɨ]
aumentar (vi)	**збільшуватися**	['zbilʲʃuwatɨsʲa]
aumentar (vt)	**збільшувати**	['zbilʲʃuwatɨ]
avançar (sb. trabalhos, etc.)	**просуватися**	[prosu'watɨsʲa]
avistar (vt)	**побачити**	[po'baʧɨtɨ]
baixar (guindaste)	**опускати**	[opus'katɨ]
barbear-se (vr)	**голитися**	[ɦo'lɨtɨsʲa]
basear-se em ...	**базуватися**	[bazu'watɨsʲa]
bastar (vi)	**вистачати**	[wɨsta'ʧatɨ]
bater (espancar)	**бити**	['bɨtɨ]
bater (vi)	**стукати**	['stukatɨ]
bater-se (vr)	**битися**	['bɨtɨsʲa]
beber, tomar (vt)	**пити**	['pɨtɨ]
brilhar (vi)	**блищати**	[blɨ'ɕatɨ]
brincar, jogar (crianças)	**грати**	['ɦratɨ]
buscar (vt)	**шукати**	[ʃu'katɨ]

253. Verbos C-D

caçar (vi)	**полювати**	[polʲu'watɨ]
calar-se (parar de falar)	**замовкнути**	[za'mɔwknutɨ]
calcular (vt)	**рахувати**	[rahu'watɨ]
carregar (o caminhão)	**вантажити**	[wan'taʒɨtɨ]
carregar (uma arma)	**заряджати**	[zarʲa'ʤatɨ]

casar-se (vr)	**одружуватися**	[od'ruʒuwatisʲa]
causar (vt)	**бути причиною**	['buti pri'ʧinoʲu]
cavar (vt)	**рити**	['riti]
ceder (não resistir)	**поступатися**	[postu'patisʲa]
cegar, ofuscar (vt)	**осліплювати**	[os'liplʲuwati]
censurar (vt)	**докоряти**	[doko'rʲati]
cessar (vt)	**припиняти**	[pripi'nʲati]
chamar (~ por socorro)	**кликати**	['klikati]
chamar (dizer em voz alta o nome)	**покликати**	[pok'likati]
chegar (a algum lugar)	**досягати**	[dosʲa'ɦati]
chegar (sb. comboio, etc.)	**прибувати**	[pribu'wati]
cheirar (tem o cheiro)	**пахнути**	['pahnuti]
cheirar (uma flor)	**нюхати**	['nʲuhati]
chorar (vi)	**плакати**	['plakati]
citar (vt)	**цитувати**	[ʦitu'wati]
colher (flores)	**рвати**	['rwati]
colocar (vt)	**класти**	['klasti]
combater (vi, vt)	**воювати**	[woʲu'wati]
começar (vt)	**починати**	[poʧi'nati]
comer (vt)	**їсти**	['jisti]
comparar (vt)	**порівнювати**	[po'riwnʲuwati]
compensar (vt)	**компенсувати**	[kompɛnsu'wati]
competir (vi)	**конкурувати**	[konkuru'wati]
complicar (vt)	**ускладнювати**	[us'kladnʲuwati]
compor (vt)	**створити**	[stwo'riti]
comportar-se (vr)	**поводитися**	[po'wɔditisʲa]
comprar (vt)	**купляти**	[kup'lʲati]
compreender (vt)	**розуміти**	[rozu'miti]
comprometer (vt)	**компрометувати**	[kompromɛtu'wati]
concentrar-se (vr)	**концентруватися**	[konʦɛntru'watisʲa]
concordar (dizer "sim")	**погоджуватися**	[po'ɦɔʤuwatisʲa]
condecorar (dar medalha)	**нагородити**	[naɦo'rɔditi]
conduzir (~ o carro)	**вести машину**	['wɛsti ma'ʃinu]
confessar-se (criminoso)	**признаватися**	[prizna'watisʲa]
confiar (vt)	**довіряти**	[dowi'rʲati]
confundir (equivocar-se)	**помилятися**	[pomi'lʲatisʲa]
conhecer (vt)	**знати**	['znati]
conhecer-se (vr)	**знайомитися**	[zna'jɔmitisʲa]
consertar (vt)	**привести до ладу**	[pri'wɛsti do 'ladu]
consultar ...	**консультуватися з...**	[konsulʲtu'watisʲa z]
contagiar-se com ...	**заразитися**	[zara'zitisʲa]
contar (vt)	**розповідати**	[rozpowi'dati]
contar com ...	**розраховувати на...**	[rozra'hɔwuwati na]
continuar (vt)	**продовжувати**	[pro'dɔwʒuwati]
contratar (vt)	**наймати**	[naj'mati]

controlar (vt)	**контролювати**	[kontrolʲu'watɨ]
convencer (vt)	**переконувати**	[pɛrɛ'kɔnuwatɨ]
convidar (vt)	**запрошувати**	[za'prɔʃuwatɨ]
cooperar (vi)	**співробітничати**	[spiwro'bitnɨʧatɨ]
coordenar (vt)	**координувати**	[koordɨnu'watɨ]
corar (vi)	**червоніти**	[ʧɛrwo'nitɨ]
correr (vi)	**бігти**	['biɦtɨ]
corrigir (vt)	**виправляти**	[wɨpraw'lʲatɨ]
cortar (com um machado)	**відрубати**	[widru'batɨ]
cortar (vt)	**відрізати**	[widri'zatɨ]
cozinhar (vt)	**готувати**	[ɦotu'watɨ]
crer (pensar)	**вважати**	[wwa'ʒatɨ]
criar (vt)	**створити**	[stwo'rɨtɨ]
cultivar (vt)	**вирощувати**	[wɨ'rɔɕuwatɨ]
cuspir (vi)	**плювати**	[plʲu'watɨ]
custar (vt)	**коштувати**	['kɔʃtuwatɨ]
dar (vt)	**давати**	[da'watɨ]
dar banho, lavar (vt)	**купати**	[ku'patɨ]
datar (vi)	**датуватися**	[datu'watɨsʲa]
decidir (vt)	**вирішувати**	[wɨ'riʃuwatɨ]
decorar (enfeitar)	**прикрашати**	[prɨkra'ʃatɨ]
dedicar (vt)	**присвячувати**	[prɨs'wʲaʧuwatɨ]
defender (vt)	**захищати**	[zahɨ'ɕatɨ]
defender-se (vr)	**захищатись**	[zahɨ'ɕatɨsʲ]
deixar (~ a mulher)	**кидати**	['kɨdatɨ]
deixar (esquecer)	**залишати**	[zalɨ'ʃatɨ]
deixar (permitir)	**дозволяти**	[dozwo'lʲatɨ]
deixar cair (vt)	**упускати**	[upus'katɨ]
denominar (vt)	**називати**	[nazɨ'watɨ]
denunciar (vt)	**доносити**	[do'nɔsɨtɨ]
depender de ... (vi)	**залежати**	[za'lɛʒatɨ]
derramar (vt)	**пролити**	[pro'lɨtɨ]
desaparecer (vi)	**зникнути**	['znɨknutɨ]
desatar (vt)	**відв'язувати**	[wid'wʔʲazuwatɨ]
desatracar (vi)	**відчалювати**	[wid'ʧalʲuwatɨ]
descansar (um pouco)	**відпочивати**	[widpoʧɨ'watɨ]
descer (para baixo)	**спускатися**	[spus'katɨsʲa]
descobrir (novas terras)	**відкривати**	[widkrɨ'watɨ]
descolar (avião)	**злітати**	[zli'tatɨ]
desculpar (vt)	**вибачати**	[wɨba'ʧatɨ]
desculpar-se (vr)	**вибачатися**	[wɨba'ʧatɨsʲa]
desejar (vt)	**бажати**	[ba'ʒatɨ]
desempenhar (vt)	**грати**	['ɦratɨ]
desligar (vt)	**вимикати**	[wɨmɨ'katɨ]
desprezar (vt)	**зневажати**	[znɛwa'ʒatɨ]
destruir (documentos, etc.)	**знищувати**	['znɨɕuwatɨ]

dever (vi)	**бути винним**	['butɨ 'wɨnɨm]
devolver (vt)	**відправити назад**	[wid'prawɨtɨ na'zad]
direcionar (vt)	**направляти**	[napraw'lʲatɨ]
dirigir (~ uma empresa)	**керувати**	[kɛru'watɨ]
dirigir-se (a um auditório, etc.)	**звертатися**	[zwɛr'tatɨsʲa]
discutir (notícias, etc.)	**обговорювати**	[obɦo'wɔrʲuwatɨ]
distribuir (folhetos, etc.)	**поширювати**	[po'ʃɨrʲuwatɨ]
distribuir (vt)	**роздати**	[roz'datɨ]
divertir (vt)	**розважати**	[rozwa'ʒatɨ]
divertir-se (vr)	**веселитися**	[wɛsɛ'lɨtɨsʲa]
dividir (mat.)	**ділити**	[di'lɨtɨ]
dizer (vt)	**сказати**	[ska'zatɨ]
dobrar (vt)	**подвоювати**	[pod'wɔʲuwatɨ]
duvidar (vt)	**сумніватися**	[sumni'watɨsʲa]

254. Verbos E-J

elaborar (uma lista)	**складати**	[skla'datɨ]
elevar-se acima de ...	**підноситися**	[pid'nɔsɨtɨsʲa]
eliminar (um obstáculo)	**усувати**	[usu'watɨ]
embrulhar (com papel)	**загортати**	[zaɦor'tatɨ]
emergir (submarino)	**спливати**	[splɨ'watɨ]
emitir (vt)	**виділяти**	[wɨdi'lʲatɨ]
empreender (vt)	**вживати**	[wʒɨ'watɨ]
empurrar (vt)	**штовхати**	[ʃtow'hatɨ]
encabeçar (vt)	**очолювати**	[o'ʧɔlʲuwatɨ]
encher (~ a garrafa, etc.)	**наповнювати**	[na'pɔwnʲuwatɨ]
encontrar (achar)	**знаходити**	[zna'hɔdɨtɨ]
enganar (vt)	**обманювати**	[ob'manʲuwatɨ]
ensinar (vt)	**навчати**	[naw'ʧatɨ]
entrar (na sala, etc.)	**увійти**	[uwij'tɨ]
enviar (uma carta)	**відправляти**	[widpraw'lʲatɨ]
equipar (vt)	**обладнати**	[oblad'natɨ]
errar (vi)	**помилятися**	[pomɨ'lʲatɨsʲa]
escolher (vt)	**вибирати**	[wɨbɨ'ratɨ]
esconder (vt)	**ховати**	[ho'watɨ]
escrever (vt)	**писати**	[pɨ'satɨ]
escutar (vt)	**слухати**	['sluhatɨ]
escutar atrás da porta	**підслухати**	[pid'sluhatɨ]
esmagar (um inseto, etc.)	**розчавити**	[roz'ʧawɨtɨ]
esperar (contar com)	**очікувати**	[o'ʧikuwatɨ]
esperar (o autocarro, etc.)	**чекати**	[ʧɛ'katɨ]
esperar (ter esperança)	**сподіватися**	[spodi'watɨsʲa]
espreitar (vi)	**підглядати**	[pidɦlʲa'datɨ]

esquecer (vt)	**забувати**	[zabu'watɨ]
estar	**лежати**	[lɛ'ʒatɨ]
estar (vi)	**бути**	[bu'tɨ]
estar convencido	**переконуватися**	[pɛrɛ'kɔnuwatɨsʲa]
estar deitado	**лежати**	[lɛ'ʒatɨ]
estar perplexo	**дивуватись**	[dɨwu'watɨsʲ]
estar sentado	**сидіти**	[sɨ'ditɨ]
estremecer (vi)	**здригатися**	[zdrɨ'ɦatɨsʲa]
estudar (vt)	**вивчати**	[wɨw'ʧatɨ]
evitar (vt)	**уникати**	[unɨ'katɨ]
examinar (vt)	**розглянути**	[rozɦ'lʲanutɨ]
exigir (vt)	**вимагати**	[wɨma'ɦatɨ]
existir (vi)	**існувати**	[isnu'watɨ]
explicar (vt)	**пояснювати**	[po'ʲasnʲuwatɨ]
expressar (vt)	**виразити**	['wɨrazɨtɨ]
expulsar (vt)	**виключати**	[wɨklʲu'ʧatɨ]
facilitar (vt)	**полегшити**	[po'lɛɦʃɨtɨ]
falar com ...	**розмовляти з...**	[rozmow'lʲatɨ z]
faltar a ...	**пропускати**	[propus'katɨ]
fascinar (vt)	**зачаровувати**	[zaʧa'rɔwuwatɨ]
fatigar (vt)	**стомлювати**	['stɔmlʲuwatɨ]
fazer (vt)	**робити**	[ro'bɨtɨ]
fazer lembrar	**нагадувати**	[na'ɦaduwatɨ]
fazer piadas	**жартувати**	[ʒartu'watɨ]
fazer uma tentativa	**спробувати**	['sprɔbuwatɨ]
fechar (vt)	**закривати**	[zakrɨ'watɨ]
felicitar (dar os parabéns)	**поздоровляти**	[pozdorow'lʲatɨ]
ficar cansado	**втомлюватися**	['wtɔmlʲuwatɨsʲa]
ficar em silêncio	**мовчати**	[mow'ʧatɨ]
ficar pensativo	**замислитися**	[za'mɨslɨtɨsʲa]
forçar (vt)	**примушувати**	[prɨ'muʃuwatɨ]
formar (vt)	**складати**	[skla'datɨ]
fotografar (vt)	**фотографувати**	[fotoɦrafu'watɨ]
gabar-se (vr)	**хвалитися**	[hwa'lɨtɨsʲa]
garantir (vt)	**гарантувати**	[ɦarantu'watɨ]
gostar (apreciar)	**подобатися**	[po'dɔbatɨsʲa]
gostar (vt)	**любити**	[lʲu'bɨtɨ]
gritar (vi)	**кричати**	[krɨ'ʧatɨ]
guardar (cartas, etc.)	**зберігати**	[zbɛri'ɦatɨ]
guardar (no armário, etc.)	**сховати**	[sho'watɨ]
guerrear (vt)	**воювати**	[woʲu'watɨ]
herdar (vt)	**успадкувати**	[uspadku'watɨ]
iluminar (vt)	**освітлювати**	[os'witlʲuwatɨ]
imaginar (vt)	**уявляти собі**	[ujaw'lʲatɨ so'bi]
imitar (vt)	**імітувати**	[imitu'watɨ]
implorar (vt)	**благати**	[bla'ɦatɨ]

importar (vt)	**імпортувати**	[importu'watɨ]
indicar (orientar)	**вказати**	[wka'zatɨ]
indignar-se (vr)	**обурюватися**	[o'burʲuwatɨsʲa]
infetar, contagiar (vt)	**заражати**	[zara'ʒatɨ]
influenciar (vt)	**впливати**	[wplɨ'watɨ]
informar (fazer saber)	**повідомляти**	[powidom'lʲatɨ]
informar (vt)	**інформувати**	[informu'watɨ]
informar-se (~ sobre)	**довідуватись**	[do'widuwatɨsʲ]
inscrever (na lista)	**вписувати**	['wpɨsuwatɨ]
inserir (vt)	**вставляти**	[wstaw'lʲatɨ]
insinuar (vt)	**натякати**	[natʲa'katɨ]
insistir (vi)	**наполягати**	[napolʲa'ɦatɨ]
inspirar (vt)	**надихати**	[ujaw'lʲatɨ]
instruir (vt)	**інструктувати**	[instruktu'watɨ]
insultar (vt)	**принижати**	[prɨnɨʒatɨ]
interessar (vt)	**цікавити**	[ʦi'kawɨtɨ]
interessar-se (vr)	**цікавитися**	[ʦi'kawɨtɨsʲa]
intervir (vi)	**втручатися**	[wtru'ʧatɨsʲa]
invejar (vt)	**заздрити**	['zazdrɨtɨ]
inventar (vt)	**винаходити**	[wɨna'hɔdɨtɨ]
ir (a pé)	**йти**	[jtɨ]
ir (de carro, etc.)	**їхати**	['jɨhatɨ]
ir nadar	**купатися**	[ku'patɨsʲa]
ir para a cama	**лягати спати**	[lʲa'ɦatɨ 'spatɨ]
irritar (vt)	**дратувати**	[dratu'watɨ]
irritar-se (vr)	**дратуватися**	[dratu'watɨsʲa]
isolar (vt)	**ізолювати**	[izolʲu'watɨ]
jantar (vi)	**вечеряти**	[wɛ'ʧɛrʲatɨ]
jogar, atirar (vt)	**кидати**	[kɨ'datɨ]
juntar, unir (vt)	**об'єднувати**	[o'bʔɛdnuwatɨ]
juntar-se a ...	**приєднуватися**	[prɨ'ɛdnuwatɨsʲa]

255. Verbos L-P

lançar (novo projeto)	**запускати**	[zapu'skatɨ]
lavar (vt)	**мити**	['mɨtɨ]
lavar a roupa	**прати білизну**	['pratɨ bi'lɨznu]
lavar-se (vr)	**митися**	['mɨtɨsʲa]
lembrar (vt)	**пам'ятати**	[pamʔʲa'tatɨ]
ler (vt)	**читати**	[ʧɨ'tatɨ]
levantar-se (vr)	**підводитися**	[pid'wɔdɨtɨsʲa]
levar (ex. leva isso daqui)	**відносити**	[wid'nɔsɨtɨ]
libertar (cidade, etc.)	**звільняти**	[zwilʲ'nʲatɨ]
ligar (o radio, etc.)	**вмикати**	[wmɨ'katɨ]
limitar (vt)	**обмежувати**	[ob'mɛʒuwatɨ]

limpar (eliminar sujeira)	**чистити**	['ʧistiti]
limpar (vt)	**очищати**	[oʧi'ɕati]
lisonjear (vt)	**лестити**	['lɛstiti]
livrar-se de ...	**позбавлятися**	[pozbaw'lʲatisʲa]
lutar (combater)	**боротися**	[bo'rɔtisʲa]
lutar (desp.)	**боротися**	[bo'rɔtisʲa]
marcar (com lápis, etc.)	**зазначити**	[zaz'naʧiti]
matar (vt)	**убивати**	[ubi'wati]
memorizar (vt)	**запам'ятати**	[zapamʔʲa'tati]
mencionar (vt)	**згадувати**	['zɦaduwati]
mentir (vi)	**брехати**	[brɛ'hati]
merecer (vt)	**заслуговувати**	[zaslu'ɦɔwuwati]
mergulhar (vi)	**пірнати**	[pir'nati]
misturar (combinar)	**змішувати**	['zmiʃuwati]
morar (vt)	**проживати**	[proʒi'wati]
mostrar (vt)	**показувати**	[po'kazuwati]
mover (arredar)	**пересувати**	[pɛrɛsu'wati]
mudar (modificar)	**змінити**	[zmi'niti]
multiplicar (vt)	**множити**	['mnɔʒiti]
nadar (vi)	**плавати**	['plawati]
negar (vt)	**заперечувати**	[zapɛ'rɛʧuwati]
negociar (vi)	**вести переговори**	['wɛsti pɛrɛɦo'wɔri]
nomear (função)	**призначати**	[prizna'ʧati]
obedecer (vt)	**підкорятися**	[pidko'rʲatisʲa]
objetar (vt)	**протестувати**	[protɛstu'wati]
observar (vt)	**спостерігати**	[spostɛri'ɦati]
ofender (vt)	**ображати**	[obra'ʒati]
olhar (vt)	**дивитися**	[di'witisʲa]
omitir (vt)	**пропускати**	[propus'kati]
ordenar (mil.)	**наказувати**	[na'kazuwati]
organizar (evento, etc.)	**організовувати**	[orɦani'zɔwuwati]
ousar (vt)	**насмілюватися**	[na'smilʲuwatisʲa]
ouvir (vt)	**чути**	['ʧuti]
pagar (vt)	**платити**	[pla'titi]
parar (para descansar)	**зупинятися**	[zupi'nʲatisʲa]
parecer-se (vr)	**бути схожим**	['buti 'shɔʒim]
participar (vi)	**брати участь**	['brati 'uʧastʲ]
partir (~ para o estrangeiro)	**поїхати**	[po'jihati]
passar (vt)	**проїжджати**	[projiʑ'ʑati]
passar a ferro	**прасувати**	[prasu'wati]
pecar (vi)	**грішити**	[ɦri'ʃiti]
pedir (comida)	**замовляти**	[zamow'lʲati]
pedir (um favor, etc.)	**просити**	[pro'siti]
pegar (tomar com a mão)	**ловити**	[lo'witi]
pegar (tomar)	**брати**	['brati]
pendurar (cortinas, etc.)	**вішати**	['wiʃati]

penetrar (vt)	**проникати**	[proni'kati]
pensar (vt)	**думати**	['dumati]
pentear-se (vr)	**причісувати**	[pri'tʃisuwati]
perceber (ver)	**помічати**	[pomi'tʃati]
perder (o guarda-chuva, etc.)	**губити**	[ɦu'biti]
perdoar (vt)	**прощати**	[pro'ɕati]
permitir (vt)	**дозволяти**	[dozwo'lʲati]
pertencer a ...	**належати**	[na'lɛʒati]
perturbar (vt)	**заважати**	[zawa'ʒati]
pesar (ter o peso)	**важити**	['waʒiti]
pescar (vt)	**ловити рибу**	[lo'witi 'ribu]
planear (vt)	**планувати**	[planu'wati]
poder (vi)	**могти**	[moɦ'ti]
pôr (posicionar)	**розташовувати**	[rozta'ʃɔwuwati]
possuir (vt)	**володіти**	[wolo'diti]
preferir (vt)	**воліти**	[wo'liti]
preocupar (vt)	**хвилювати**	[hwilʲu'wati]
preocupar-se (vr)	**турбуватися**	[turbu'watisʲa]
preocupar-se (vr)	**хвилюватися**	[hwilʲu'watisʲa]
preparar (vt)	**підготувати**	[pidɦotu'wati]
preservar (ex. ~ a paz)	**зберігати**	[zbɛri'ɦati]
prever (vt)	**передбачити**	[pɛrɛd'batʃiti]
privar (vt)	**позбавляти**	[pozbaw'lʲati]
proibir (vt)	**забороняти**	[zaboro'nʲati]
projetar, criar (vt)	**проектувати**	[proɛktu'wati]
prometer (vt)	**обіцяти**	[obi'tsʲati]
pronunciar (vt)	**вимовляти**	[wimow'lʲati]
propor (vt)	**пропонувати**	[proponu'wati]
proteger (a natureza)	**охороняти**	[ohoro'nʲati]
protestar (vi)	**протестувати**	[protɛstu'wati]
provar (~ a teoria, etc.)	**доводити**	[do'wɔditi]
provocar (vt)	**провокувати**	[prowoku'wati]
publicitar (vt)	**рекламувати**	[rɛklamu'wati]
punir, castigar (vt)	**покарати**	[poka'rati]
puxar (vt)	**тягти**	[tʲaɦ'ti]

256. Verbos Q-Z

quebrar (vt)	**ламати**	[la'mati]
queimar (vt)	**палити, спалювати**	[pa'liti], ['spalʲuwati]
queixar-se (vr)	**скаржитися**	['skarʒitisʲa]
querer (desejar)	**хотіти**	[ho'titi]
rachar-se (vr)	**тріскатися**	['triskatisʲa]
realizar (vt)	**здійснювати**	['zdijsnʲuwati]
recomendar (vt)	**рекомендувати**	[rɛkomɛndu'wati]

reconhecer (identificar)	**впізнавати**	[wpizna'watɨ]
reconhecer (o erro)	**визнавати**	[wɨzna'watɨ]
recordar, lembrar (vt)	**пригадувати**	[prɨ'ɦaduwatɨ]
recuperar-se (vr)	**видужувати**	[wɨ'duʒuwatɨ]
recusar (vt)	**відмовляти**	[widmow'lʲatɨ]
reduzir (vt)	**зменшувати**	['zmɛnʃuwatɨ]
refazer (vt)	**переробляти**	[pɛrɛrob'lʲatɨ]
reforçar (vt)	**зміцнювати**	['zmit͡snʲuwatɨ]
refrear (vt)	**утримувати**	[ut'rɨmuwatɨ]
regar (plantas)	**поливати**	[polɨ'watɨ]
remover (~ uma mancha)	**виводити**	[wɨ'wɔdɨtɨ]
reparar (vt)	**ремонтувати**	[rɛmontu'watɨ]
repetir (dizer outra vez)	**повторювати**	[pow'tɔrʲuwatɨ]
reportar (vt)	**доповідати**	[dopowi'datɨ]
repreender (vt)	**лаяти**	['laʲatɨ]
reservar (~ um quarto)	**бронювати**	[bronʲu'watɨ]
resolver (o conflito)	**залагоджувати**	[zala'ɦɔd͡ʒuwatɨ]
resolver (um problema)	**розв'язувати**	[roz'wʔʲazuwatɨ]
respirar (vi)	**дихати**	['dɨhatɨ]
responder (vt)	**відповідати**	[widpowi'datɨ]
rezar, orar (vi)	**молитися**	[mo'lɨtɨsʲa]
rir (vi)	**сміятися**	[smi'ʲatɨsʲa]
romper-se (corda, etc.)	**розірватися**	[rozir'watɨsʲa]
roubar (vt)	**красти**	['krastɨ]
saber (vt)	**знати**	['znatɨ]
sair (~ de casa)	**вийти**	['wɨjtɨ]
sair (livro)	**вийти**	['wɨjtɨ]
salvar (vt)	**рятувати**	[rʲatu'watɨ]
satisfazer (vt)	**задовольняти**	[zadowolʲ'nʲatɨ]
saudar (vt)	**вітати**	[wi'tatɨ]
secar (vt)	**сушити**	[su'ʃɨtɨ]
seguir ...	**іти слідом**	[i'tɨ 'slidom]
selecionar (vt)	**вибрати**	['wɨbratɨ]
semear (vt)	**сіяти**	['siʲatɨ]
sentar-se (vr)	**сісти**	['sistɨ]
sentenciar (vt)	**присуджувати**	[prɨ'sud͡ʒuwatɨ]
sentir (~ perigo)	**відчувати**	[widt͡ʃu'watɨ]
ser (vi)	**бути**	[bu'tɨ]
ser diferente	**відрізнятися**	[widriz'nʲatɨsʲa]
ser indispensável	**бути необхідним**	['butɨ nɛob'hidnɨm]
ser necessário	**бути потрібним**	['butɨ po'tribnɨm]
ser preservado	**зберігатися**	[zbɛri'ɦatɨsʲa]
servir (restaurant, etc.)	**обслуговувати**	[obslu'ɦɔwuwatɨ]
servir (roupa)	**пасувати**	[pasu'watɨ]
significar (palavra, etc.)	**значити**	['znat͡ʃɨtɨ]
significar (vt)	**означати**	[ozna't͡ʃatɨ]

simplificar (vt)	**спрощувати**	['sprɔɕuwatɨ]
sobrestimar (vt)	**переоцінювати**	[pɛrɛo'ʦinʲuwatɨ]
sofrer (vt)	**страждати**	[straʒ'datɨ]
sonhar (vi)	**бачити сни**	['batʃɨtɨ snɨ]
sonhar (vt)	**мріяти**	['mriʲatɨ]
soprar (vi)	**дути**	['dutɨ]
sorrir (vi)	**посміхатися**	[posmi'hatɨsʲa]
subestimar (vt)	**недооцінювати**	[nɛdoo'ʦinʲuwatɨ]
sublinhar (vt)	**підкреслити**	[pid'krɛslɨtɨ]
sujar-se (vr)	**забруднитися**	[zabrud'nɨtɨsʲa]
supor (vt)	**припускати**	[prɨpus'katɨ]
suportar (as dores)	**терпіти**	[tɛr'pitɨ]
surpreender (vt)	**дивувати**	[dɨwu'watɨ]
surpreender-se (vr)	**дивуватись**	[dɨwu'watɨsʲ]
suspeitar (vt)	**підозрювати**	[pi'dɔzrʲuwatɨ]
suspirar (vi)	**зітхнути**	[zith'nutɨ]
tentar (vt)	**намагатися**	[nama'ɦatɨsʲa]
ter (vt)	**мати**	['matɨ]
ter medo	**боятися**	[bo'ʲatɨsʲa]
terminar (vt)	**закінчувати**	[za'kintʃuwatɨ]
tirar (vt)	**знімати**	[zni'matɨ]
tirar cópias	**розмножити**	[rozm'nɔʒɨtɨ]
tirar uma conclusão	**робити висновок**	[ro'bɨtɨ 'wɨsnowok]
tocar (com as mãos)	**торкатися**	[tor'katɨsʲa]
tomar emprestado	**позичати**	[pozɨ'tʃatɨ]
tomar nota	**записувати**	[za'pɨsuwatɨ]
tomar o pequeno-almoço	**снідати**	['snidatɨ]
tornar-se (ex. ~ conhecido)	**ставати**	[sta'watɨ]
trabalhar (vi)	**працювати**	[praʦʲu'watɨ]
traduzir (vt)	**перекладати**	[pɛrɛkla'datɨ]
transformar (vt)	**трансформувати**	[transformu'watɨ]
tratar (a doença)	**лікувати**	[liku'watɨ]
trazer (vt)	**привозити**	[prɨ'wɔzɨtɨ]
treinar (pessoa)	**тренувати**	[trɛnu'watɨ]
treinar-se (vr)	**тренуватися**	[trɛnu'watɨsʲa]
tremer (de frio)	**тремтіти**	[trɛm'titɨ]
trocar (vt)	**обмінюватися**	[ob'minʲuwatɨsʲa]
trocar, mudar (vt)	**міняти**	[mi'nʲatɨ]
usar (uma palavra, etc.)	**уживати**	[uʒɨ'watɨ]
utilizar (vt)	**користуватися**	[korɨstu'watɨsʲa]
vacinar (vt)	**робити щеплення**	[ro'bɨtɨ 'ɕɛplɛnʲa]
vender (vt)	**продавати**	[proda'watɨ]
verter (encher)	**наливати**	[nalɨ'watɨ]
vingar (vt)	**мстити**	['mstɨtɨ]
virar (ex. ~ à direita)	**повертати**	[powɛr'tatɨ]
virar (pedra, etc.)	**перевернути**	[pɛrɛwɛr'nutɨ]
virar as costas	**відвертатися**	[widwɛr'tatɨsʲa]

viver (vi)	існувати	[isnu'wati]
voar (vi)	літати	[li'tati]
voltar (vi)	повертатися	[powɛr'tatisʲa]

votar (vi)	голосувати	[ɦolosu'wati]
zangar (vt)	гнівити	[ɦni'witi]
zangar-se com …	гніватися	['ɦniwatisʲa]
zombar (vt)	насміхатися	[nasmi'hatisʲa]

www.ingramcontent.com/pod-product-compliance
Lightning Source LLC
Chambersburg PA
CBHW071659090426
42738CB00009B/1583